作者簡介

哈利・鄧特二世（Harry S. Dent, Jr.）

鄧特公司（HS Dent）創辦人及總裁。鄧特公司出版《鄧特預測》（*HS Dent Forecast*）與《鄧特觀點》（*HS Dent Perspective*），並監督鄧特財經顧問網（HS Dent Financial Advisors Network）。

鄧特為《紐約時報》暢銷書作者，著有《二〇一七—二〇一九投資大進擊》、《二〇一四—二〇一九經濟大懸崖》、《二〇一二大蕭條》、《二〇一〇大崩壞》、《榮景可期》（*The Great Boom Ahead*）等書。當多數經濟預測家大發一九九〇年代景氣衰退警語的同時，他藉《榮景可期》一書獨排眾議，準確預測即將出現意想不到的經濟榮景，也因此讓他成為最受矚目的預測家，在同行中備受尊崇，獲譽為「最準確的長期趨勢預測家」。

鄧特為哈佛企管碩士，兼具《財星》（*Fortune*）百大企業的顧問、新事業投資人、知名演說家等身分，受到投資顧問領域的尊崇。

安德魯・潘秋里（Andrew Pancholi）

潘秋里是富德利斯資本管理公司（Fidelis Capital Management）普通合夥人兼基金經理人（富德利斯資本管理公司大名鼎鼎，獲選為二〇一六年年度最佳系統性價值型基金），他也和傳奇性的維尼克資產管理公司（Vinik Asset Management）創辦合夥人威廉・柯普蘭（William Copeland）共同管理特殊狀態基金（Special Situations Fund）。

潘秋里在蘇格蘭的爾灣（Irvine）出生，傳承了學者父母的印度文化遺產，並且在父母的鼓勵下，從小就在各種週期研究中成長，然後就讀豪爾大學（University of Hull）獲得經濟學榮譽學士學位。

潘秋里善於預測波段操作時機，他主導發展的專利週期分析系統（Cycles Analysis system），善於在幾天、幾星期、幾個月，甚至幾年前，預測到各種市場的轉捩點，因此眾多銀行、機構、企業和知名藝人爭相請他擔任顧問。

他和出身芝加哥的妻子育有一子一女，一家人現在定居倫敦附近的薩里郡（Surrey），住在噴射引擎發明家法蘭克・惠特爾爵士（Sir Frank Whittle）住過的房子裡。在不研究與工作上有關的週期時，以研究其他週期自娛。

譯者簡介

陳鴻旻

國立台灣大學經濟系畢業，元智大學財務金融學系碩士。現從事翻譯及個人保險理財服務。

曹嬿恆

國立政治大學經濟研究所碩士。曾從事經濟研究、市場拓展與行銷企劃、企業資源規劃（ERP）顧問、知識管理等工作，並持有國際專案管理師（PMP）及國際內部稽核師（CIA）證照。譯有《一眼就突破盲點的思考力》、《傷心農場》、《追債人》、《這樣吃水最有效》、《沒預算照樣有勝算的行銷創意術》、《實戰麥肯錫》、《幽靈財富的真相》、《Google關鍵字行銷》、《跟著廉價資源走》、《改善再生》、《領導維新》等書。

劉道捷

國立台灣大學外文系畢業，曾任國內財經專業報紙國際新聞中心主任，現專事翻譯。曾獲《中國時報》、《聯合報》年度十大好書獎及其他獎項。翻譯作品包括：《跟華爾街之狼學銷售》、《血戰華爾街》、《二〇一七—二〇一九投資大進擊》、《二〇一四—二〇一九經濟大懸崖》、《資本家的冒險》、《下一個社會》、《打敗大盤的獲利公式》、《梅迪奇效應》、《投機：貪婪的智慧》、《大逃稅》等。

獻給我一生鍾愛、患難之中始終最挺我的妻子珍妮（Jean-ne）。

獻給有勇有謀的政治策士，一九六八年透過搖擺州選票讓尼克森當選，將南方推上主流的先父哈利・鄧特（Harry S. Dent Sr.）。他的「南策」廣為人知，是我所知最佳的政治人物，他讓我獲益良多，是世上僅見的模範父親。

哈利・鄧特（Harry Dent）

獻給始終鼓勵我們汲取知識的亡父維傑（Vijay）和母親尼拉（Nila）。

獻給不厭支持我的凱倫（Karen）、香堤爾（Chanteyhl）和傑克（Jake）。

安德魯・潘秋里（Andrew Pancholi）

目錄

序言

政治人物不知道的事

川普跟英國脫歐只是巨大政治、經濟等一切變革的開端。

——哈利・鄧特

儘管不復見詹姆士黨人（Jacobites）上街頭，毛茸茸的膝蓋罩著蘇格蘭裙，一邊舞劍，一邊嘶吼，有如瘋子……

儘管不復見斷頭台上，刀片閃落，遭斬首的皇親國戚，血濺簍筐……

儘管不復見上百萬飢餓瘦弱的俄羅斯示威者，集結首都衝撞警力……

但是我敢打包票：我們現在正目睹的變革，程度之劇烈乃民主興起，十八世紀後期自由市場資本主義萌發及工業革命以來僅見。

這種話想必你沒聽過。

而且，雖說如今沒有詹姆士黨人、該死的法國皇室，或絕望的聖彼得堡工人，可是現況的嚴重和震盪程度，並沒有比較輕微。

世界各地的示威者，上街頭表達自身的訴求，恐怖分子更是莫大的威脅，牽連的頻率和人數，自二〇〇一年來逐步上升。

- 「黑人的命也是命」。
- 「英國脫歐」（Brexit）。
- 二〇一六年十一月總統大選造勢在芝加哥、洛杉磯和紐約的抗議活動。
- 美國總統唐納・川普（Donald Trump）就任後，華盛頓特區（跟全球各地）發起女性大遊行。
- 南非人抗議總統雅各布・朱瑪（Jacob Zuma）和他的裙帶密友。
- 敘利亞的示威和全面內戰。
- 埃及和阿拉伯之春。
- 馬其頓。
- 衣索比亞。
- 巴西。

- 摩爾多瓦共和國。
- 剛果。
- 南韓。
- 波蘭。
- 委內瑞拉。

恕我不能列舉多少**尚未**歷經公民興起，對抗建制陣營的國家。

實情就是，這一切都是不可避免，而且可預測的；當然，我的意思不是指各別已出現，且於此際的二十一世紀變革竟全功之前，都會持續出現的抗爭的具體經過。我是指變革本身具可預測性。

原因是變革具週期性。變革是照著特定的時間表輪番上演。

等等，世事不都是**周而復始**？

但一國從總統到平民百姓還是每次都錯過，因為大家都對「週期」失明。（我大可列舉其他眾人一樣失明的地方，但把這份樂趣留給讀畢本書的讀者。）

可惜，這種「週期盲」多數人皆未倖免，所以我才寫這本書。

抓住影響作為的週期力量，可以讓你這輩子活得更輕鬆、幸福、健康、富裕一點。對於蟄伏在人生和世道背後的週期，與其否認或抗拒，欣然接受它們，會讓你達成更大的成就，減緩心中的怔忡不安。

〔若政治人物和政府（領導人和當局）也能領會週期這件事，你這輩子會活得更輕鬆、幸福、健康、富裕一點。〕

以技術為例。

技術不斷在演進，舊的工作、舊的做活方式變成自動化。雖說如此一來，生活的品質得以週期性不斷提高，人們還是會抵制進步。

原因我知道。

當人們的工作遭工業機具、電腦或機器人取代時，下場並不好。但把自動化想成洪水猛獸，未免失之短視；長期來說，它會創造更棒的工作，以及更富裕的社會，沒有例外。

想一下。我們的社會在十九世紀後期，主要由農人構成，如今只需一．五％的人口，就能種出所需的食糧（剩下的出口），這轉變使人們有餘力成為醫師、律師、經理人和技術人員。

此外，若有更多的人懂週期這件事，就不會如此擔心自動化消滅了工人階級的工作。你比較想在大太陽底下，種一整天的田，還是待在空調廠房或辦公室辦公，並享有健保和退休福利？我提出的「四十五年創新週期」，顯示經濟在二〇三二年、二〇三三年到二〇五五年這段期間，都不會遭受主流的破壞式技術或創新橫掃。

換言之，時下最熱門的新科技，如機器人、生物科技、奈米科技和三D列印，在十六年內，都不足以帶起決定性作用的大潮流。

許多近來的創新，像是優步（Uber）、Airbnb、自駕車和人工智慧，無疑會取代掉若干工作，只是還不會創造出全新的工業、工作方式和生活方式（如郊區）！這些創新跟裝配線沒得比，後者使平日工人生產力翻了十倍；它們的破壞力不夠，原因是創新只著眼於利基市場，或僅微幅改進成熟的現有工業。

今日的創新充其量是讓夕陽經濟變得稍有效率，它們沒創造出帶動新紀元的新經濟，如過往的輪船、鐵路、汽車和網際網路，剛好都相隔四十五年。

雖說如此，人工智慧正在成為一個破壞者；儘管要改變整場遊戲，還言之過早，但將會逐漸取代幾乎所有的左腦型白領工作，讓更多人轉型做創意，如給顧客更佳的新型產品，以及客製化升級服務的創業。

屆時將出現當代的裝配線。**屆時**將是革命性的。

那天來臨之前，我們眼前已出現政治、文化和社會的變革，後面我將指出，此乃天注定，而且正按表輪番上演。

每隔二百五十年，人們就會經歷一次大規模、扭轉世局的變革。上回週期同時興起民主和自由市場資本主義，上上回則是歐洲的宗教改革，諸如此類。

現在即將成就自民主興起以來，最盛大的政治和社會變革。

這次金融危機的意義，不像一九三〇年代那樣，僅止於另一次金融資產去槓桿。蔓延全球的政治危機，並非另一次體制改動，或「民粹革命」而已，例如阿道夫・希特勒（Adolf Hitler）和貝尼托・墨索里尼（Benito Amilcare Andrea Mussolini）起頭的世道（頻率間隔八十四年）。

這關係到革故（範圍包括上到下的管理、建制政治、社會工程、金融和貨幣操縱、財富菁英主義）及鼎新。

這次的變革，以對全球化的強烈反彈開場，且將上演數十年。這局勢會將我們所知的世界，瓦解成個別的元件，圍繞在核心的地方和區域文化根基。屆時，改革會開始，形成更強大、具凝聚力的實體，簇擁全球化的最後一波高峰（落在可預測的一百年和五百年週期上）。

我有一個很喜歡的成長與變革悖論，內容是說：科技變化的速度比文化快，文化變化的速度又比基因快。

這解釋了，凡是歷經長久的明顯成長和進步，所得和價值觀產生的歧異，終將維持不下去的原因。

一般而言，已開發國家的人均國內生產毛額（Gross Domestic Product, GDP），是新興國家的六倍。極端的情況下，如拿挪威和肯亞來比，差距便會來到三十倍。

南歐和東歐國家的人均GDP，僅有北歐和西歐的一半。

全球化取得的成就已經大到，互不相容的文化、宗教和所得組合，被通通拿來一鍋煮。以下這張取自「世界價值觀調查」（World Values Survey）的圖，清楚地呈現出這一點。

圖上九個不同的全球文化，按二個變數來區分。橫軸是存活（同流者）和自我表現（個人主義者）的價值，縱軸

圖I-1　全球文化／宗教劃分：世界價值觀調查的九大全球文化

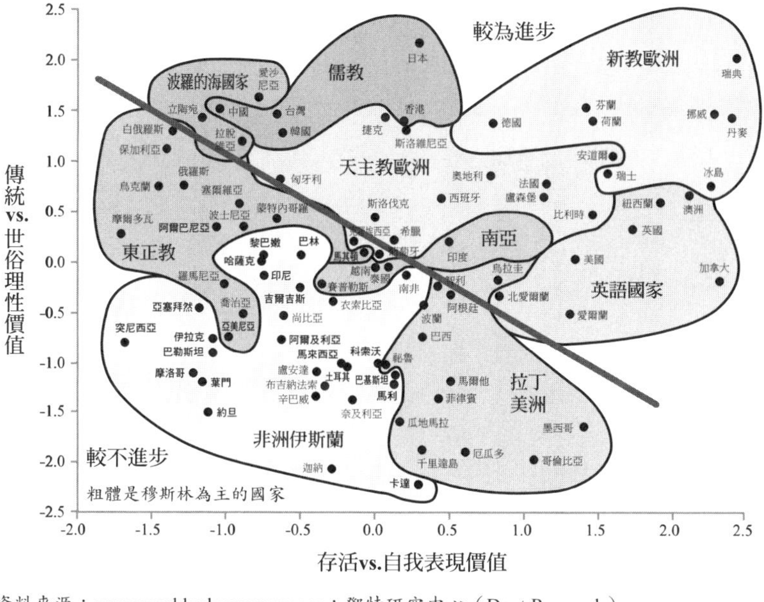

資料來源：www.worldvaluessurvey.org；鄧特研究中心（Dent Research）。

是傳統（信仰）和世俗理性（科學）的價值。

從左下角到右上角移動，表示從保守轉趨進步；從左下角到左上角，表示從偏向傳統改為世俗理性；從左下角到右下角，代表心理特質從存活型轉為偏向自我表現（亞伯拉罕．馬斯洛（Abraham Maslow）的需求層次）。

理性和自我表現程度最高的組別是新教歐洲；英語系國家（通常稱為英語分支），有同等的自我表現程度，但理性和科學稍差；天主教歐洲或南歐國家，富裕、自我表現程度稍差，也較為傳統。

儒教東亞有很高的理性（參加科學競賽就知道！），但自我表現較差，也更偏向同流。東正教國家的東歐和俄羅斯，表現出頗高的理性，以及很低的自我表現。兩種價值的進步都最少的是非洲伊斯蘭組，難怪經常與西方國家難以共處。拉丁美洲的話，雖說偏傳統，卻也較偏表現，不知是要跳舞或者做什麼？

從這張圖來看，就明白為什麼較富裕、基督教的歐洲和英語組，會與非洲伊斯蘭組犯沖，其實雙方剛好就落在兩種價值觀的對立角落。

你也能看出，為什麼俄羅斯和東歐的東正教國家，與西歐和北美洲處得沒有很好！快速的全球化與人口遷移（二次大戰後尤然），已令這些差很多的文化，直接殺到對方的家門前。老實說，不少人對這種情況很不滿，尤其剛好地位又比較低的話。

拆解現況有助我們看出，多年後或數十年後，隨著這一回變革展開，事情可能會有的發展。

想想更有效的貿易區和政治地帶。

美國似乎注定要分成紅藍涇渭分明，卻共享共同貿易區的政治地帶。明顯的藍營有東北部、上中西部和西海岸，剩下的地方大多屬於紅營。

歐洲可能區隔成北方（新教）和南方（天主教）；以後甚至可能會有二種歐元，雙方透過貿易來調節經濟失衡。

英國從歐盟解脫後，難保不會看見英國、美國、加拿大、澳洲和紐西蘭等國的同盟變得更堅實，畢竟，這些國家的共通程度很高，有類似的傳統、宗教、生活方式，還有語言。

亞洲的天龍地虎國家：日本、南韓、台灣、新加坡、香港，和中國沿海，會建立強盛的貿易區和同盟關係。很多人還不知道中國的沿海城市，都市化程度跟內陸天差地別，後者仍亟待開發。

東南亞有機會自成一區，可能結盟印度和中國內陸，共組人口居全球之冠的貿易和政治集團。

鑑於歐洲和北大西洋公約組織（NATO）防衛東部地帶的決心弱化，俄羅斯總統佛拉迪米爾．普丁（Vladimir Putin）重新統一蘇聯加盟共和國的希望可能成真，同時美國總統川普已表明，美國不會置身事中！

但是在這回大變革，先決要件是主權國家彼此相容；大俄羅斯和東歐組織的機會，在於以東正教國家一面保持主權獨立，一面組成類似歐盟的貿易聯盟。若普丁的手段是征服，結果很可能會失敗。

非洲伊斯蘭這一組裡，遜尼派（Sunni）主導的國家，可能形成一主要聯盟；什葉派（Shiite）主導的小國或區域之間的結盟，主力為伊朗、伊拉克部分地區、敘利亞、黎巴嫩和葉門。

中東的內戰和濺血衝突，幾乎都發生在遜尼和什葉派，因占領的政治地帶正好重疊。若中東重組並劃分成涇渭分明的遜尼和什葉地帶，會減少大型衝突。

而拉丁美洲憑著共同的宗教和語言（雖說存在西班牙語方言），大有可能形成整合度較高的政治和貿易集團。此外，因為共通宗教，拉丁美洲大多和美國結成陣營。

即使印度方興未艾，仍有可能撕裂成為印度教教徒和穆斯林地帶，以及南部和北部的所得和人口區隔。

這些正是我所說的，世道正走到大變革關卡的意思。坦白說，宏觀**及**微觀尺度的世局即將不變。

我們會看見國家裂解出凝聚力更高的國族，且依其進步／保守與宗教／文化區隔重劃陣營。

國界會重新劃定，政府政策會重擬，好在各個主權國家內，達成更高的統一和共通性。唯有待所有的混亂通通攤開，而革命精神獲得滿足，且腐敗和無用的政府已遭推翻，世間才會再有更大的成長和全球整合，由堅強的環節共構強大的整體。

這就是即將在未來若干年展開的重大趨勢，繼而奠定本世紀末另一輪全球盛世的基礎。雖說美國革命之後，世間有很大的進展，但更豐碩的回報，卻是隔了數十年，才隨蒸汽船和鐵路加快了全球化進展。

歸功於週期，從過去到現在，這些**全部**都可以預測。

這也是本書的立意：自二百五十年前的美國革命，與再早二百五十年的宗教改革以來，最重大的政治、社會和文化劇變。

以及，如何從週期預知先兆。

所以我們發行免費的每日電子通訊《經濟與市場》（*Economy & Markets*），並且鼓勵大家到 economyandmarkets.com 訂閱。有興趣的人，也不妨到 dentresources.com 取得一份免費報告，辨識這回週期的失序。

世人難免不太願意深思週期這件事，理由很明顯：禍與福每每相因而至。所以潘秋里和我出面代勞，並於重大轉變之際，預先報喜報憂，讀者就不用時時警惕週期這件事。

唯有了解驅使經濟成長、創新和進步的重大週期，你才有能力理解**為什麼**發生如同大蕭條（Great Depression），以及咆哮的二〇年代（Roaring Twenties）和二〇〇〇年代（一九八三年到二〇〇七年）盛世之類的劇變，**什麼時候**會發生，及**如何**從中得利。

別錯估：當前各地對全球化和移民的反撲，不是一時或次要的事件而已。它們的重要性大過英國脫歐或川普，而且結局會相當出人意表。

就像一九三〇年代那次，我們將會經歷一次嚴重的金融崩潰，和一次緊縮經濟危機。衝擊所及，投資和商業將因此全盤改觀……全盤！

企業將不得不接受上行下效型經理人和政府向來不樂見的新式網路商業模式和組織。

中央銀行無法操控的自下而上型數位貨幣，最後可能發展至更大且效率更高的規模。

等到現代史上最大型的泡沫，於二〇一七年年底到二〇二二年年底間破滅時，中央銀行政策的不當之處，世人將會一覽無遺。

而此結果將會扭轉接著數十年的發展，創造出一個非常不同於最近一次榮景的經濟景象。

一來是新興國家風生水起，已開發國家則艱困難行甚至衰落（日本一路好走！）。已開發國家為因應延長的壽命，得強迫人民延後退休，否則這明顯的人口趨勢，將造成難以容忍的高齡與遲緩。

二來是醫療照護和安養院之類的銀髮產業，將會蓬勃發展，不動產會崩盤，汽車廠則會走下坡，不再值錢。

重要的是，新的世道裡，自下而上、網路式的企業和國家，將會勝過工業革命以來主流的上行下效式層級。

因此，我的座右銘為：每位顧客就是一個市場，每位員工就是一家企業。

重拾過去機械性的裝配線工作，決不能「讓美國再次偉大」。

在這個不算遙遠的未來，藉由去中心化和即時存取的資訊技術，我們將享有更加平權、民主、包容，且生產力更高的經濟和文化。

諷刺地，這次變革將用意圖免於極端全球化的國族和種族主義政策，以完全相反的形式開場。

經濟和人類的歷史昭然若揭：自由和保守的對立價值，固然始終互相拉扯，趨勢仍是朝進步的方向發展。

奴隸制度終結，婦女、同性戀、跨性別者的權利提升。

從農事到工廠、辦公室，再到創辦企業的轉型。

歷史清楚地朝著更富裕、更多個人自由、更多的知識、提升個體獨立狀態，以及推崇自我表現的境界進展。不管是開一家小公司，或寄身大公司底下，有一份自己掌握的事業，將熱情發揚光大，有什麼方式比這更能表現自我，還可能帶來大筆財富？

這正是前面那張圖的內涵！

較為傳統、合流的價值，最終會易位給較進步者；文化不順應前進的話，要嘛原地踏步，要嘛衰退（呃……日本）。

保守陣營質疑新的解放技術和價值是有益的，如此方能檢驗進而區分出哪些是生產性、可接受的事物，哪些東西則否。

這也說明，週期和進步的終極檢驗原理：對立者參與較量。

男性和女性、景氣盛衰、通膨和通縮、自由派和保守陣營，像是太極的陰陽二元，本身沒有對錯，而以成對的方式，為現實生活的運作及演進，產生了必要的動能和創新，有如電池以正負極產生電力。

這個動態的過程，產生了今日全球文化背景的差異和比較利益，也成為世人現正試圖違抗的標靶。隨著變革演進，世人最終仍會回到全球化的正軌，重現全球化的互利與苦難。

全球化遭受的反撲，可說是物極必反的結果，而且要花上幾十年的時間，才會終於有著落。

但這不是最終的結果，這不過是重新整理的休止符。

移民遭受的強烈反對，也不是最終的發展，但是接下來的幾年，甚至幾十年，這將是真實上演的場景，也算是投下的第一顆震撼彈。

除非這場經濟寒冬出現重大的變化，否則就無法邁向經濟回春，而成長的許諾也不會到來。

也唯有清楚認識歷史上周而復始的重大週期，如二百五十年革命週期、世紀週期、八十四年民粹運動週期等，世人方能洞悉這場金融危機的不同之處，緊接而來的景氣亦然。

任何投資人和企業在一九三三年到二〇一七年，也許都能打出不錯的順手球；一九八三年到二〇一七年，可能表現更加優秀。好的企業、股票、不動產、商品標的，簡直像隨便丟都會射中幾個的箭靶。

這將**不是**這場大崩盤與金融危機之後的全球景氣會重演的情況。

在多數已開發國家，下一個超大景氣也無法重登最近這回的高點。

帶動已開發市場的四大基本面週期（對新興市場的影響亦漸增），在接下來的好幾十年內，將不會像一九八八年到二〇〇〇年那樣趨於一同。正是這種趨同相生的情況，在景氣盛衰上火上添油。

投資人和企業（或政府）得要更有智慧，好從下次景氣脫穎而出。

一開始的挑戰，是順利度過一生一遇的大崩盤和重開機。

而本書旨在指引讀者，洞穿眼前的威脅和時機，尤其最險峻的週期，將在二〇一七年年底來襲，並持續到二〇二〇年年初。作者將在dentresources.com上面延續討論，讀者可前往下載一份免費的報告；我也鼓勵讀者前往economyandmarkets.com訂閱免費的電子報。

現在就好好保護手上的金融資產，很快就能從一生一遇的投資良機獲利。但這時的獲利將有別於過去的閉門賺得。本書會分享具體的內容。

在一頭鑽進去之前，容我老調重彈：歸功於週期的威力，這一切都是可預測的。

我把第一本著作的標題取作《我們的預測能力》（*Our Power to Predict*），用意從一九八九年至今仍然不變，差別是鑽研了三十年之後，我有了更好且更通盤的週期。

週期是我跟潘秋里的本職學能。聽我們這樣的專家娓娓道來，是不會聽到經濟好像將來會蒸蒸日上，都不會碰到蕭條跟破壞式創新（與變革！）的樣子！

珍娜．葉倫（Janet Yellen）在二〇一七年六月二十七日說了什麼？她說：「我們有生之年」看不到另一場金融危機。我耳邊彷彿傳來爾文．費雪（Irving Fisher）在一九二九年股災前說的話：「股價水準看來已來到恆久的高原期。」

好友潘秋里是週期的同好。他創辦了《市場時機報告》（*The Market Timing Report*），且是富德利斯資本管理公司（Fidelis Capital Management）的普通合夥人暨資產組合經理人。這本書他也有分享若干見解。

進入民主興起以來最重大變革的篇章之前，潘秋里有些話要告訴讀者……

前言

前進此生最關鍵的時期

安德魯．潘秋里

回顧的時間愈長，前瞻的距離愈遠。

——溫斯頓．邱吉爾（Winston Churchill）

如鄧特前面所言，接下來幾年，我們生活的每個層面，將會徹底地轉變。大家都知道，歷史周而復始。而多數人昧於注意到這點，其實是涉己於危險之中。我們正在目睹巨大的社會、文化和金融（投資等）變遷，起因是有幾個大型週期，正好疊加在一起。

現在不是另一次債務去槓桿和通貨緊縮，而是遠遠更為深刻的發展。

假設我們是一間咖啡館的常客。

我每天會到那喝杯茶。鄧特一個禮拜找我喝茶一次。喬治二個禮拜跟一次。你一個月跟一次。

有一天，我們幾個人會齊聚咖啡廳，這是必然的發展，屆時，一群人就會鬧起來。

週期的情況也是一樣。

週期有各種規模，有大到你在本書第一次知道的超宏觀週期，也有小到長度只有幾天，甚至更短暫的。

訣竅是找出重合的時間窗口，當下就是精彩的時刻；愈多週期來參一腳，局勢就會愈甚囂塵上！

偉大的英國政治家邱吉爾說：「回顧的時間愈長，前瞻的距離愈遠。」他是智者！一語道破週期預測的本質。

遭人遺忘或不為人所知的漫長週期，會造成重大且「料想不到」的事件。有人把這現象稱之為「黑天鵝」。

但這個黑天鵝的說法根本不對。

這不過是方便某些專家對未預見的事物貼上標籤，其實這些人是沒認識到有個週期，或根本不知道有哪些週期。這是免於究責的託辭。

沒料到是因為這些人沒好好回顧，以致無力預測即將來臨的事物。英國脫歐正是這樣的事件。本書的讀者隨後就會知道，憑什麼能夠預測得到這起事件。

不過，事情不是拉長回顧期間就好，你也得知道**往哪裡**回顧，這是我跟鄧特專門的地方。

隨著這一回變革愈演愈烈，我們會感覺到上次高峰期間，釀成「地動山搖」事件的週期的效應。本書將會詳加說明，現在稍微提一下：

- 馬丁·路德（Martin Luther）在教堂大門上面張貼《九十五條論綱》（The 95 Theses），釀成當時最重大的宗教反叛。
- 「五月花號」從英格蘭啟航。
- 一七二〇年南海與密西西比公司泡沫。
- 美國革命。
- 法國大革命。
- 一八四八年到一八五〇年歐洲多起革命。
- 美國南北戰爭。
- 第一次世界大戰。
- 一九二九年股災。

- 希特勒得勢。
- 第二次世界大戰。
- 原子彈。
- 阿拉伯石油危機。
- 理查．尼克森（Richard Nixon）彈劾案。
- 開放自由浮動的通貨交易。
- 一九八七年股災。
- 二〇〇七年到二〇〇八年的全球金融危機。

沒錯，其實我的意思是，釀成上述事件的週期（現在及未來幾年）重新匯聚在一塊。

我們生在好戲上演的時代！

讓本書幫你們安然度過（請瀏覽marketimingreport.com）。

第一部分

驅動大變革的力量

第一章

大變革的三個預兆

週期是世間的暗物質，雖然看不見，但影響無孔不入。

哈利・鄧特

當紅天體物理學家奈爾・德葛拉司・泰森（Neil deGrasse Tyson）說，八五％的宇宙是暗物質所構成。我們看不見暗物質，也沒搞懂它，只知道描述宇宙的方程式沒放進它，就說不通。話說回來，暗物質有重力，這點倒是千真萬確，所以我們有辦法偵測並衡量它的影響。

現實生活也是如此，差別是，這時「暗物質」指的是週期。週期看不到、摸不著，形式不一而足，但各個都會在人一生中，多次產生程度不一的影響。

週期是驅動浮世的無形暗流。

這十年來，我們碰到「一脫拉庫」令世界改觀的經濟、政治、金融、社會和地緣政治週期（Geopolitical Cycle）。

依我之見，現在即將深入我稱之為「八十年經濟週期」（80-year Economic Cycle，後面會詳述）的經濟寒冬，隨之而來的，是人一輩子僅見的債務與金融資產泡沫重開機，以及嶄新經濟的現身，如同一九三〇年代重演。想一想，早知道情況會那樣，該有多好，那可是千載難逢的金融資產大拍賣場合！

我們也深陷在「四大基本面」（四個對於全球股市表現、經濟續存、世人安居樂業至為關鍵的週期）會一齊下行的泥沼（後面也會講解）。

二〇一四年年初至今，這四個週期一起落入到負向的軌跡。

這種合流很不尋常，最接近的景象出現在一九二九年年底到一九三四年，帶來了一場慘兮兮的大蕭條。過去一個世紀，這情況還有一次是出現在一九七〇年代，釀成嚴重的通膨。這週期會持續下探，一路挺進二〇二〇年，餘波則至少會綿延至二〇二二年。

不過，新舊世紀的分水嶺，其實是因為加入了「大變革的三個預兆」！

這三個週期當中，陷時局於最激烈動盪的「二百五十年革命週期」（250-year Revolution Cycle），上次出現在十八世紀後期的美國革命和工業革命。

「八十四年民粹運動週期」（84-year Populist Movement Cycle）捲土重來。這週期上次讓世人歷經希特勒和墨索里尼的統治。

還有令世人提心吊膽的「二十八年金融危機週期」（28-year Financial Crisis Cycle）。（八十四年和二十八年的週期，我是從潘秋里那裡知悉，二百五十年的週期我自己用了幾十年，另外我還用一個八十年的週期，與他的八十四年週期非常接近。）

好戲即將上演，我們來逐一檢視這些預兆，明白世人的生活，即將出現什麼樣的大變革。

預兆一：二百五十年革命週期

這次週期的開端是二〇一六年年中和年底的英國脫歐和川普上任，可能會持續十年、二十年，一直到二〇三三年。

週期上一輪始於一七六〇年代，當時十三殖民地反對《一七六四年砂糖法》（Sugar Act of 1764）和《一七六五年印花稅法》（Stamp Act of 1765），情勢愈演愈烈，一七七三年爆發了波士頓茶黨事件（Boston Tea Party）。隨後，一七七五年召開第一次大陸會議（First Continental Congress），一七七六年發表獨立宣言，一七七五年到一七八三年間，獨立戰爭開打。

一七六五年到一七八三年這段期間，民主誕生了；時至今日，這件劃時代的大事，仍在新起的國家傳播。

亞當・斯密（**Adam Smith**）突破性的巨著《國富論》（*The Wealth of Nations*），在一七七六年到一七八九年間出版且四度改版，後世視他為古典經濟學的奠基者，以及表述自由市場資本主義的先驅，他說的「看不見的手」，是不是有點像暗物質？

這時期也標誌：工業革命以「蒸汽機」這項突破性創新為中心，拉開了序幕。

這機緣我稱之為「當哈利遇上莎莉」。二種對立的原理交會，創造了現代歷史僅見的生活水準躍升。

資本主義獎勵個人的功勞及風險承擔，民主則兼容并包，讓所有人透過投票之權發言，小兵和大將有了齊心併力的條件。

哈利遇上莎莉的前一輪「二百五十年革命週期」，則出現了「宗教改革」。一五一七年，馬丁・路德發表《九十五條論綱》敲響這回合的鐘聲，開啟天主教的分裂，且有利於發揚一四五五年發明的印刷機。

這期間還出現了偉大的發明家李奧納多・達文西（**Leonardo da Vinci**）。大約在一五一七年到一五三二年這段文藝復興的末期，無疑上演了一場知識上的革命性劇變。

圖1-1是這週期的圖示。

當前的「二百五十年革命週期」，要與我的「八十／八十四年四季經濟週期」（**80/84-**

year Four-Season Economic Cycle）的經濟寒冬，還有潘秋里「八十四年民粹運動週期」放在一起看。我愈來愈覺得後兩者，其實是同一個，而且八十四年是比較準確的時間範圍。

除了交情好，在週期這件事上，唯一有時比我眼光更好的人，大概非潘秋里莫屬。

二〇一六年在棕櫚灘（Palm Beach）的「非理性經濟高峰會」（Irrational Economic Summit），我倆對諸多相像的週期，如十年、三十年、四十五年、六十年、八十／八十四年和五百年的週期，有過一番言詞交鋒。但他提出了跟這一時期交會的一百年、一百四十四年和一百八十年週期。

在某些更長期的週期，我基本上服了

圖1-1　250年革命週期

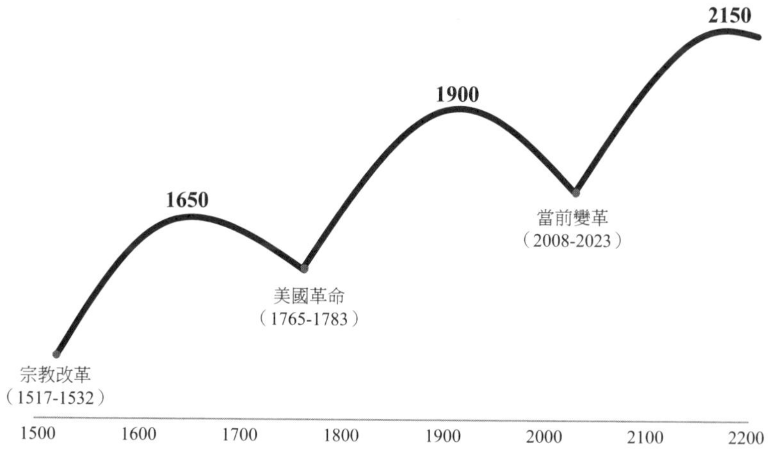

資料來源：鄧特研究中心。

他，這可不簡單。

那時我打定主意，要整合我們對週期的研究，於是合寫了這本書。幾年來，我愈來愈愛找他，替我微調所做的預測，借重他在短期方面的能耐。他發展出一套顯示潛在轉折點的訊號，以及其他有用的資訊，掌握了週期分析這門技藝。

預兆二：八十四年民粹運動週期

這第二個週期，現今更容易察覺。我們幾乎天天目睹陳抗和騷亂，簡直沒完沒了。一開始是在美國經濟於二〇〇八年瓦解時，引發了尋常工人和中產階級市民深深不滿。這群人自二〇〇〇年以來，工資就日漸下滑，積怨已久。

這群人經歷泡沫吹起、破滅，一個接著一個，看著前一%有錢人，斂取高達五〇%的款項。一九二九年的股市長多，和經濟下滑泡沫旺季，情況一模一樣，沒錯，時隔八十四年。更慘的是，在美國，中產階級工資進一步受「亞洲通縮」波及，這要歸功於墨西哥和拉丁美洲為主的合法和非法移民的競爭。

在歐洲，難民危機加劇了工資壓抑。二〇一五年有超過一百萬名難民湧進歐洲大陸。二〇一〇年到二〇一一年的希臘倒債和歐元威脅，是另一處起火點。南歐國家的失業率，仍接近歷史高點。黑市猖獗。

如今我們真的站上了舞台。民粹分子大舉反撲全球化、移民，和華爾街的金融花樣。

英國通過脫歐的投票，民調始料未及。

美國有川普崛起，民調亦始料未及。

更多始料未及的分崩離析將會接連出現。

反歐盟陣營的候選人海爾特‧威爾德斯（Geert Wilders），雖未能當上新任荷蘭總理，但只輸一點點，而且他和他的極右派運動，令歐洲陷入的情勢，絲毫看不見終點。

法國大選則演變成反歐盟的極

圖1-2　84年民粹運動週期

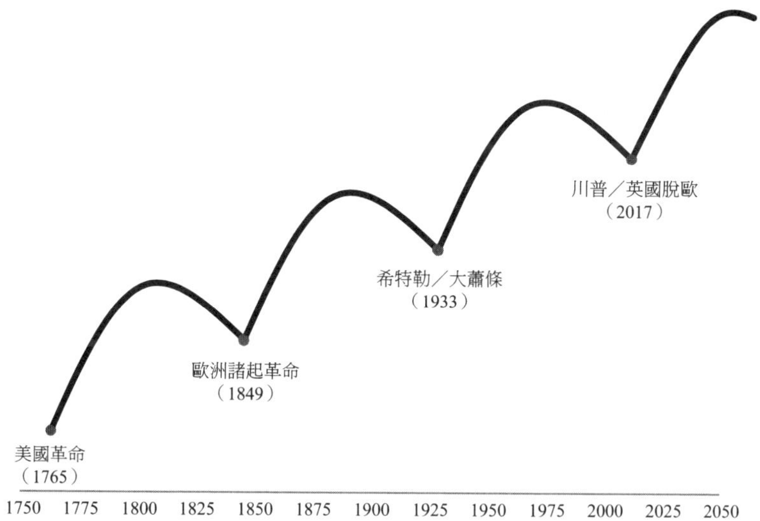

資料來源：鄧特研究中心。

右派候選人瑪琳・雷朋（Marine Le Pen），與偏自由派的艾曼紐埃爾・馬克宏（Emmanuel Macron）雙方激烈競爭。雷朋雖輸掉選舉，但她和所屬的國民陣線（National Front）也已成氣候。

上一輪民粹氣焰這麼囂張的時期，是一九三〇年代初期，希特勒和墨索里尼二人在歐洲搧風點火。希特勒的整體訴求正是誓言讓德國再次偉大！

希特勒在一九三三年一月當上德國總理，川普則在二〇一七年一月出任美國總統，剛好相隔八十四年。（我不是說川普是希特勒第二，也不是拿二人互比！只是說明有這週期，且精確解釋了這樣的民粹運動。）

若沿著這週期往前回溯，首先是一九三三年一直到第二次世界大戰的民粹運動。

再早一輪，則是一八四八年左右開啟的歐洲諸起革命。

人民開始擔憂失去與生俱來的權利。群眾受夠了統治階級的壓迫，但欠缺統合為一的催化劑。

終於，卡爾・馬克思（Karl Marx）和他提出的原理，點亮了希望的火炬。激化的不滿加深，歐洲的群眾猛然聯合起來：共產主義誕生！

歐洲大陸就像一座紙牌搭的房子，輕輕一推就倒了。

一八四八年到一八五〇年間，每一個歐洲國家，都經歷了暴動和革命。

事情發生很快，民眾積怨已深。有點耳熟？

五年前沒人料到會如此。

那時是工業革命，現在則是網際網路和科技熱潮；那時是貴族的壓迫統治，現在是效能不彰的政府。

歷史周而復始，週期再度來臨。

那時之前，美國在一七七四年，組成第一次大陸會議，一七七六年，宣告獨立宣言（Declaration of Independence），二百五十年革命週期，被捲了進來。

你算一下，三輪八十四年週期，加起來正好是二百五十二年！

接下來的圖1-3，把這些週期放在一起來看。

潘秋里在第二章會多加介紹這週期。

圖1-3　250年革命週期和84年民粹運動週期交會於2017年

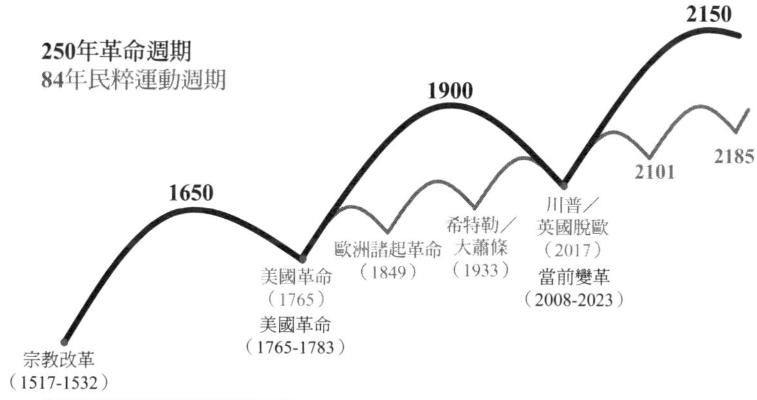

資料來源：鄧特研究中心。

週期排成如此陣容，藉以看出其影響，好一幅賞心悅目的圖像。

預兆三：二十八年金融危機週期

潘秋里還有一個與金融危機有關聯的二十八年週期，與我用在商品價格、歷史悠久的三十年週期類似。

一九三三年，這個週期觸底。這時美國出現史上最高的失業率，舉世陷入大蕭條的深淵。

下一個谷底落在一九六一年。經濟在一九六〇年和一九六二年連續衰退，以及古巴飛彈危機，和美國總統約翰·甘迺迪（John F. Kennedy）遇刺案。

然後是一九九〇年到一九九一年的經濟

圖1-4　28年金融危機週期

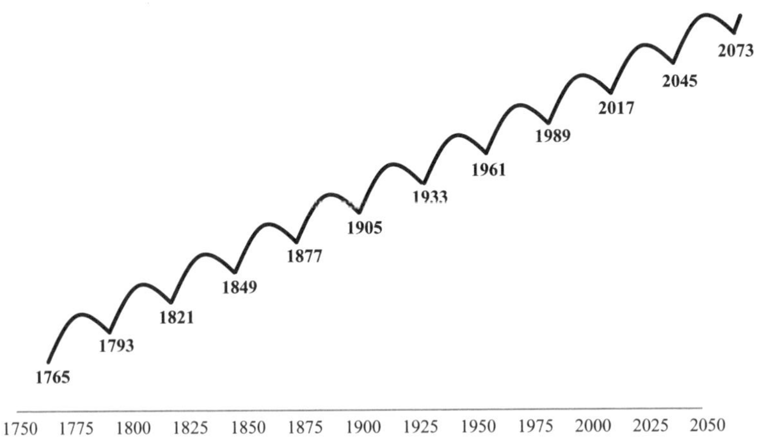

資料來源：鄧特研究中心。

衰退和儲貸危機（一九八九年觸底後沒多久）。

另一次重大金融危機，顯然是在二〇〇八年到二〇〇九年，而且這場碰上了兩個「世代消費浪潮漲落」期間（殷實的嬰兒潮消費週期高峰，和可怕的經濟寒冬開端）的八十年（更可能是八十四年）四季經濟週期。

最後，得出來我跟潘秋里認為下一個可能的大規模崩盤，時間始於二〇一七年下半年，結束時間短則二〇一九年年底，長則要到二〇二〇年年初。

我們又走上了八十四年週期，對應重大分離主義運動，以及對全球化的反撲，多麼大的一個週期演變！

圖1-5　84年民粹運動週期和28年金融危機週期交會於2017年

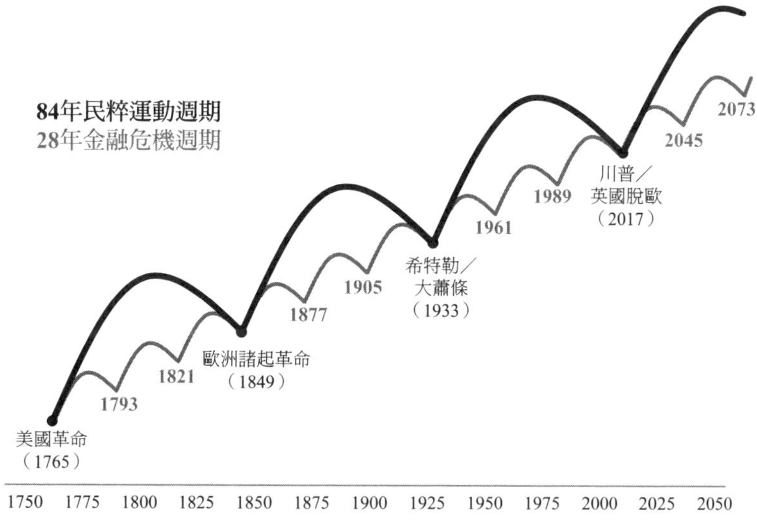

資料來源：鄧特研究中心。

二十八的三倍是多少？

八十四！

這週期的其他例子，包括：

- 一七九三年：法國走入法國大革命的深水區。
- 一八二一年：統治數世紀後，鄂圖曼帝國喪失對希臘的控制。巴拿馬和祕魯脫離西班牙殖民。
- 一八七七年：俄羅斯向鄂圖曼帝國宣戰。英國併吞南非省分德蘭士（Transvaal）。
- 一九〇五年：俄羅斯陷入危機，發生大饑荒和多起暴動。日本摧毀俄羅斯海軍艦隊。
- 一九六一年：入侵豬玀灣（Bay of Pigs）失敗。柏林圍牆建立。俄羅斯在早期太空競賽勝出，尤里・加加林（Yuri Gagarin）名垂史冊。
- 一九八九年：柏林圍牆倒塌。中國軍隊屠殺天安門廣場學生。

我說過了，週期再度來臨。

下一個應該會在二〇一七年接近尾聲時開始。

這三個大變革的預兆會合之時，可以想見，在地方和全球的層級，都會出現重大的社會、政治和經濟變動。最準確的合流時間，就是在二〇一七年年底。

妙處在於，既然你已知悉這些週期了，就不難採取行動，於「暗物質」席捲而來的期間，讓自己倖免於難，且大發利市。相關內容讀者可在我們的每日免費電子報獲得，請至economyandmarkets.com訂閱。本書的讀者，記得到dentresources.com查閱免費

圖1-6 大變革的三個預兆

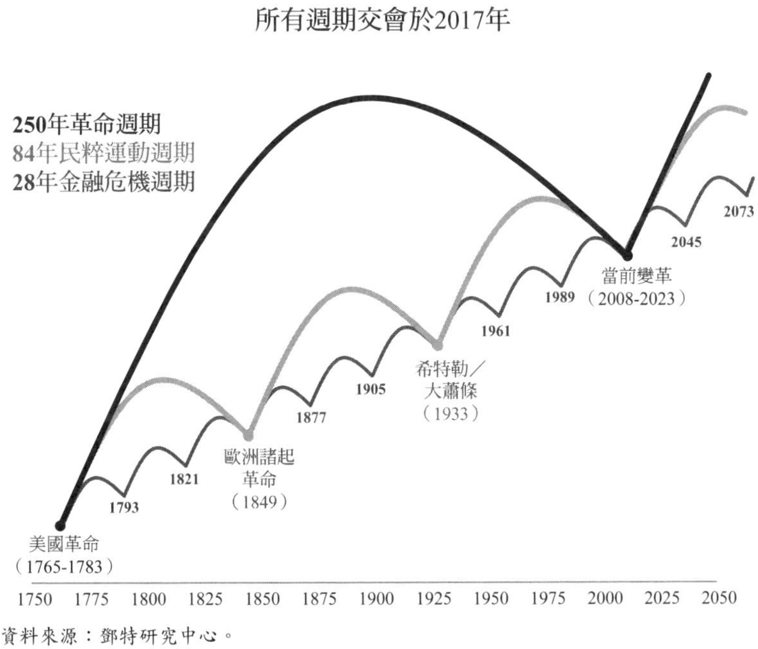

資料來源：鄧特研究中心。

報告。

碰到週期，當你對它的確定程度愈高，就對未來的看法愈有把握。

雖說這三個大變革預兆，個別都是重要的週期，交會時也構成強大的力量，但還有另一個大週期，也要加入這場混戰。

第二章

你有沒有看出今昔的雷同之處？

安德魯·潘秋里

你有沒有看出今昔的雷同處？

英國與歐盟分道揚鑣，以及川普贏得美國二〇一六年總統大選之時，局面很清楚：關鍵轉折點已到來。二〇一七年將會很有意思。（其實整個二〇一〇年代都是！）

很多人會說，川普是個行動派。說到做到的川普，在一月二十五日星期三，也就是上台第六天，下令建造分隔美墨國境的圍牆。但照鄧特的說法，他建這道圍牆，兩邊都沒討好到。美國的墨西哥人移民人口，尤其是非法身分的，自二〇〇七年起就減少了，更深的衰退當前，這情況很可能延續。

但你有想過，迄今最負盛名的一道地緣政治與社會經濟的高牆柏林圍牆，是興建於一九六一年？圍牆的用意，是防範倒向共產主義的東德人，逃到較為繁榮的資本主義西柏林。這道牆聳立長達二十八年，直到一九八九年被拆除。

一九八九年經過二十八年，就是二〇一七年。此時！此景！這就像推導週期的幾何學。

繼續深入前，我必須釐清一點：我寫下的內容，是指出週期如何呈現在地緣政治與金融場域，除此之外沒有其他指涉。我沒有要評斷什麼，我不是在批評，我只有觀察！地緣政治和社會經濟的區隔構造，再度成為難以逃脫的定數，堪稱週期周而復始的完美呈現。

這也意謂，二〇四五年將會是分歧和金融危機的里程年份，原因除了又相隔二十八年，還有這年也是第二次世界大戰終戰一百年。

典範轉移將會發生。

二〇一七年一月二十七日星期五，美國總統川普簽署一項單獨行政命令，對特定群體施行移民和旅遊限制規定，雖然演變成司法困局，但川普拒絕徹令。

確實，川普的命令是將特定出身來歷的人群，視為有嫌疑，無視對象的行止好壞。但在他之前的政府，並不像示之於外的形象那麼無辜，而是也做了類似的歧視性政策。

「八十四年民粹運動週期」的再臨令人不寒而慄，時間相差不過幾天。

距今八十四年前，一九三三年一月三十日那天，希特勒當上德國的總理。

他在很短時間內掌握大權，因為人民認為除了他以外，當時和前任的政府表現軟弱，群眾受夠了，於是要他上台，讓德國再次偉大。

雖說我不是要大家把川普拿來和希特勒比較，但這情景看起來不會有點眼熟？

一九三三年四月一日，德國政府發起一項群眾集體抵制猶太商家的活動，換言之，這舉動讓特定出身的人民受到猜疑，無視個人的行止好壞。

回到七十二年前（我研究的另一個重要週期）的一九四五年一月二十七日，蘇聯就是在這天解放了奧許維茲（Auschwitz）集中營。

週期日一天都不差。然而週期並未就此止步，從一九三三年往前回溯八十四年，來到一八四八年。

一八四八年到一八五〇年間，歐洲大部分都經歷了革命。一八四八年二月二十一日，馬克思獲得弗里德里希．恩格斯（Friedrich Engels）的支持，出版了《共產黨宣言》（*The Communist Manifesto*）。馬克思號召工人聯合起來：「除了枷鎖，你們一無長物可失！」

持平而言，馬克思也許只是革命的催化者；在一八四八年許久之前，種子就已播下，緊張態勢水漲船高。

發揮作用的還有工業革命，以及揮霍無度的統治階級。附近的法國又發生一場革命，國王路易・菲利普一世（Louis Philippe I）在位十八年後流亡海外，逃到英格蘭。法蘭西第二共和國建立。

歐洲各地很快出現骨牌效應。

不受眾人信服的奧地利帝國首相克萊門斯・梅特涅（Klemens Wenzel von Metternich）被迫下台。

下一個輪到義大利：米蘭陷入戰亂，境內多名邦國統治者遭廢黜，教宗庇護九世（Pius IX）於年底避居梵蒂岡。

一八四八年三月底，柏林暴動，國王腓特烈・威廉四世（Frederick William IV）被迫做了許多改變，實行大幅度改革，以維持秩序。

同時期，匈牙利王國也不好過。皇帝斐迪南一世（Ferdinand I）通過一連串的法律，廢除奧匈帝國的封建傳統特權。

歐洲勢力無一倖免。

即使海外的大不列顛島，也發生了憲章運動，但比起鄰國的遭遇，態勢相對輕微。

然而，一、二年後，秩序就恢復了。風波終於平息。

整體上，鼓吹這些革命的是知識分子，而非工人自己，因而無法維持。

不過，無論如何，一八四八年到一八五〇年這期間，對歐洲都是重大的轉折點。第一波全球化約莫也是在這時候開始，鄧特會在下一章說明。

動盪的可不只有歐洲。

一八四八年二月，美國戰勝墨西哥。

一八四八年的美洲，社會出現了進步，首度召開婦女權利會議，幾個月後，第一間給婦女入學的醫科學校在波士頓開辦。

種種連結令人無法想像。

假如還不相信，再往前回溯八十四年，就來到美國革命爆發、開拓者反抗英國統治者的一七六五年。

然後我們再回溯一次，回到一六八三年的維也納戰役（Battle of Vienna）。這場戰役可不是無名小卒，許多專家指出，這起事件可說是神聖羅馬帝國和鄂圖曼帝國長達三百年戰爭的句點。

你有沒有看出今昔的雷同之處？

現在來換個角度看看吧。

牛頓的定律

牛頓是絕頂聰明之人！

他所提出的第三定律說：「每一個作用力對應一個相等的反作用力。」

自從川普當選以來，世界各地出現了群眾示威，對他的政策行使了反作用力。而我們則更加偏離全球化，趨向了國族化與極化。

這時要來看牛頓的第一定律：「除非對之施加外力，否則每一個狀態為等速運動的物體傾向保持原運動狀態。」易言之，等到事情撞牆、硬碰硬了，動作就會改變。

川普說要「讓美國再次偉大」，為此，需有一定程度的孤立主義。不過，一旦開始運作，也許反而演變成微觀孤立主義（micro-isolationism）。

之前在思考這問題時，剛好照例與鄧特通了電話，他提到加州一個社運人士在徵求連署，打算請願舉行公投，表決「金州」是否應脫離美國。請願人得在二〇一七年七月二十五日的期限以前，收集到一定人數的連署書，接著才會在二〇一八年十一月舉行公投。

雖說後來請願人跑去俄羅斯定居，事情不了了之，但是週期提醒了我們，美國能否長久保持統一，仍不無疑慮。

我們從二〇一八年十一月回推，會注意到，兩個八十四年週期之前的一八五〇年，加州於九月九日這天併入美國。

這意謂，雖然事隔久遠，但在二〇一八年的年底，或於稍後的時間點，美國的確有機會驟變，脫離的或許是加州，也可能是其他州。

以下是另一種思路。

細分週期

川普上任成為第四十五任美國總統，看週期數字的話，「四十五」代表激進的變革！事隔第一次世界大戰最激烈那時已有百年，儘管當時多數的美國人想要保持中立，美國還是在一九一七年四月六日加入這場大戰，這著實耐人尋味。

雖然這個週期十分明確，但還有另一個關鍵週期在發揮作用。

回到一七七三年十二月，麻州居民已無路可走。一方面，他們要向英格蘭的君主效忠，一方面，卻十分不滿英方的壓迫。

雙方的關係因此破滅了，一箱一箱的茶葉，被丟到波士頓港，這可不是英國人習慣的泡茶活動。

顯然，這次泡茶沒有煎餅、果醬、奶油和司康餅。這是一個引爆點。

經過半個變革週期（四十二年），來到號稱第二次獨立的一八一二年戰爭高峰。這場戰爭結束於一八一五年。

美國人對英方以關稅阻撓貿易忍無可忍（皇家海軍還強徵美國人入伍），當時英國是航運和貿易的大國，還捲入拿破崙戰爭的漩渦。

某種程度上，這場仗之於英國，不過是背上芒刺，但卻是美國人的重大宣示。

又過了另一個半週期（此時為四十五年，來自另一個重要的九十年週期），世人來到一八五七年：西方爆發最大金融危機的一年（對北美而言，一八三五年到一八四三年中西部和芝加哥的不動產泡沫破滅其實更慘重）。

一八四〇年代後期發現黃金，引發美國第二次西進潮，也帶來繁榮。土地投機復發，更重要的是，鐵路延伸到全國，但到了一八五七年，卻後繼無力。

槍已上膛，即將扣下板機。

辛辛那提倒了一家俄亥俄壽險信託公司（Ohio Life Insurance），一時之間，銀行爆發擠兌，到了一八五七年十月，紐約六十三家銀行，有六十二家暫停付款。

全面性的股市危機接著發生。

英國災情慘重，歐洲也是。英國陷入通貨危機，由於交通運輸的進步，尤其是輪船加入競爭，令此國的貨幣喪失優勢。

這兩個超級大國將全世界通通拖下水，一次全倒！

我跟鄧特都有一份羅伯特．普萊希特（Robert Prechter）描述一七八七年迄今長期景氣的圖表，最近一次二百五十年、八十四年和二十八年週期變革，都有涵蓋到；其中，最早且最大規模的主要股市崩盤和蕭條，發生在一八三五年到一八五七年之間，鄧特稱之為「大舉重開機」。

然後是一八九六年的到來（三十九年後）。

一八九六年十二月二十一日，伊利諾國家銀行（National Bank of Illinois）倒閉，引發骨牌效應，釀成銀行恐慌。

那時，美國正陷於一八九三年的事件引發的蕭條，對金本位還有用不用銀意見分歧。有些人覺得，權勢家族試圖掌控美國經濟，助長反猶太人和國族主義的氣焰。我跟鄧特後面會指出，繼一六四八年的通膨高點後，一八九六年如何標誌一個五百年週期的底部。也就是說，八十四年和超大的五百年週期，同在一八九六年左右發生。

現在快轉來到一九四〇年。

此時舉世又陷入戰亂。美國試圖置身局外，卻因日本在一九四一年十二月七日襲擊珍珠港而破功。美國無法再作壁上觀。

週期本身已挑起一場全球危機，日本的襲擊簡直是火上澆油。一九二九年年底到一九四二年間，股市和經濟第二次大舉重開機。

接著再繼續快轉。

一九七九年的聖誕節，六天後就要過新年，此時蘇聯的坦克開進了阿富汗，在喀布爾發生政變後，莫斯科便展開占領。列昂尼德・布里茲涅夫（Leonid Brezhnev）乘機擴張他的勢力。美國總統吉米・卡特（Jimmy Carter）宣示此舉乃第二次世界大戰以來最險峻的威脅。冷戰的緊張局勢，拔高到一個新的高度。

同時間，歐洲諸國的國內和全歐洲，正飽嚐一九七〇年代阿拉伯始作俑者的石油危機經濟餘震的衝擊。

高失業率加上通膨不退，停滯性通膨於焉展開。

英國的通膨在一九七〇年代後期，增加到二〇%；美國的通膨在一九八〇年三月來到一四・八%。

政治人士於是出手干預。聯準會（Federal Reserve）主席保羅・沃克（Paul Volcker）將利率調漲至將近二〇%。

此舉讓民眾的房子沒了。

沃克也許解決了通膨，但似乎也把經濟打趴。（實際上他不過是揭穿失控通膨和走衰人口趨勢的真面目。）

猜一猜是怎麼回事？

這些事件全部都與源自波士頓茶黨事件的週期有淵源。

這個八十四年週期，連同共伴的四十二年週期（平均值），確實會讓人生改觀。鄧特在下一章才會對此提出更多佐證，我自己研究時也有注意到。

實際上，鄧特告訴我，他是在看到一份重要圖表後（我看了也吃一驚），才察覺我先提出的一百年週期。

第三章

世紀週期：全球化已達高點

這是重大的全球化倒退，而且離結束還早得很。

哈利・鄧特

一個超大的新週期正要現身，它的重要性和潛在影響，都會是重量級的。這個「世紀週期」（Centurial Cycle）大約每一百年會來到全球化的高點。何其有幸！我們目睹了全球化第二次大漲潮。

潘秋里在追蹤一個一百年的週期，但最重要的影響可能就是這了。

對我跟潘秋里這樣的週期同道中人，看到圖3-1，不禁會張口結舌，它甚至不是我們想的。

關於這張圖我有幾點要說。

儘管是出色的歷史研究，但在我看來，它重複計算了全球貿易。它在出口與進口都有計算占全球GDP的百分比，但其實兩者就像一枚硬幣的兩面，總數是相等的。

易言之，一方的出口是對方的進口。

所以看圖時，我把縱軸的百分比除以二，只考慮出口的部分。但我無意改動它原本的旨意，相反地，我要對創造這項傑出研究的安東尼·艾斯特威得歐多（Antoni

圖3-1　全球化第二次大漲潮已達高點

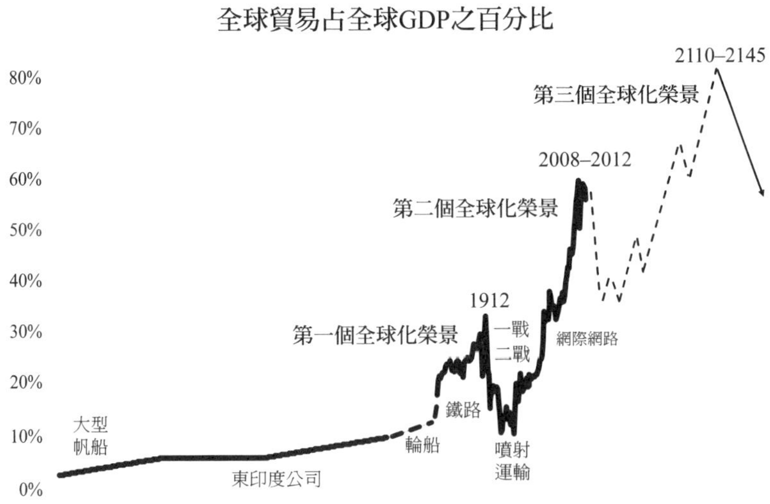

資料來源：Estevadeordal, Frantz, and Taylor (2003); Penn World Tables, version 8.1; Klasing and Milionis (2014)；世界銀行（World Bank）；ourworldindata.org/international-trade；鄧特研究中心。

Estevadeordal）、布萊恩・法蘭茲（Brian Frantz）和阿倫・泰勒（Alan M. Taylor）三人致敬。

即使如此，全球貿易占比仍來到稍高於三〇%的近代高點，看圖可知，這在歷史上是很高的水準。另外，提醒讀者，美國的出口僅占總GDP的一一%到一二%。

最近這次「五百年超大創新與通膨週期」（500-year Mega-Innovation and Inflation Cycle），大約始於一四〇〇年，這時西方習得開動大型帆船航海、投射火藥征服國家，以及用印刷機傳播言語（容後詳述），但全球貿易僅緩慢成長。這時期的船隻，又小又慢，船員多半有去無回。

全球化第一個大浪，是隨著大型的動力輪船發明而展開，後來，歐洲和美洲出現穿越大陸的鐵路，更是擴大了程度。特別是在美洲，鐵路開拓並統一整片廣袤、陌生、資源豐富的大陸，產生了一個百年後引領全世界的國家！相隔百年？沒錯！

全球化第一次大漲潮，大約是在一八五〇年，接連因輪船和鐵路推展而展開，一直維持到一九一二年，因第一次世界大戰受挫，導致反縮，這不是全球化的大反撲是什麼？

大蕭條期間，保護主義的關稅令情況惡化（如今擬議關稅很可能導致相同效應），接著現代歷史上最嚴重的衝突：第二次世界大戰登場了。

這種大環境怎麼可能有好看的全球貿易！

技術分析的說法

艾略特波浪理論（Elliott Wave terms）一向是我愛用的敘事，從結論來說，普萊希特已經把它昇華為技術分析經典的層次，這套方法也讓週期和趨勢的走勢，容易形象化及進行討論，免於受制於諸多流派的艾略特波浪分析師的型態詮釋。

全球化第一度漲潮，時間約落在一八五〇年到一九一二年之間，是「第一上升波」。

一九一三年到一九四五年間，長達三十三年的反縮，則是「第二修正波」。

最高的浪頭，一般出現在「第三波」，約莫維持到二〇〇七年年底到二〇一六年年底這段期間。

眼前的情況，是為時數十年的反縮，也就是「第四修正波」。

第一波的反縮幅度，約達全球GDP的一五％到六％（此處只考慮出口）。那時經濟衰退六〇％，這段反縮是對大蕭條落井下石。

大蕭條循著八十／八十四年四季經濟週期，於二〇〇八年再度來襲，要到二〇二二年至二〇二三年才會結束。

個別國家往往以為保護國內產業對自己有好處，不過一旦大家都這麼做，結果就是把餅做小。

再說一次，美國的出口只占GDP的一一%到一二%。

德國的出口占比則高了許多，來到四六%（不管在西歐甚至東亞，都是很高的數字）。

香港和新加坡的數字破表。

這些高出口國家，將遭受這段全球化的「第四修正波」最劇烈的打擊，這段苦日子當中，美國將維繫其地位。

香港和新加坡在近期內，當前的全球化反縮之時，它們將會被本身出口大跌打敗。

記住了，上一次拉回，全

圖3-2 全球化反縮的下場：好、不好和慘不忍睹

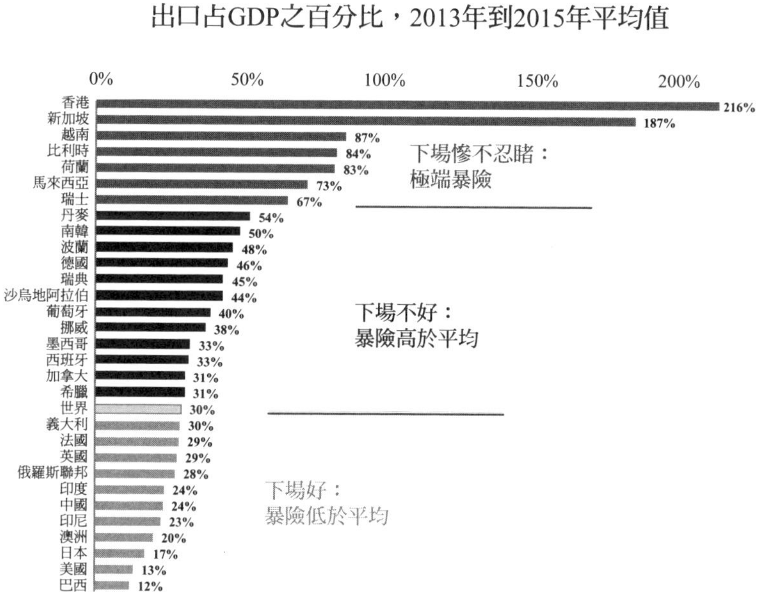

資料來源：世界銀行。

球出口貿易跌掉六〇%。

普萊希特若來看圖3-1，會說有個第五波還沒到，而且應該會至少站上四〇%的出口GDP占比（圖上則是八〇%）。

這情況理應出現在人口規模大出許多的新興國家，變得更都市化、中產階級擴大之時。即使不用普萊希特，我也知道在下個一百年週期，會迎來第五波的全球化浪潮，這週期我最早也是從他那裡聽到的。

我之所以如此肯定，原因出在「五百年超大創新與通膨週期」。

回報來自面對週期站對邊

「五百年超大創新與通膨週期」向上擺動期間，出現通貨膨脹；向下擺動，則產生通貨緊縮。這週期自一八九六年（現代歷史的通縮低點），就已蒸蒸日上，約莫會持續到二一四〇年代。

這是好消息。

上一次這個週期上行，是在一四〇〇年到一六四八年這段期間，帶來為期一百年、非比尋常的榮景，這過程開始於一五〇〇年左右，極盛時以英國女王伊麗莎白一世（Elizabeth I）

一五五八年到一六〇三年的「黃金時代」（Golden Age）為代表。

所以我預期在二〇七〇年代到二一四〇年代之間，會再出現一次全球化大浪潮。

從結果來看，我們已在一九三三年到二〇一七年，經歷一輪非比尋常的榮景，接下來前景仍可期，一直到二〇五五年到二〇六八年為止，這時新興國家的人口動態，終於開始放慢，如同自二〇〇七年和二〇一一年後，北美和歐洲的已開發國家相繼發生的情形。

下一個榮景將立足於新興市場（中國以外），這要歸功於這裡的強勁人口趨勢。

考慮當前的人口趨勢軌跡，已開發市場的未來恐萎靡不振，除非接下來數十年的老化出現大變革。

這一輪後市仍看漲的五百年週期，強有力地顯示的跡象正是，人生和工作生活，雙雙都得大幅延長！或許人會在三十幾歲和六十幾歲，分別生育下一代，然後一百多歲才退休。再度生育支撐搖搖欲墜的人口現狀，大舉延長工作生涯也是。

這二個情況是我認為扭轉已開發市場當前淒慘的人口趨勢所需的現象。

有個重要觀察是我從一九八〇年代獲得的洞察。

長期來看，通膨其實是人口發展的徵象，另外，提升專業分工及生活水準的都市化也是。我們為他人生產的貨品，支付更高的物價，同時仰賴專業賺到更高的收入，這情況只出現在都市環境，且有賴近二百五十年來，資本主義和民主的雙重動能，得到進一步的鞏固。

這般程度的專業化，必須輔以充裕的貨幣和信用，方便買賣進行。以及將更多事務委託給其他專業人士，提高了產品的成本。通膨於焉發生。

重點是，專業化賺取的工資較多，足以抵銷通貨膨脹，結果是較高的通膨**及**生活水準，兩者的長期相關性歷歷在目。

自一九〇〇年起，人們調整通膨後的生活水準，漲了不只八倍，這現象出現在史上最高的通貨膨脹期間。金本位倡議者很愛拿著一張美元價值自一九〇〇年以來，下跌九七％的圖表說嘴，好像財富真的消失這麼多，可是，透過促進專業化和疏通貿易（包括全球化），發展正好相反。

所以，假如在這次世紀性的百年和全球化週期，貿易和專業化趨於緊縮，經濟會暫時惡化，而不是好轉。

喂！專業分工可是亞當．斯密的主要論點，他從國家的脈絡進行檢視，從此彰顯個別工作者，或勞工的地位。

這你應該不意外，原來五百年週期當中，有兩個二百五十年的週期！每當創新或政治有所變革，就會加快後來的那一個。

週期當中的週期，是不是很有意思。

始於一五〇〇年代初期的宗教改革，為歐洲的榮景、英國伊麗莎白女王的黃金時代，與環球世界航行增溫。

這段第二波的全球化浪潮，是勞動專業分工和成長的重要催化劑，雖說如今減弱的跡象明顯且迅速。

第二次世界大戰後，一開始是噴射運輸，接著有網際網路，大力助長第二波浪潮飛漲。但現在，許多工人覺得移民和移工，是在拉低而不是提升他們的生活水準。最發達的第一世界，和追趕中的第三世界，所得仍存在巨大的鴻溝。

已開發市場的工廠工人，擔心飯碗被低薪的亞洲勞工和移民搶走，不過對所有地方的勞工威脅更大的，是工作不看心情、不需健保和退休給付，只需適度保養的機器人！

尤有甚者，自動化來勢洶洶，大有取代辦公室上班族左腦事務之勢，包括許多高階的專業技能。

到最後，每個人都得要變得更有創造性，當一名右腦導向，產出更多客製產品和服務、即時交付的開創性工作者，好與包辦簡單及複雜左腦事務的電腦競爭。

對於未來數年甚至數十年，可能會加重的反自由貿易聲浪，以及貿易戰爭，先有個底，尤其是在景氣最不好的年頭（可能落在二〇一七年年底到二〇二三年之間）。加上多數已開發國家，人口呈現快速老化，這趨勢不利於全球經濟。

而且，因全球的領導人和專家幕僚，不懂或者根本不知道有這些週期，世局造化將令這群人行進間跌跌撞撞。

我們將要迎來一場重大的變革，首先是此際二百五十年週期的政治變革，接著輪到四十五年週期、二〇三二年起的技術變革。

但是，世局每況愈下的前提是，如此嚴肅且深刻的變革可以存在，這是何以我們要持續透過 dentresources.com 來加以關注。

第四章

分裂與保護主義的反撲：美國、歐洲與中國，無一倖免

哈利・鄧特

後來有起色，表示原先差得遠；若不是九一一襲擊事件那般的危機關頭，不能使普通人浴火重生。

四大週期（二百五十年革命週期、一百年世紀週期、八十四年民粹運動週期、二十八年金融危機週期）的效應，已經在全世界甚囂塵上。

在美國，二〇一六年上演了一場爭議性的總統大選，引發南北戰爭以來，最重要的政治、社會政策，和經濟趨勢變化。

美國以外，世界硬生生分崩離析，英國想脫離歐洲、蘇格蘭想脫離英國、加泰隆尼亞想脫離西班牙，事情還沒結束！

這道驚世潮流所捲起的內亂、暴動和示威，基本上就是一場重新提高共通和團結程度的政治和社會變革。

而且，妙就妙在，這是好事！人民在價值觀共性更高的政治結構下，會過得更幸福，尤其是宗教。

如上一章所說，全球化已達高峰，再好的發展，終有盡頭，任何趨勢或週期皆然。現在的世道人心，是大家彼此緊密連結，卻互相看不順眼，我打你一下，你踢我一腳。什葉派和遜尼派如此；富人和中產階級也是；保守陣營和自由派也是；少數民族與多數民族也是；年輕人看上一代也是。

你自己想，這樣的分裂陣營有多少。情況形同一場當代的內戰，但這次是全球開打，而且多數時候，雙方不會派大軍上戰場，而是演變成許多政治、文化與社會衝突。

美國南北戰爭（一八六一年到一八六五年開打）肇始於工業和都市化的北方，與農業的南方之間，出現無法克服的經濟、社會和政治分歧。

南方先動手，因為不滿的聲音就是從這裡發出；眾所皆知，發展中的北方，靠著新的技術、都市化、人口進展打贏這場仗。歷史的軌道，到頭來會拐向更進步的那邊。

但在這場山雨欲來的「內戰」，勝方反而會是從較不富裕的發展中市場脫穎而出，特別是亞洲，包括印度和東南亞。這些地方兼具衝勁和人口（中國除外）的利多，其中最重要的，正是都市化。

在美國和其他已開發國家，逐漸失去一九六〇年代後期和一九九〇年代後期的經濟發展；所得成長是一個不錯的指標，當經濟成長，所得會跟著提升。

圖4-1顯示美國一九六〇年代以來的實質所得成長，特別留意美國的人均GDP，近十年來一瀉千里。

圖4-1　貧窮感

美國實質人均GDP的10年變化自1960年代減緩

資料來源：聖路易聯邦準備銀行（St. Louis Federal Reserve）。

大致上，從一九六〇年代末期以後，所得的成長就愈來愈少，每一美元GDP成長現在也趨近於零。

一樣沒起色的，還有快速消失的美國經濟流動性。

拉傑．切蒂（Raj Chetty）和他的研究團隊指出，一九八〇年出生的人，有五〇%左右的機會，賺的錢會比父母多，在一九五〇年出生的人，機會變成七九%。

三十年之間，機會少掉這麼多！

美國向上流動的難度，一度是已開發國家裡面最低的，但現在變成一件難事。

二〇〇八年起，舉世籠罩在經濟鬱悶之下，人民的不滿加深，這還牽

圖4-2　經濟停止流動

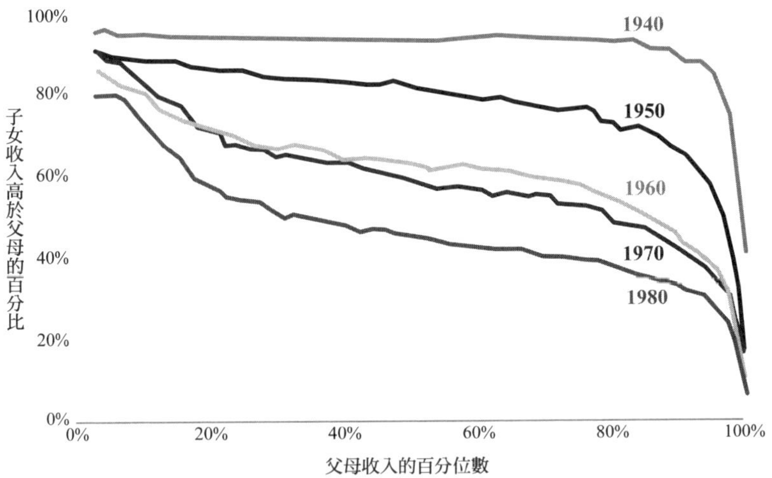

資料來源：Raj Chetty. *The Fading American Dream: Trends in Absolute Income Mobility Since 1940.*

扯到人口趨勢放緩。

早在一九八〇年代後期，我就預測到這項人口趨勢的盡頭。這股趨勢自二〇〇七年之後加快，日本則是從一九九〇年即已慘遭毒手。「日出之國」的經濟，因為人口失速，加上股票和不動產泡沫，從上個世紀最後十年，就陷入昏迷狀態，用「日落之國」來形容更為貼切。

這一切的結局，就是受夠了的人民，紛紛奮起反抗。

匪夷所思的大選

二〇一六年美國總統大選，非世間所常有。「脫線先生」（Mister Magoo）伯尼．桑德斯（Bernie Sanders）爭取民主黨提名，幾乎扳倒了「花枝．辛普森」（Lisa Simpson）希拉蕊．柯林頓（Hillary Clinton）。〔花枝她哥霸子．辛普森（Bart Simpson）向來比較得觀眾的緣，你就知道何以比爾．柯林頓（Bill Clinton）支持度較高。〕

同一時間，「瘋狂麥斯」（Mad Max）川普令眾人跌破眼鏡，贏得了大選。民調和提名政黨同感意外。

連第三黨的候選人蓋瑞・強生（Gary Johnson），都拿到很高的七%民調，實乃第三黨選情僅見。

全球各地的觀眾，邊看邊想：「美國人在搞什麼？」

許多選民也這麼覺得。（至今仍是！）民調顯示，川普的惡評率，來到六一%，這還是在他不堪的性別言論登上媒體版面之前。希拉蕊半斤八兩，惡評率為五六%。

兩位候選人打了一場最不得人緣的競選，也許只有推出高華德（Goldwater）和麥高文（McGovern），才能更倒選民的胃口。

法國也出現二個差評人選在爭的選舉，荷蘭也是。

這跡象顯示，美國（和全球）出現南北戰爭以來，最激烈的政治極化。

圖4-3　美國政治極化拉鋸

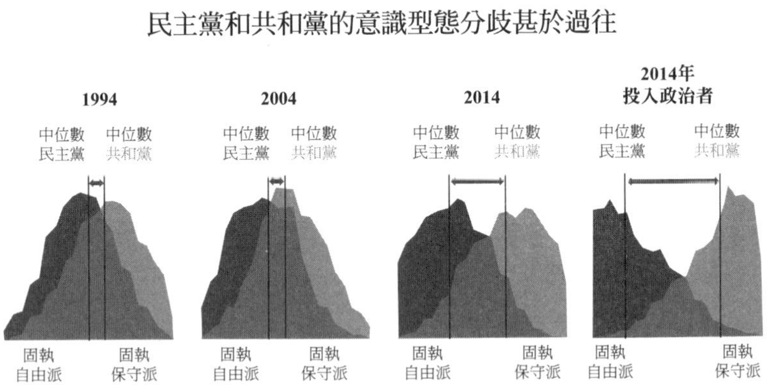

資料來源：皮尤研究中心，《美國公眾的政治極化》（*Political Polarization in the American Public*）。

以下這張皮尤研究中心（Pew Research Center）的圖表，顯示美國的極化演變，主要始於二〇〇四年。

民主黨和共和黨支持者，意識型態分歧的平均水準，從一九九四年和二〇〇四年的一〇%，上升至二〇一六年的三五%。

看最右邊政治參與程度最高的民眾，雙方鴻溝更是巨大，來到五五%，此時兩黨支持者多數趨於極左或極右。

這樣的極化鴻溝，要如何消弭？或者說，不管哪邊當政，要如何讓法案通過？

做不到！川普已經嘗到苦頭。

川普大談勞工階級受到的委屈，把矛頭指向全球化、差勁的貿易協議，和錯誤的移民政策，順利地在共和黨上位，打翻建制陣營的利益。

他如何跌破民調的眼鏡？

以八〇%的領先幅度，拿下農村、白人、勞工階級的選票。在史蒂夫・巴農（Steve Bannon）鼎力相助下，川普完全正中這群最不滿的選民的下懷。

另外提供一個有意思的見解：

我父親當過三位總統的政治策略顧問，包括尼克森。他一向說，決定大選勝負的，不是平均選民：這群人大致可根據本身保守或自由派的偏見預測其選票。勝負操之在占全體一五％至二〇％左右的搖擺選民之手。

川普無疑擄獲這群白人勞工階級選民忿忿不平的心。

他的勝選指出劃分美國這個偉大國度的鴻溝。

這裡還有一個地方要弄清楚。

南方為南北戰爭起了頭，結尾卻不如己意。同理，最不滿的選民，替這次變革開了頭，發起對全球化的反撲，但結局唯一的解決方法，有賴運用非新興市場勞工或電腦所擅長的創造性和開創性右腦能力。

美國許多普通工作者，**無疑**擁有這項能力，而且這能力一旦開發，會愈來愈得心應手。

企業家傑克．史塔克（Jack Stack）已經證明，藉由提攜成為企業家和所有人，他能讓底下的中西部工廠工人，躋身百萬富翁。後面會對他和他的公司做更多介紹。

現在你知道**什麼**讓美國再次偉大了！

川普掌舵的美國

美國出現極端的政治極化，在川普任內，這道隔閡只會繼續加深。

右翼陣營勉為其難地接受了不少進步的社會政策，如女權、黑人和少數族裔民權、同性結婚等，但跨性別議題可能是壓垮駱駝的最後一根稻草。

債務無止盡地高攀，是傳統保守陣營另一個眼中釘。他們將債務擴張視為金融體系的穿心箭，這看法我倒是百分百同意。

如今共和黨和民主黨兩邊陣營，平均支持者的分歧度，已來到三五％，此外，政治極度熱中者的分歧度，更是來到五五％。這項皮尤研究中心所做的研究，還可以從另一個角度切入。

一九九四年，六四％的共和黨支持者，立場的保守程度高於普通的自由派。現在這數字來到九二％。

另一方面，民主黨支持者自由意識型態高於共和黨支持者的比率，從一九九四年的七〇％，上升為現今的九四％。

再者，共和黨支持者有三六％，認為民主黨威脅到國家福祉，反之，二六％的民主黨支持者，認為共和黨威脅國家福祉。

二八％受訪者重視居住在多數人共享政治觀點的環境，受訪者為固執保守立場時，這數字躍升為五〇％，固執自由立場的情況，仍有三五％。

這種思維產生了僵固的意識型態堡壘，少了妥協的中間立場。這也為政治／社會變革秣馬厲兵。

最令人意外的地方，是這道巨大鴻溝，大多形成於二〇〇四年以後。

這現象告訴我，這次變革的因由，不全然是前〇．一％至一％極端富人的所得和財富，在一九九〇年代後半爆炸性成長，並於二〇〇〇年達到第一波高峰。「咆哮的二〇年代」和大蕭條期間，政治極化的程度沒有很極端，但那時的美國，正在經歷類似的極端財富和所得不公。

激進的政治分歧和選民不滿，造就了離析國家的川普勝選。

當桑德斯針對所得不均，川普則猛攻對外貿易和非法移民，而後者正是委屈的勞工階級的眼中釘。

當然，希拉蕊代表的建制派，遭到更多人民的厭煩。

圖4-4裡，中間的灰色州，原本是邊緣的藍營，二〇一六年則轉紅。鄉村更是把八〇％左右的選票，投給了川普。

紅色（淺灰）代表大多數的州，看分布的情況，則集中於東南部、西南部、落磯山脈北部，和大平原（Great Plains），全是較為鄉村的地方。

藍色（深灰）整體人口差不多，集中在東北部、上中西部（變少了）、西岸、離群的科羅拉多州與新墨西哥州，佛羅里達州南部則險勝。藍營一般偏都市。

未來幾年即將迎來的激烈經濟衰退〔我的週期指出二〇一七年年底到二〇二〇年之間最

嚴重（詳述於後）」只會加深隔閡，激起更大的內部紛亂。

從地方或郡縣的層級，細看美國紅藍陣營的區劃，情況更接近城鄉差距。紅營的州有較多鄉村地區，藍營的州則有較多城市。但即使偏藍，州內仍有許多鄉村紅色地帶，反之典型紅營如德州，仍有達拉斯、奧斯丁、休士頓等偏藍大城。

這些偏鄉村的區域，是高達八〇%的選民投票給川普的搖擺地帶。以這裡的不滿民眾為目標，真是政治高招，正是這群人開啟了這股反全球化和反移民趨勢。不過，因為沒有站在歷史進步的一邊，這些人不會是結局的贏家（如同南北戰爭的

圖4-4　紅營和藍營州的大略地理區劃

資料來源：鄧特研究中心。

南軍）。

這些較為保守、中部、鄉村的地區，在這波景氣吹的泡沫最小，在即將到來的大崩盤，跌落和破滅也最輕。

但川普也撞上了我們有生之年最差的經濟。我預測不管誰選贏二〇一六年的大選，頂多當一任總統。

幫自己一個忙：不要只想著保本，想一想屆時最安全的生活地區，像是中部，或沒什麼泡沫的小城市，或大城市的遠郊，甚至是加勒比海地區。（這是我現在搬到波多黎各的一個原因，雖說此地破產了，但沒有用印鈔票來解決，此外，儘管此地蕭條了十年，卻沒什麼內亂。）雖說沒料到颶風瑪莉亞（Hurricane Maria）會成為這座島的致命傷，但這空前颶風災後初期，並未發生重大騷亂。

假使你家有想成為那種在價值觀念擇鄰而居的類型，想想自己有沒有住在對的州、區域或國度。

接下來幾年，視身在紅營或藍營地區，社會和財政政策，改變可能相當大。確定你待對地方，或者也不要緊，船到橋頭自然直。

記得，長時期的一百年和二百五十年週期，即將引發提高文化和價值共通性及凝聚力的重組。

全球保護主義與分離主義運動

我稱之為「市場瘋了」的現象持續低估，且對理應多少感到驚恐的情況裝聾作啞，並聊起了川普「美國優先」（America First）保護政策的「假新聞」？股市把噩耗當作利多，以為這代表更多的鈔票和刺激措施。

是發瘋或怎麼了，民眾也是。

從刺眼的債務水準（尤其是近年來的中國和新興市場）到銀行業的股災和呆帳，特別是在希臘和義大利。從微不足道的負利率，到中國股市二度股災。從突如其來的英國脫歐投票，到更令人想不到的川普當選。

根據我目前對世事與週期的研究，尤其是針對五百年超大創新與通膨週期、二百五十年革命週期、八十四年民粹運動週期，與二十八年金融危機週期，以及四大基本面（見前述），以下是過沒幾年的可能演變。

- 英國脫離歐盟，蘇格蘭有可能也要脫離英國。
- 加泰隆尼亞可能脫離西班牙，一併帶走高成長的城市巴塞隆納。
- 義大利為處理銀行業和債務危機，由於無法如法泡製希臘的大規模紓困，很可能必須脫離歐盟。

- 繼希臘、葡萄牙，到最後，西班牙也會跟進。

在較具競爭力的大國，如法國，歐盟和歐元同樣不孚人望。馬克宏雖贏得大選，雷朋的勢力仍不容小覷，且法國民眾多半不滿意這共同貨幣。

而德國人極不滿二〇一五年處理移民危機，及出手紓困銀行和政府，加上本身人口趨勢最差！人口狀況與一九八九年的日本半斤八兩的國家，是要怎麼保住歐元？德國就是這樣。

法國或德國要是不想再接南歐的銀行倒閉和倒債的爛攤子，於是脫離歐盟，又如何？德國持有最多的義大利央行貸款暴險，法國則持有最多的西班牙銀行貸放倒閉企業的暴險。

歐元區和歐元很可能在接下來幾年進行重大重整。

歐洲的兩極化事關南歐和北歐國家之間的所得、財富、生產力鴻溝，看歐洲的人均GDP差距就知道。

北歐、英國、法國、荷蘭、比利時、德國、瑞士、奧地利和義大利北部，構成了一個高所得、高生產力、出口強勁的北方集團。

南歐的情形截然相反：國家的收入較低、生產力較低，且多為淨債務和入超國家。

南北差距最好的例子，出現在義大利。

歐元出現不過是加大貿易和舉債能力的差距，一來北方國家的幣值降低，導致更多出口和出超及更低的債務，且借款成本較低，能支撐較多進口的負債。

北義的平均人均GDP為三萬四千一百四十七美元，相較之下，南義為二萬零八百五十美元，相差一．六四倍。

差距不僅如此，義大利最南端的人均

圖4-5 歐洲：南北歐與東歐區劃

歐洲的區域人均所得

2013年NUTS 2區域別民間家戶主要收入相對於人口數
〔每居民購買力消費水準（PPCS）〕

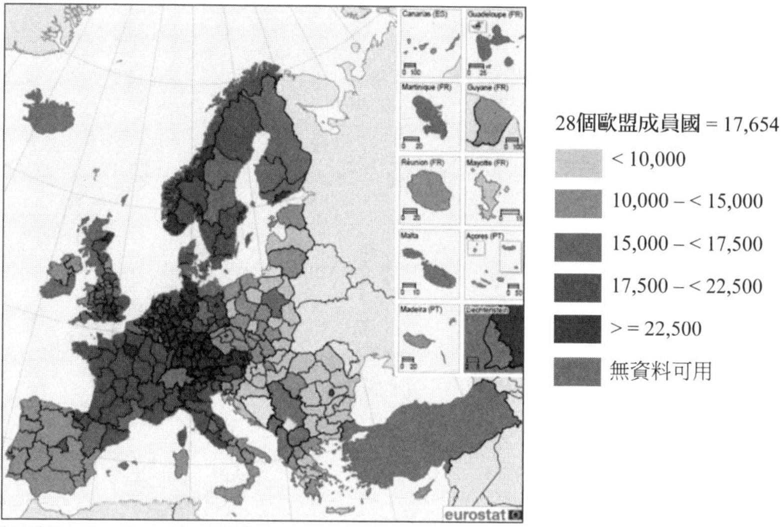

行政邊界：©EuroGeographics ©UN-FAO ©Turkstat Cartography: Eurostat – GISCO, 04/2016

NUTS：統計地域單位命名法；資料來源：歐洲統計局（Eurostat）。

GDP僅有一萬八千一百一十五美元，最北端則有四萬一千四百七十一美元，差了高達二・二九倍。

我們來看看義大利內部極端分化的情況。

較都市化、所得較高的義大利北部，自然偏向自由的風氣，南部則顯得保守。

來北義一趟，會看到最繁華的一流時尚和紡織工業、車廠、高檔葡萄園，和眾多都市／時髦文化；到了南義，則更常遇到的是漁民、農民、牧羊人等偏向保守、傳統、樸質的民眾。

圖4-6　義大利南北所得鴻溝

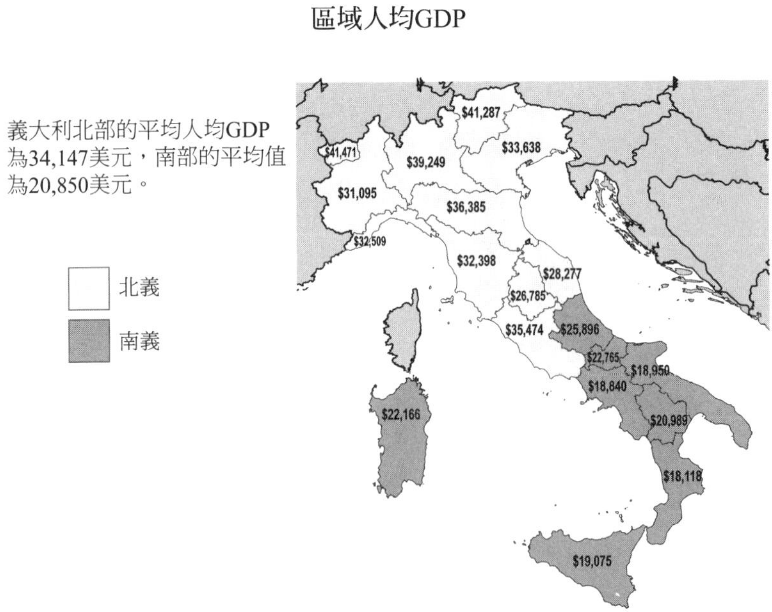

資料來源：義大利國家統計研究所（Istat）、鄧特研究中心。

南轅北轍的兩個世界，只有語言相通。

甚至連披薩都有差別。

回來看全歐洲的情況，東歐與南歐相似，所得更低，技能落後更多。

北義大利人經常抱怨東歐移民「差人一等」，以及自己替「懶散」的南義大利人扛債的情形。

此處並非陳述偏見，而是如實報導！

歐洲終需重組，分而為二：強勢歐元和弱勢歐元，加上但願仍龐大的歐元區貿易。較為強勢的北歐元區，自然會重估幣值，而且續保較高的競爭力；較弱勢的南歐元區，連同有機會出現的東歐元區，則會貶值以提振落後的競爭力和生產力，進而增加出口及恢復成長。這些地方的困境，尤其要歸諸於疲軟的人口和生產力趨勢。

北方的成本，是出口成長放緩，以及出超減少，導致經濟成長減緩。此外，北方還得處理南歐和東歐增加的倒債。光是義大利就大約積欠德國央行三千六百億美元！

可知，德國會相當頭大！

法國的銀行持有最大的義資銀行壞帳部位，義大利的銀行壞帳，占全歐元區的一半。

南方的成本，是高進口物價輸入的通膨（看冰島在全球金融危機貶值即知），但最終則能提振出口、提高經濟成長，並減免違約外債。（冰島殷鑑不遠。）

冰島是少數因外債違約被迫貶值的非歐元的歐洲國家，之後短期通膨隨著進口成本高漲。而最不缺冰跟魚的冰島，十分仰賴進口。

但冰島走出危機後，國力凌駕多數歐洲國家。

去槓桿和去除過度金融，若能一併處理失衡，而非光顧著印鈔票振興，效果會比較好。歐洲唯有忍痛重整，方有助改正貿易、債務、人口的懸殊差異情況（這點對任何地方、任何時期皆然）。

簡而言之，我預料歐元區有一場重大重整，加上歐元會走軟、美元走強一陣子。之後，貨幣市場很可能更趨中性，偏向部署強國，這意謂強大的國家，能吸引到更多外國投資，進口成本更低，對出口則不利。

遜尼／什葉之分與伊斯蘭溫床

第二次世界大戰的戰勝國，武斷地劃分界線，導致中東內亂與內戰叢生。伊斯蘭世界大抵上都是遜尼派當家，圖4-7顯示的淺灰色即遜尼派的支配地區。

北非屬於遜尼派，所得較高；撒哈拉以南的非洲，基督徒和遜尼派穆斯林雜處，除了南非和波札那外，其餘所得較低。

這二區沒理由不能劃分成非洲北部和非洲南部二個區。

全球來看，什葉派是少數，集中在伊朗、伊拉克西部、阿富汗中部、黎巴嫩和葉門。

從什葉、遜尼、庫德族（Kurd）的混居現狀來看，伊拉克根本沒機會統一。

所以這裡一直在打仗。

這一帶需要重組。伊拉克西部要併入敘利亞，加入遜尼派，剩下的廣大東部，則可併入或與伊朗結盟，加入什葉派。阿富汗的什葉派地帶，也可找伊朗結盟；東北部則可併入土耳其東南部的庫德區（也許分離建國或託付土耳其）。

這麼一來，這些宗教歧異區，可望更統一、鞏固文化，唯有如此，方能為中東帶來和平。但現階段，沙烏地阿拉伯和其他遜尼派國

圖4-7　遜尼派支配除伊朗和中東東部以外的伊斯蘭世界

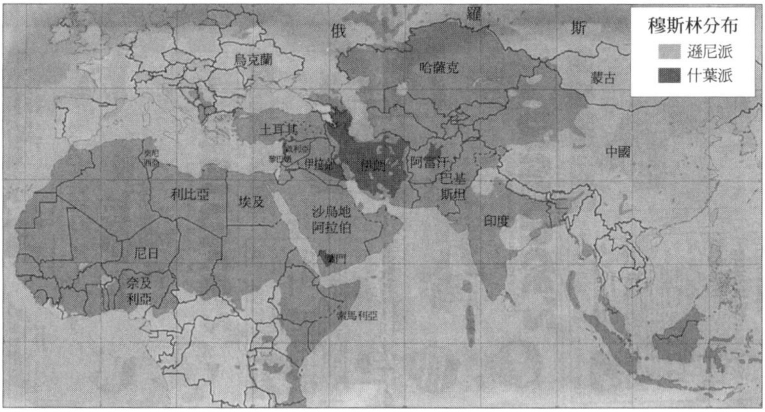

資料來源：德州大學圖書館（University of Texas Library）。

家，與什葉派的領袖伊朗，益發針鋒相對。這裡會不會爆發戰爭？

這在二〇二〇年，就會較明確地顯露，屆時三十四年地緣政治週期落底，就會開始再度翻升（詳述於後）。

恐怖主義和內戰在穆斯林世界愈演愈烈的問題，有些地方許多人未能好好清楚區分。首先，穆斯林人口絕大多數不住在北非和中東，光是南亞的穆斯林人口，就是前兩地區加總的二倍。

但這裡正是恐怖主義和內戰最頻傳的地方，因為這

圖4-8　不穩定的伊拉克遜尼—什葉—庫德區劃

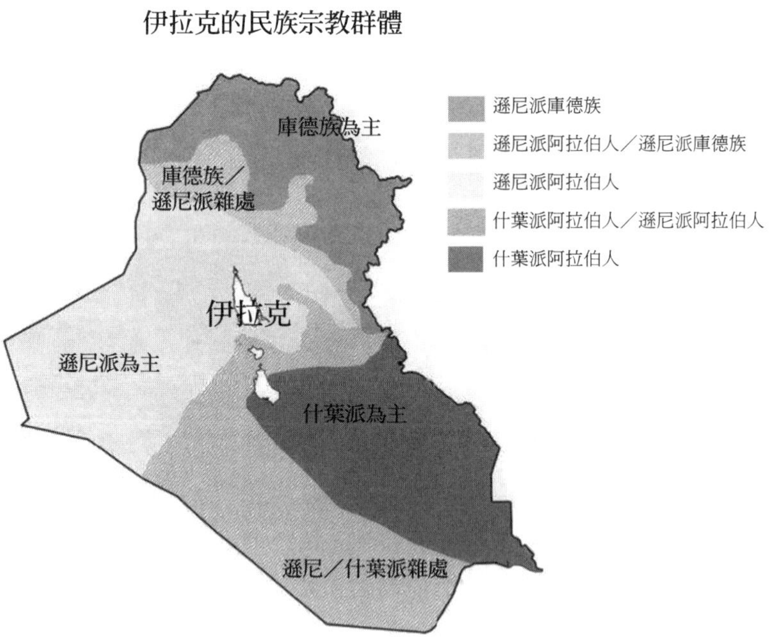

資料來源：德州大學圖書館。

裡遍布沙漠，資源稀少，而且部落心性好戰多疑。

表4-1點出第二個面向。叛國多戰亂：索馬利亞、尼日、阿富汗、葉門、奈及利亞、巴基斯坦和敘利亞。

這些內戰程度最高的國家，如伊朗、利比亞、突尼西亞、伊拉克和埃及，境內遜尼和什葉雜處，但國家較為富裕。叛軍也許貧民當不起，恐怖分子還行。

我的補充旨在說明，大體上穆斯林不用替恐怖主義和內戰背黑鍋。逾七〇%的穆斯林，住在未顯著傳出叛亂或內戰的國家和地區。

印度在民族和語言上，分為南北二個區，主流是印度教，穆斯林多在西部。北印度較偏向印度總理納倫德拉·莫迪

表4-1 叛亂的國家

貧窮且穆斯林充斥		
國家	人均GDP〔購買力平價（PPP）〕	穆斯林人口比率
索馬利亞	$600	99%
尼日	$800	99%
阿富汗	$1,100	99%
葉門	$2,500	99%
奈及利亞	$2,800	50%
巴基斯坦	$3,100	97%
敘利亞	$5,100	90%

資料來源：美國中央情報局（CIA）《世界概況》（*World Factbook*），維基百科。

（Narendra Modi）的進步政黨和陣營，南印度則傾向較為保守的國會政黨與陣營。

南部的生育率較低、識字率較高、穆斯林稍多，意味著第二種區劃，介於主流的印度教，以及少數穆斯林群體。

東與巴基斯坦接壤的東北部拉賈斯坦邦（Rajasthan），也有小型的穆斯林聚集地區，北部國界一帶雖有但更少。

瓦加（Wagah）每天會舉行區隔兩國的關門典禮，顯然這是源自巴基斯坦穆斯林和印度的印度教徒動武的儀式。

最大的內戰情事，發生在東北部喀什米爾區（Kashmir），此地實為僅有的大範圍穆斯林支配區，也是最有可能與巴基斯坦結盟之地。

各國和區域內部更趨於一致，有何不可？有利於提振全球創新和貿易。

俄羅斯呢？

這個國家遇到三個我預測到的情況：商品價格崩盤，特別是油氣；人口趨勢急凍；以及腐敗的共產／獨裁主義中央計畫式政府，連同一支養不起的昂貴軍隊。

值此變革時刻，普丁為何不占領或兼併前蘇聯衛星國家？像是俄裔或俄語人口較高的地區，如克里米亞、烏克蘭東部和喬治亞？

從白俄羅斯到哈薩克，世道衰落之際，重新投入俄羅斯門下以求自保，甚至得益的國家其實不少。

歐洲經濟愈弱（未來數年乃至數十年將走衰），俄羅斯愈容易四處插旗。

歐洲和北大西洋公約組織的財政和實力，將不足以與之對抗，當川普和美國減少奧援，更是如此。

辦法還是一樣：整併，或在伊朗的情況，則是擴張。核心的宗教、政治和人口族群，更趨向同質的主權國家，使內部實力成長，將來得以在全球擴張和貿易。

讓東部地帶維持獨立，並與歐盟等大範圍貿易區結盟，普丁的勝算會比較大。何以見得？因為這次變革強烈顯示，眾人即將起身反抗上位者和官僚力量的控制。

接著是中國。

這條紅色巨龍在三個方面分歧嚴重：宗教、族群／語言和所得／財富。

最明顯的分歧，是東部／沿海和內陸／西部的所得和財富。

西藏和蒙古與其他快速都市化及現代化的中國地區，差異如此之大，從文化和所得來看，豈止是數十年的差距，簡直像有世紀之隔。

圖4-9顯示南北部和東西部的優勢宗教。不過，除了在西藏，宗教還不算中國最大的分歧，畢竟中國向來地大物博。真正的分歧見於富裕的沿海地帶，比起其他內部地區，有如國中之國。

圖4-9 多族共和的中國

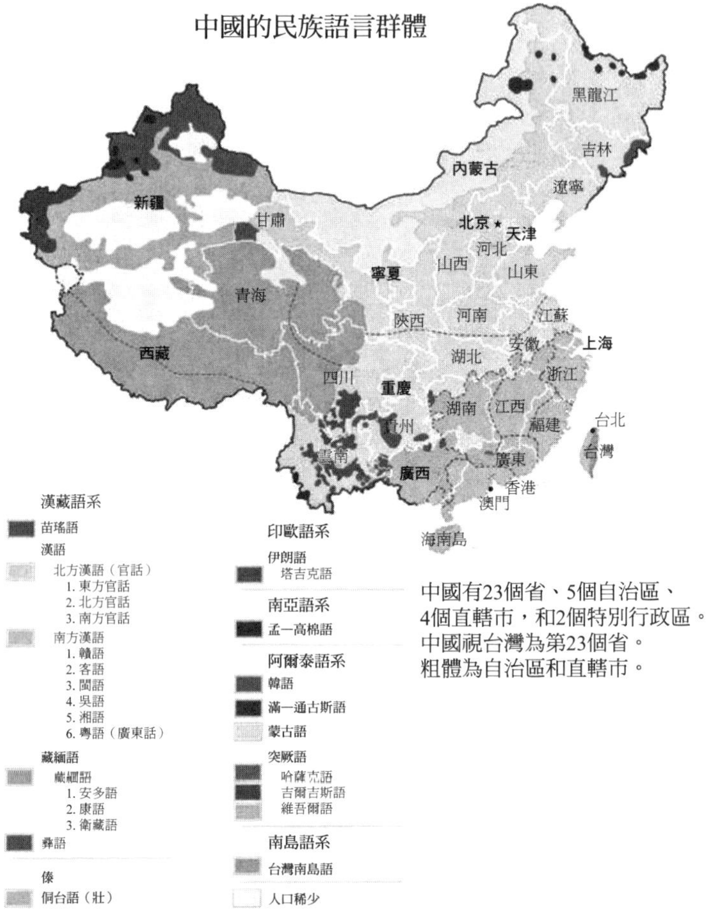
中國的民族語言群體
黑龍江
吉林
內蒙古
遼寧
新疆
甘肅
北京
天津
河北
山西
山東
寧夏
青海
陝西
河南
江蘇
西藏
安徽
上海
湖北
浙江
四川
重慶
湖南
江西
貴州
福建
台北
台灣
雲南
廣西
廣東
香港
澳門
海南島
漢藏語系
苗瑤語
漢語
北方漢語（官話）
1. 東方官話
2. 北方官話
3. 南方官話
南方漢語
1. 贛語
2. 客語
3. 閩語
4. 吳語
5. 湘語
6. 粵語（廣東話）
藏緬語
藏緬語
1. 安多語
2. 康語
3. 衛藏語
彝語
傣
侗台語（壯）
印歐語系
伊朗語
塔吉克語
南亞語系
孟一高棉語
阿爾泰語系
韓語
滿一通古斯語
蒙古語
突厥語
哈薩克語
吉爾吉斯語
維吾爾語
南島語系
台灣南島語
人口稀少
中國有23個省、5個自治區、
4個直轄市，和2個特別行政區。
中國視台灣為第23個省。
粗體為自治區和直轄市。

資料來源：德州大學圖書館。

歸功於該國熱到冒泡的經濟，我所知的所得和財富分歧為：

一、東部和東北部，包括香港、深圳、廣州、上海和北京。

二、中部地區，包括成都、鄂爾多斯，和其他二十個市，分布在內陸，偏重商品經濟，靠過度建設和債務支撐。

三、西部和西北部，包括西藏和蒙古區，呈現截然不同的文化。

宗教大致上也有所區隔：中國東北側偏向基督教，南方和西藏偏向佛教，西北側則是伊斯蘭教。

此外，水和天然資源的南北差距日益明顯。南方水資源較豐富，但北方消耗量較大。中國的預測難度最高，但從計畫經濟和不動產吹起的泡沫，破滅後的硬著陸來看，內亂之烈將是大國之最（美國可能居次）。雖說人口老化，會產生若干緩衝，但研究指出，老齡化對經濟並非好事。

別忘了，現在有二．五億沒戶口的農村移工，正留駐在城市，興建不知道給誰住的房屋。

不過這便宜到住在空屋的非法住戶，特別是在城市。若中國政府在不負責任的過度建設和超速都市化，釀成這危機以後，試圖驅離這些人，不啻是引火自焚。

雖說年輕一代造反的可能性比上一代高，但過度建設、債務、城市超收移民導致的極度失衡，連五十幾歲的人，都會按捺不住發作，更何況這二．五億坐困愁城的農村底層移工，多屬二十、三十歲的年輕一代。

著手下一章前，請看一下圖4-10。

我的研究員戴夫．歐肯奎斯（Dave Okenquist）找到這張恐怖事件的世界分布圖。發現了嗎？

強度高的恐怖事件幾乎都在東半球：西歐以東，例外的是「博科聖地」（Boko Haram）根據地的奈及利亞和尼日的北部。

從歷史角度來看，近幾世紀的地緣衝突，多出現在西歐，包括兩次的世界大戰。

圖4-10　恐怖主義專找東半球麻煩

2015年恐怖攻擊：集中程度和強度

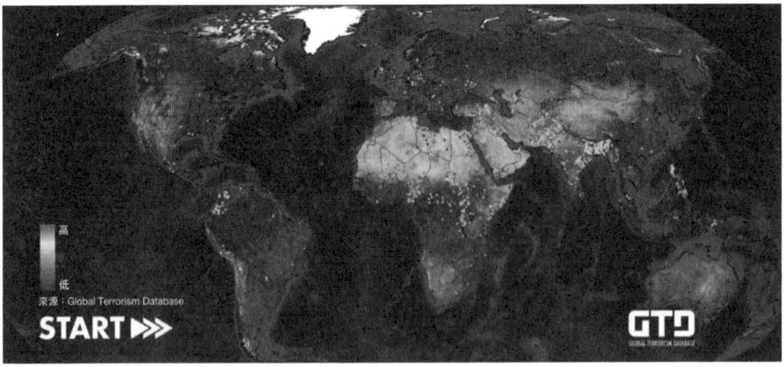

資料來源：恐怖主義及應對策略全國研究聯盟（START）2016年出版的〈2015年恐怖攻擊〉（Terrorist Attacks, 2015），全球恐怖主義資料庫：www.start.umd.edu/gtd。

（歐洲向來多與北美結盟，文化和宗教在西半球較趨同。）

這也預示了，將來在亞洲、中東和非洲，會出現更大的展開，加上亞洲的人口集中度又最高。

我有個一百六十五年的週期（潘秋里接招！）是說，東方持續引領全球成長，是跨世紀的現象。東半球興起的趨勢，始於一九八〇年代初期，將持續到二〇六五年左右。

如同新興創新和破壞性技術，衝突增加預示未來有更多的成長與變遷。

哥倫比亞在二〇一六年與叛軍簽署了和約，有個國際機構因此宣稱，整個西半球已免於重大軍事衝突。

哇！

可惜，若看更長期間的話，這實際上是反指標。

天下太平是成熟和成長放慢的徵象，卻是西半球的寫照。老牌的老齡國度，固然少有反亂，但也沒什麼成長，甚至衰落。

凌駕英國脫歐或川普

總歸一句，英國脫歐和川普總統，充其量不過是這場變革的開端。

零和負利率終於顯現弊大於利的效應。**此時**是造成第二次世界大戰後，第二波全球化大浪潮的人口和技術趨勢的高點。

全球化正站在高峰，隨之而來是急劇的國內保護主義反撲，就像一九三〇年代。每個週期經過擴張階段，後面會接著盤整和去槓桿的階段。此時是西方和已開發國家大肆成長的高點，這將會帶起新興和亞洲國家的發跡。所以這些地方才出現更多震盪和紛亂。

我們現在要繫好安全帶，為接下來幾年的大規模債務和金融泡沫去槓桿和通貨緊縮期，以及遍地開花的變革做好準備。我指的是連續多年，甚至上看數十年，從政治到社會結構，乃至企業組織的改造與改革，就像南北戰爭結束後那樣。一切將由下而上出現網路變革。

讓企業和家庭財務休養生息正是時候。

這幾年泡沫避之則吉，變現所有風險資產，即使時間略早，出場落袋為安。不像吹泡沫，崩盤來得快，亡羊補牢，你就太慢了。

想一下去處，避開泡沫的重災區，找比較安全、政治和社會價值觀較契合的地方生活。

現在準備好，等待時機來臨，就不缺獲利的機會。第三部分有更多內容，記得多上dentresources.com。

第五章

人口趨勢、都市化與技術創新

通膨以長期來看是進步的徵象，並非經濟學家口中的洪水猛獸。

哈利．鄧特

第一章講過，由於二百五十年革命週期在八十四年民粹運動週期，和二十八年金融危機週期頭上火上澆油的緣故，我們即將經歷地動山搖的政治、經濟和社會變局。

除此之外（後面章節還會講解），二〇〇一年起（準確來說，是九月十一日），有個三十四年地緣政治週期的利空，會一路黑到二〇二〇年年初，伴隨恐怖主義、族群緊繃、內戰等。

自二〇一四年年初之後，就形成了下行趨勢的景氣漲跌週期（見第六章），這路徑將延續到二〇一九年年底或二〇二〇年年初，各國政府靠印鈔票應付衰退的方式，只能撐到這時候。

而人口趨勢的餘震，則將一路震盪到二〇二二年年底。

但是前面有稍微提到，還有一個規模更大的週期，要來插上一腳：五百年超大創新與通膨週期。

經濟學家一般認為通膨是壞東西，其實，它可能是經濟的終極暗物質。

這些拿筆桿的傻瓜哪裡錯了？

這些人對最重要的經濟原理，以及自然震盪的創新與變革動態，皆一無所知。

這些人以為，經濟的成長只需要克服幾個小波折，就會踏上西方淨土，從此過著沒有蕭條的日子了，而通貨也不會再大幅膨脹或緊縮。這些人心中想的藍圖，比造物主或「看不見的手」更美。

他們以為動態的經濟，有辦法變成一部機器。怎麼可能！經濟具有多變、複雜、有機的生物性質。

他們太多人錯在活在學界的象牙塔中，用不著親身經營事業，或在現實大環境下做生意。

沒錯，短期通膨可能有害。就像一九七〇年代生產力下跌，物價攀升，石油禁運則是對這情況落井下石。

或者說，短期代價慘重的戰爭，釀成無比沉重的通膨，卻迎來重大的創新，與全球市場和強權輪替。

或者說，短期天災造成某些東西極度短缺且昂貴，比如寒害令佛羅里達州柳橙汁漲價。即使短期艱困，帶來的創新，會抵消逆流，容許再度成長。

長期的話，通膨**顯然**是進步及生活水準上升的徵象，從歷史來看，這件事無庸置疑。

現代史上最嚴重的生活水準衰退，出現在什麼時候？答案是黑暗時代（四五〇年到九五〇年間一回五百年的熊市）。上一次嚴重衰退是什麼時候？答案是一九三〇年代的通縮。二個時期接著的成長都大大加速！

新技術在通膨或通縮的逆境期間發展，後來人們得以遷移到更高密度的都市區，進行專業分工。人們所得增加，財力更雄厚。接著，把工作交付專業人士，以及管理複雜都市區的成本，進而提高貨品和政府的成本。

對新技術、基礎設施、更完善的公家服務及監管機構的投資，創造了更大的成長，以及令鄉村和低生活費地區相形失色的高生活水準。

矛盾就在這裡。

誰比較富裕？都市或鄉村家庭？哪種國家比較富裕？都市化高的！

在新興國家，都市家戶的人均GDP，一般是鄉村的三倍。

都市化和技術水準都較高的已開發國家的人均所得，是農業型新興國家的六到八倍。

都市化和新技術實現更好且更專業化的工作和貿易，這是亞當・斯密在十八世紀末期就知道的事。

我們必須掏錢請專業人士發揮專長，好讓**自己**能發揮專長。

但這不是免費的午餐。專業化幾乎提高了所有東西的價格，不過例外是新興的高科技商品（從汽車到電腦）變得賤價並引領變革。

同時，所得增加高於新增之專業化成本，都市和貿易區的價值和工作前景看好。所以，**通膨出現，更多的錢和信用被用在融通貿易和專業化。**結果就是下一頁那張五百年的圖（圖5-1）顯示的長期通膨。

長期通膨實乃民眾生活水準進步的徵象，主要是日益創新、都市化和人口擴張的結果。

金本位擁護者會辯稱，一九〇〇年以來，美元的價值下跌九七%，原因正是有太多錢透過現金和信用到處流通。**這是天大的誤解。**

如果美元貶值成這樣，那麼調整通膨後的生活水準，怎麼還比一九〇〇年，增加了不只八倍？

政府支出占經濟的比重，頭也不回地一路攀升，怎麼還有如此的榮景？

若金本位主義者一心想回到《安迪・格里菲斯秀》（*The Andy Griffith Show*）的「梅伯里」（Mayberry）那樣的地方，或《草原上的的小屋》（*Little House on the Prairie*）的時代，有什麼關係，為了糊口，每週要做工一百個小時，一邊還要擔心土匪或美洲原住民來襲。

不，謝了，我寧可在家裡看《辛普森家庭》（*The Simpsons*），工作請別人替我做，小孩請保母來帶，最好還有健保跟退休福利。

通膨長期上漲，其實代表大環境的專業分工很順利。

我欽佩的古典經濟學家雷西・杭特（Lacy Hunt），用短期的「貨幣

圖5-1　500年超大創新與通膨週期

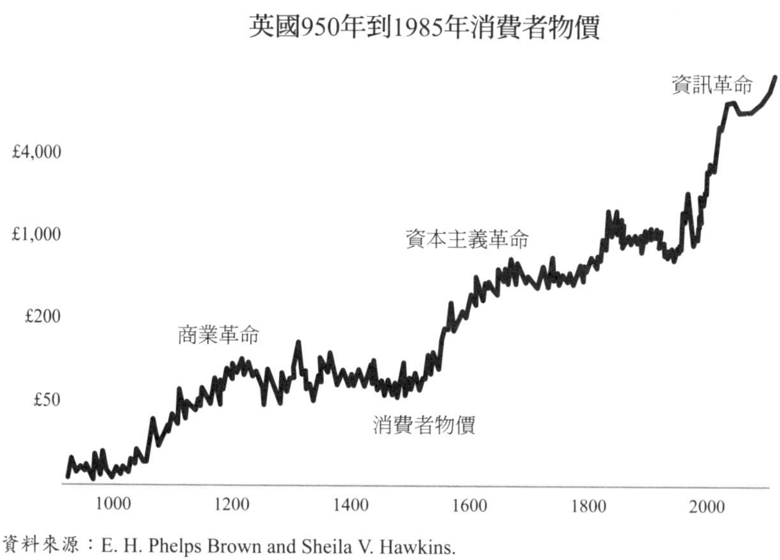

資料來源：E. H. Phelps Brown and Sheila V. Hawkins.

流通速度」趨勢，來解釋這個現象。他指出，當貨幣流通速度（貨幣的週轉率）上揚，表示錢投入生產，意謂將來有錢再投資，創造工作、所得、財富等更多的成長。

當貨幣流通速度開始下滑，即使原本站上高點，也意謂著錢開始被拿去投機，沒有創造實體成長，而是短期利得與「泡沫」！當終於跌落平均，則表示債務和金融資產泡沫正在去槓桿以及必須撙節度日的經濟不景氣。

看看圖5-2這張杭特的圖。我的說法出現在較長和較短的週期。

長期來看，通膨攀升表示投資和報酬漸增，通膨疲軟則相反！這現象在五百年和六十至八十年的週期，都有出現。

圖5-2　貨幣流通速度與中期通膨／通縮觀點

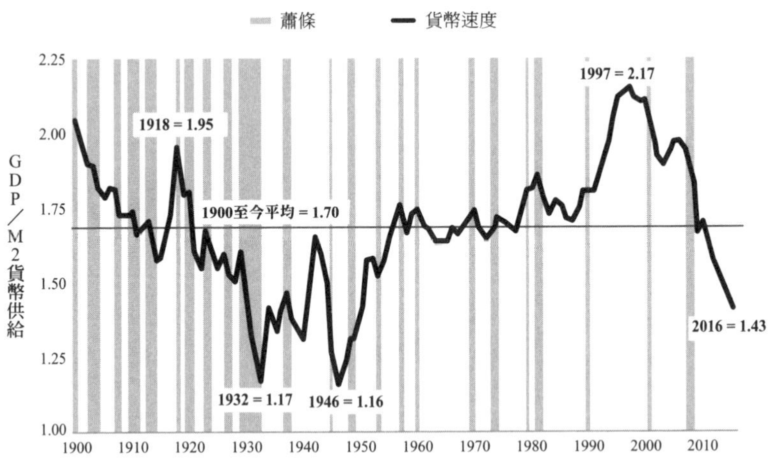

資料來源：聖路易聯邦準備銀行（St. Louis Federal Reserve），Hoisington Investment Management。

都市化是最大的一股推動力量，投資的新技術變成主流，也有推進之效。通膨下滑或通縮的期間，表示有促進創新恢復的去槓桿或重開機過程，表面上看來，似乎會不利短期生產，長期來看，卻很能促進創新和生產力。

人類進步最強大的因素

現代歷史上，最嚴重的通貨緊縮，並非大蕭條期間，而是在歐洲中世紀的黑暗時代。當時正值羅馬帝國崩潰，西元前五百年由希臘人開創、後由大肆擴張的羅馬人接手的千年榮景，以及隨之產生的巨大泡沫，走到了終點。

企業家馬可士．里蒙尼斯（**Marcus Lemonis**）在個人電視節目《賺頭》（*The Profit*），提到企業成長的三大原則：人才、流程和產品。

用長期的眼光來看，技術創新是經濟體的產品，都市化是流程，人口演變則是人才。

十九世紀末期以來，全球化伴隨都市化和人口成長，一直是通膨和生活水準上升的主力。

五百年週期在一八九六年翻升後（之前則長時間通縮，但終於在一八二〇年到一八九六年之間五度衰退後探底），從一九〇〇年起算，調整通膨後的所得，就漲了不只八倍。

用圖5-3這張新的圖，我現在的看法是，一九四五年左右，全球化趨勢大規模加速，包括第二次世界大戰後因重建急升的日本。

但如前面所言，這階段已到頂，正在快速消退。曾經滄海難為水，過往的榮光，帶來極端改觀的政治、宗教和所得內訌，增強不滿和仇恨。

看看自一九二〇年起，都市化在全球各地，多麼如火如荼。而都市化正是人類和經濟進步最強大的因素。

最早因應工業化而開始都市化的大國，是哪個國家？

英國！

都市化帶來的實力，令四海之人，臣服於這個小型島國，時間超過

圖5-3　全球都市化自1920年加速

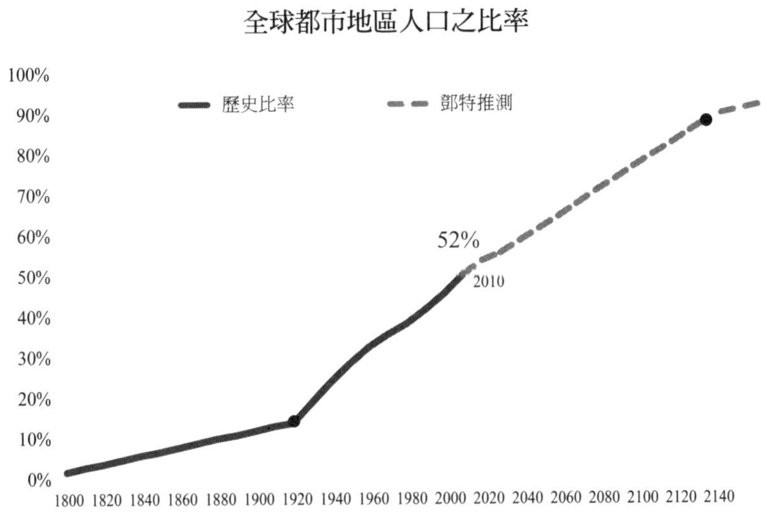

資料來源：聯合國（United Nations），鄧特研究中心。

一個世紀之久。

在中國，由於要擺脫基礎建設過度投資，加上持續減少農村移民，都市化的速度，將走十年的下坡，甚至開倒車。

但都市化在新興國家長期趨勢持續，差不多到了二一四五年，有九成會達成充分全球都市化的水準，準確來說是落在五百年超大創新與通膨週期的高峰期。

看看從一五〇〇年起，全球GDP當中，全球貿易份額的成長。

這就是全球化、都市化、技術與專業分工的成果。

如同任何長期趨勢，如此的指數成長，背後是新的技術在驅動。

經濟體在十五世紀末期大型帆船盛行以前，是分散孤立的，到十九世紀中期，雖然出現更快更大的輪船，但是彼此仍有所區隔，要等到十九世紀末期，大規模興建貫通全國各地的鐵路，這時才慢慢邁入全球化社會。噴射運輸在一九五〇年代加快這趨勢，接棒的網路，成為最強大的全球化催化劑。

大型帆船於十五世紀末期出現後，貿易占全球GDP的比率，從一五〇〇年的二％，上升到一七〇〇年的五％。

一七〇六年出現第一家股票融資企業東印度公司之後，這比率在十九世紀初從五％來到一〇％。

接著，第一波快速全球化浪潮，隨著世紀週期打了上來，大約介於一八五〇年到一九一二年。

此時的輪船功不可沒，背後是「四十五年創新週期」（45-year Innovation Cycle），上升期為一八五二年到一八七五年。

鐵路出現在下一波的一八九七年到一九二〇年上升週期。

（這個四十五年週期很重要，第六章有更多介紹。）

但第一次世界大戰、大蕭條、第二次世界大戰，打

圖5-4　兩波全球化大浪：1852年後與1945年後

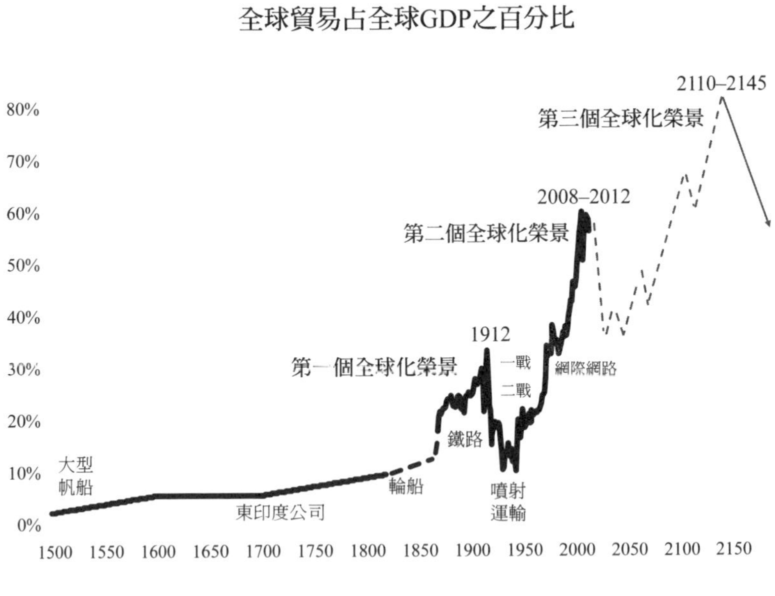

資料來源：Estevadeordal, Frantz, and Taylor (2003): Penn World Tables, version 8.1; Klasing and Milionis (2014)；世界銀行；ourworldindata.org/international-trade；鄧特研究中心。

斷了這次全球化榮景。

一八四〇年代中期左右，展開了一段持續約六十七年的貿易榮景（接在一個大衰退之後），一九一二年到頂，接著是一段三十三年的不景氣，時間是一九一三到一九四五年。用艾略特波浪理論的話來說，這是第一上升波，後面跟著第二修正波，但如第三章說的，這也顯示了一個一百年世紀週期。

第二個全球化榮景，始於一九四六年，約在二〇〇八年與二〇一二年這段期間到頂，亦即大衰退（Great Recession）及歐元初次陷入大危機，這一段為期六十三年到六十七年的擴張期，亦即第三波，距第一個全球化榮景的高峰，約一百年之久。

如果這個一百年週期成立，那麼要到二〇四一年到二〇四五年，這次的全球化反撲，才會落底。然而開始的下一次大起，很可能要等接下來的全球衰退，發作到二〇七〇年代中期之後，才會出現強勁的走勢。

我來解釋給你聽。

因為經濟寒冬使移民和出生下降，我為此調整美國的「世代消費潮」時，經濟預測將走幾十年的下坡，接著在二〇七〇年代初期到中期落底，之後才可望長期翻漲。

這是根據出生率將因下一波的全球榮景，以及正面的地緣政治週期，自二〇二四年起上升。

加上新興市場的人口趨勢，也是在二〇六五年左右到頂，經濟減速將緊接在後。這時會演變成下一次大衰退和經濟寒冬，落在二〇六六年左右到二〇七四年至二〇七七年之間。

這表示全球成長會削弱，因為已開發國家的中度衰退，抵銷了許多新興市場的成果。新興國家現在或將來，人均所得／GDP都會瞠乎其後，富裕程度一般只會到二〇％到二五％，即使充分都市化亦然。

投資人和企業必須正視已開發國家成長放緩，要將眼光放在出現人口成長和都市化的新興國家。這方面後面章節還會提到。

兩代子女？

等到四十五年創新週期，在二〇五五年左右到頂時，將迎來千禧世代第二波消費潮的高峰，屆時幾乎肯定會出現突破性的技術，大幅提升老化人口的壽命，以及提高生育率。

再加上新興國家出現都市蔓延，可能引發第二次全球嬰兒潮，全球化會重新轉強，凌駕以往。

之後就會挺進人口成長與都市化的最後階段，在二一四〇年代中期，站上這次五百年週期的高峰。

人類可能會開始慶祝一百二十歲生日，這情況大大擴展及提升收入與支出週期，父母可能有機會養育兩代子女。

對上一代子女犯的錯，這一代能改過來，也更有財力扶養（和幫前一代子女一把）。這將會扭轉人口趨勢，特別是已開發國家，並產生一股全新的擴張動能。

我們自然是無緣目睹如此景象，重點是，這個五百年的進步和通膨週期，從一八九〇年代中期開始，會挺進到二一四〇年代中期，而我們才在路上。

第三個全球化榮景，為時六十幾年，在這之前，下一次的全球貿易倒退，可能長達數十年。第五波的起漲，意味著全球化和通膨，要很久以後才會到頂。

此處的重點是，下次的全球景氣，成長會放慢，情況更接近幾家歡樂幾家愁，而有利於持續都市化、人口趨勢仍看漲的新興國家，以及新興國家的出口及消費商品。

投資人和企業主度過眼前的危機後，要在這些領域，理清頭緒，把握重點。我在前作《二〇一七—二〇一九投資大進擊》（*The Sale of a Lifetime*）說，如同一九三〇年代初期以降的情況，這時不是通吃的時候。

用非常長期的角度來看，全球化週期有四個階段。而最糟糕的危機是接下來幾年，真的回到經濟生產力週期的正軌，要花幾十年。

以下是這個四階段趨勢的情況：

階段一：從十九世紀後期到一九四五年，屬於全球化的**創新**階段，第一個全球化榮景於一九一二年到達高峰，兩次世界大戰和大蕭條，解決了政治失衡，引領全球化重返巔峰。

階段二：從一九四六年到二〇一二年左右，屬於**成長**的階段，亦為第二個全球化榮景。

階段三：二〇一二年起，最晚到二〇七八年，屬於全球化**消退**的期間。地緣政治失衡必須先矯正，才可能出現下一個全球化榮景，這是艱困的挑戰，不是幾年內就看得到成果，將會耗上數十年。

階段四：約從二〇七八年，到約二一四五年，屬於**成熟**的階段，亦為第三個全球化榮景。

所以，到了二一四〇年至二一四五年，全世界應該有九成已都市化，長期人口趨勢到頂，幾乎各地的中產生活水準都提高了。這可能是很久以後的全球經濟最佳情況，而且下次從二〇七八年到二一四五年的長期全球化盛事，將堪比一九四五年到二〇〇七年的榮景。

但是從現在到二〇七〇年代，這期間的全球化進展，要比從第二次世界大戰到二〇一六年一面倒的全球化榮景，更複雜得多。

第六章

四個形塑經濟盛衰的基本面

這些週期有二個趨同就會引起世人注目，三個趨同則會振衰起敝，四個趨同之時，堪稱氣數到來。

哈利・鄧特

這次大變革，豈止於「五百年超大創新與通膨週期」、「二百五十年革命週期」、「一百年世紀週期」、「八十四年民粹運動週期」，以及「二十八年金融危機週期」的到來，還匯合了正在走下坡的四大基本面，亦即四個與經濟盛衰成敗關係密不可分的週期。

我從無數個影響經濟和生活的週期，提取出這四個近三十年來影響重大，以人口驅策世代週期（Generational Cycle）為首的基本週期。

我將它們呈現在圖6-1上，以下就來逐一檢視。

基本面一：世代消費潮

世代消費潮斷言一代人的支出軌跡，將隨著年齡增加、到頂，然後減少，這從人口數據統計，可以完全得到應驗。

嬰兒潮世代向來是一股強大的經濟力量，為提前知道這群人對股票、市場、不動產的衝擊，我簡單地把出生指針快轉四十六年（美國的情況），並對移民做了調整。

多數嬰兒潮世代在四十六歲，正值支出的高峰期。他們在四十一歲左

圖6-1　四大基本面

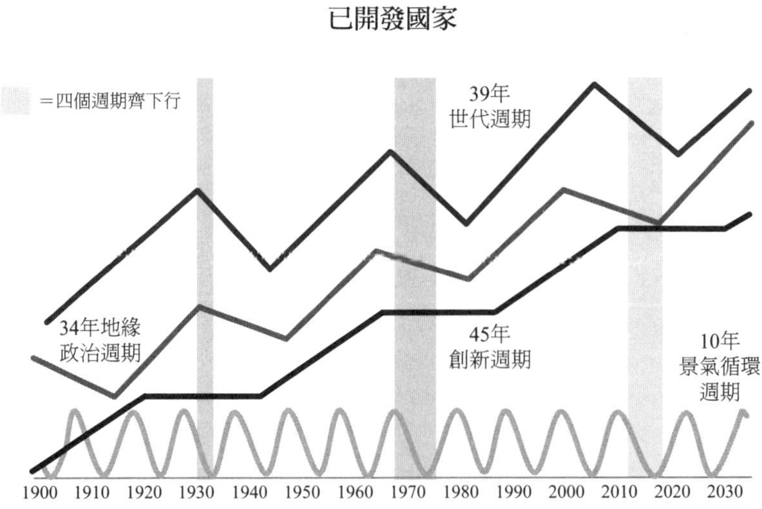

資料來源：鄧特研究中心。

右，買下了名下最大的房子，子女要上高中，可能還會進大學，然後出社會。

至於鮑伯・霍伯（Bob Hope）世代，我為了配合他們的支出高峰，把指針快轉四十四年。平均而言，這群人較早婚，就學年數較短，也較早生兒育女。

千禧世代的話，我把第一波的出生指針快轉四十八年，第二波則快轉五十年。（支出年齡高峰在不同國家略有差異，如日本是四十七歲，北歐可能一樣。）

多虧有這個週期，讓我預測到美國二〇〇七年年底史無前例的景氣和泡沫，還有日本一九八九年的股災。

我對它做了回溯測試，也有點出一九五〇年代和一九六〇年代的榮景，**以及**一九七〇年代漫長的衰退和通膨危機。

這是因為人口狀況，確實會驅動經濟，即不可見的暗物質。新一代的消費者，在預測的時間，會有意料中的行為。

平均而言，一個嬰兒潮世代的人，會在二十歲開始工作。這人在二十六歲結婚。然後沒多久，房租就會到頂；二十八或二十九歲時，第一個小孩出世。受此影響，初次購屋約在三十一歲。小孩進入青春期後，會換成大房子，這時約三十七到四十一歲。

嬰兒潮世代，一直到四十幾歲，仍會布置家裡，家具的支出約在四十六歲，來到高點，這時也是普通家庭的整體支出高峰。

之後支出走下坡，不過某些開銷仍在增加。

- 大學學費在五十一歲來到高峰。
- 汽車是最晚來到高峰的大型耐久財，時間約在五十四歲，這時做父母的，會把載送小孩的廂型車，換成享樂的車款。
- 儲蓄從四十六歲起增加，在五十五到六十三歲，數字增加最快，身家則在六十四歲到頂（普通退休年齡是在六十三歲的一年後）。
- 住院和就醫的支出，在五十八到六十歲之間，來到高峰，這時多半是花自己的錢，不是用老年醫療保險（Medicare）和低收入醫療補助

圖6-2　可預測的一輩子

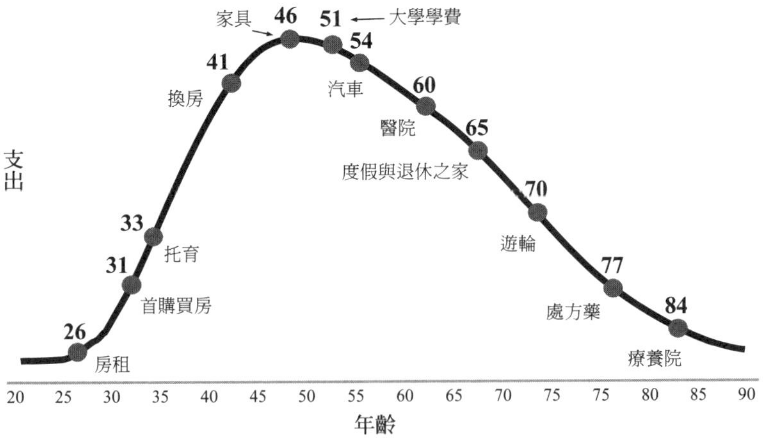

資料來源：美國人口普查局（U.S. Census Bureau），鄧特研究中心。

（Medicaid）。

- 度假和退休之家的支出，在六十五歲左右來到高峰。
- 遊輪旅遊支出在七十歲最高。
- 最後步入吃藥（七十七歲）和看護（八十四歲，女性為主）的高峰期。

我只標重點。資料本身豐富得多，例如露營裝備、保母、壽險的消費支出，何時會最高。

有興趣的讀者，可參閱我做的深入研究報告《消費浪潮：預測未來二十年市場行為的科學線索》（*Spending Waves: The Scientific Key to Predicting Market Behavior for the Next 20 Years*），裡面探討了上百種消費者支出，附上顯示各別趨勢的圖表。大公司做這項研究可能得花上不只二萬美元，但我這份不到二百美元。更多資訊請上dentresources.com。

這些線索對了解及預測市場和經濟很重要，因為當一代人應驗預測的支出型態時，就會出現以下的狀況。

你不能否認它們的相關性。

僅有的例外，出現在二〇〇八年年底以後，這時央行開始印鈔票，減輕大衰退及短暫通縮趨勢的衝擊，我說了好幾年，這不會有好結果，從圖6-3顯示的重大背離可見一斑。

前所未見的價值高估，代表背離最基本的趨勢，強烈顯示了一生中最嚴重的股市崩盤就快要到來。

總而言之：在美國，二十年前就預測到世代消費潮於二〇〇七年年底來到高峰，便一路下探直到二〇二二年年底左右。一九九六年年底，日本出現高峰，此後這日出之國的經濟，經歷泡沫破滅，從此仰賴量化寬鬆（quantitative easing, QE）來維持生命。歐洲的嬰兒潮則是在二〇一一年來到高峰。

這是大衰退於二〇〇八年來襲，以及後來儘管施以空前、大放送形同「免費午餐」的貨幣刺激，經濟成長仍不見起色的最大原因。

圖6-3　消費潮

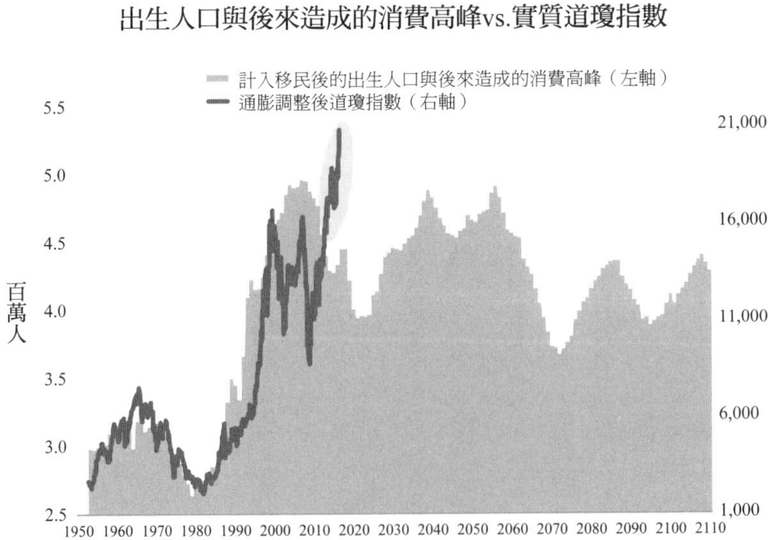

資料來源：鄧特研究中心，美國人口普查局，彭博資訊（Bloomberg）。

基本面二：地緣政治週期

地緣政治週期長度大約三十四年（三十二到三十六年），上溯二百年，以十七年左右的間隔，在否泰間震盪。

上次週期擺往好的方向，時間介於一九八三年到二〇〇〇年之間，那時沒有國家鑄下大錯，冷戰快速退散，第一次伊拉克戰爭，僅打了一百小時，也沒駐軍或試圖改朝換代。

好景不常，二〇〇一年，形勢急轉直下，接連出現毀滅性的地緣政治衝突：九一一事件、兩次失敗的戰爭，以及敘利亞無休止的內戰、阿拉伯之春、俄羅斯侵略克里米亞半島和烏克蘭、ISIS崛起（為禍更甚於蓋達組織）、巴黎連續恐攻，接著布魯塞爾、尼斯（Nice）及英格蘭也遭受襲擊，美國的警方施暴加劇種族對立，沒完沒了！

圖6-4畫出了這個週期。

這週期在GDP成長或企業盈餘層面的影響，不如對投資人的風險看法，週期的負向循環，會為市場和經濟推波助瀾。

波動性會攀高，潛藏的恐懼一觸即發。

因此，負向循環期間的股票估值，通常是正向循環期間腰斬，此乃茲事體大（見圖6-5）。

股票的估值，或本益比遭受的衝擊最大。羅勒特．席勒（Robert Shiller）提出一個極佳

圖6-4 34年地緣政治週期

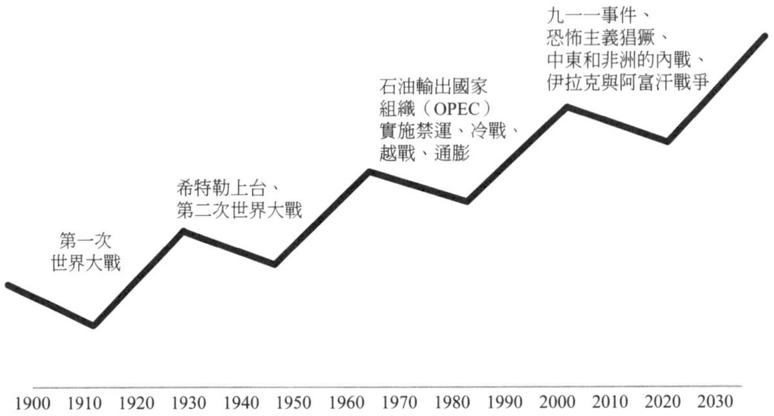

資料來源：鄧特研究中心。

圖6-5 地緣政治與本益比

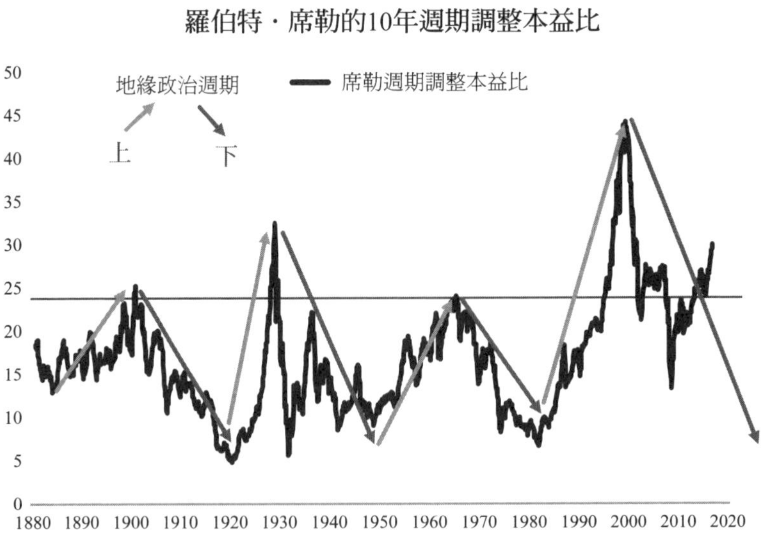

資料來源：羅伯特・席勒的10年週期調整本益比，鄧特研究中心。

的衡量方法，是對十年期間的盈餘取平均，去除短期盈餘起伏的扭曲。

地緣政治週期透過股票估值，比其他週期更能掌握住這種擺盪。

我以前習慣用世代消費潮來理解，但九一一事件後，股票估值降低很多，使我另外尋找並發現這個有力的週期。

這週期一路下探到二〇一九年年底或二〇二〇年年初左右，這也是消費潮那張圖顯示因量化寬鬆與印鈔票而起的巨大背離，注定要崩潰湮滅的原因。

股票的估值很可能自二〇一七年年底的三十二倍，降到二〇二〇年年初的五到八倍。

大事不妙了。

二〇一五年十一月，我為「景氣循環菁英」（Boom & Bust Elite）會員，錄製當月的《搶先一步》（*Ahead of the Curve*）網路研討會，把二〇〇一年地緣政治週期下行以來，發生的事件做了整理。

在《二〇一七—二〇一九投資大進擊》，我把那張表拆解為一連串年份突出事件，得出怵目驚心的事件時間軸，但也加強了這個週期在現實生活層面的功用。

以下分享其中一張圖輯（見圖6-6）。

這還不是把每個單一事件放進來的時間軸！

基本面三：四十五年創新週期

間隔四十五年的重大主流技術浪潮來到高峰。

- 一八七五年，輪船盛極而衰。
- 到了一九二〇年，縱橫大陸之間的鐵路江河日下。
- 到了一九六五年，汽車進占中產家庭，最後幾乎家家都有。
- 到了二〇一〇年，網際網路和行動運算普及，改變工作和人際互動的方式。

間隔正是四十五年！

關鍵就在這裡。這週期每隔二十二・五年左右，當技術集群躍升主流，就轉向正循環，可攜式運算和網際網路，在一九八八年到二〇一〇年的情況是如此；汽車在一九四二年到一九六五年的情況是如此；鐵路在一八九七年到一九二〇

圖6-6　2001年起的地緣政治時間軸

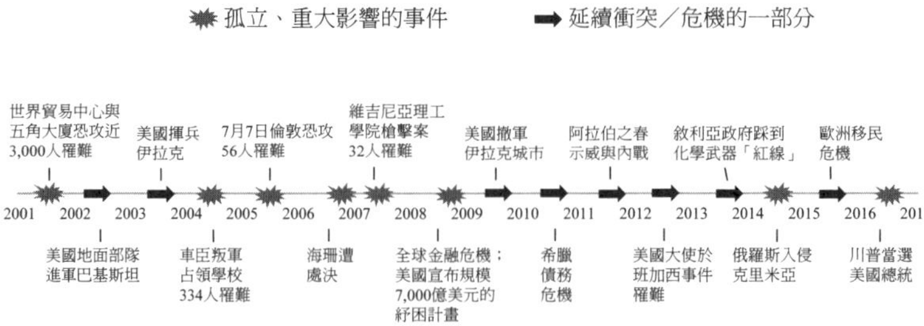

年的情況也是如此；輪船在一八五二年到一八七五年的情況，仍是如此。

想到了嗎，這四個週期以來，湧現二次全球化週期大浪。在這些主力產業的帶動之下，創造了高成長、高生產力的時期。高生產力意謂勞工薪資提高，企業獲利增加。

雖說我指出了每個週期的首要技術，但其實技術總是群集出現：

- 輪船、運河和麥式（McCormick）收割機。
- 鐵路、電報、盤尼西林和起重機。
- 汽車、電力、電話、收音機和電視。
- 個人電腦、無線電話、網際網路和寬頻。

比如，出現一組關鍵技術，實現量產和裝配線改革，帶動一九四〇年代到一九六〇年代之間，城市到郊區的大規模生活轉變這件大事。郊區雖更便宜也更安全，但如果少了汽車、電力、電話、收音機還有電視，這情況便不可能出現。

人們忽然享有更大的面積和空間、更安全的居住條件，上下班通勤也很容易，用不著住在離工作地點不遠，或靠近公車站或火車站的地方，同時保持與日趨全球化世界的對外聯繫。

這週期的不同之處，是翻轉後不算負面，而是中性的循環，畢竟，創新**始終**在發生。新一代的技術，會在這中性的空檔，站穩利基市場，舊的一波則趨於成熟而衰退。

生物科技是一個很好的例子。

這個領域的創新突飛猛進，但許多突破仍不普及，等著看好了，當技術週期在二〇三二年左右再度上行，搭配奈米技術、機器人、三D列印和替代能源，這領域就會躍升成為主流。

生物科技還很可能會提早出頭天，二十世紀初的電力也是這樣。

我因為這週期與某些技術專家起了爭論。沒錯，我同意技術創新是指數，而非線性的現象，但它仍會循環出現。

除了持續都市化，並採用已開發國家普及技術的新興國家外，我不認為接下來十年，生活水準或壽命，會出現多大的進展。

但我知道要在二〇三二年到二〇五五年，到已開發國家找下一代主流技術革新。那時人們的實質工資和壽命，很可能已增加不少，情況如同回推二個週期的一九四〇年代以後。

老化上身的已開發國家，以及最後難逃這情況的新興國家，壽命變長是唯一的脫身之道。

接下來再看最後一個基本面。

基本面四：景氣循環週期

第四個我盯得很緊的週期，動力源自長度在八到十三年之間變動的太陽黑子週期。雖說時間沒其他週期那麼精準，但這週期在崩盤和衰退的時點上，發揮無比的效力。我們不正是每隔十年左右，就會經歷重大的衰退？

且聽我為你說分曉。

我向同事和忠實訂戶提起這個週期時，他們一開始都很懷疑。有的人勸我別在大庭廣眾之下提它，不然會被以為是神經病。

對於外人以「這人瘋了」的眼光看待我的情況，我實在用不著再多做什麼努力。但我愛玩火的性格，不肯聽從他們的忠告。事實上，他們的警告，驅策我深入研究這個週期，證實它的價值。

我愈鑽研，就發現愈多證據指出這週期不假、效力強大，從有經濟數據開始（上溯至十九世紀中期，太陽黑子則是早在十七世紀就有紀錄了），就對市場與經濟造成影響。

對了，我不是唯一相信這週期的經濟學家或財金專家，事實上，我一開始是在財經雜誌

《巴倫週刊》（*Barron's*）上，讀到有關這週期的文章。

有個待過太平洋投資管理公司（The Pacific Investment Management Company, PIMCO）的大型基金經理人說，是太陽黑子週期從二〇〇〇年到二〇〇二年的科技股災救了他。

後來我發覺，太陽黑子的活動影響層面很廣，從衛星、電子設備，到日照、雨量、人類心理等不一而足，都是由黑子高峰期和谷底的太陽能一手造成。

日照和雨量在太陽黑子週期的高峰期會高出二〇%，你知道這件事嗎？

最近這次週期，頂尖的科學家宣稱，高峰期會落在二〇一三年年底，結果說早了幾個月，最後是在二〇一四年二月來到高峰。雖說如此，在週期這領域，這麼接近已經算料得很準了。

科學家宣稱下一次谷底，會出現在二〇一九年年底或二〇二〇年年初左右，剛好會遇到地緣政治週期落底，再度上行，而美國最嚴重的人口衰退，應該也會告終。

這週期好用在，它落在其他三個基本面週期預測的大週期的中間，重點較集中於景氣循環。它能在長期的榮景期間內，指出何時有衰退或股災，也能在長期的下行期間內，點出何時可能會發生最重大的崩盤。

這些優點使它成為我手上除了世代消費潮外的最佳週期。

說真的，一輩子都沒看出十年左右的循環，這人還真瞎：一九六〇年代初期、一九七〇年代初期到中期、一九八〇年代初期、一九九〇年代初期、二〇〇〇年代初期、二〇〇八年到二〇〇九年，接下來是二〇一七年年底到二〇二〇年年初？

四次嚴重衰退，大約都相隔十年。

再說一次，這週期不像我跟潘秋里的其他週期那麼準時，雖然我們沒有能力算出黑子週期的起伏，但是科學家會提出很好的預測。

這週期最適合在其他三個基本面的大區間內，點出重大股災、金融危機，或衰退／蕭條的時間點。

往前回溯，更可看出這週期的價值，確實無庸置疑：十九世紀中期以來（出現堪用的經濟數據），有八八%的衰退（和股市崩盤），發生在景氣循環週期（Boom/

圖6-7　88%衰退發生在太陽黑子下降期

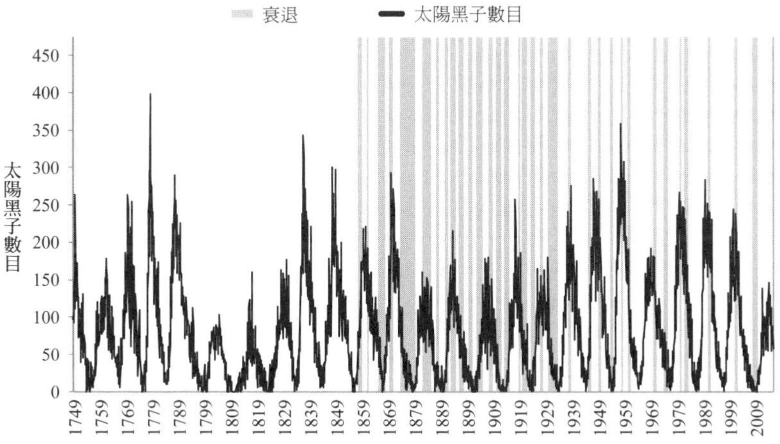

資料來源：nasa.gov.

Bust Cycle）的下行階段，剩下的一二%，時間接近下行循環，可能是被地緣政治事件提前或延後觸發。

這絕不可能是巧合。

上次太陽黑子週期，於二〇〇〇年三月來到高峰，接著出現網路泡沫。

它在二〇〇八年和二〇〇九年年中探底時，大衰退正沸沸揚揚。

最近這兩個循環，高峰的跨距為時最長（從二〇〇〇年三月到二〇一四年二月），幾乎長達十四年，背離奈德·戴維斯（Ned Davis）的經典十年週期，根據後者的預測，最嚴重的衰退和股市崩盤，出現在每個年代的頭二到三年，但是二〇一〇年到二〇一二年卻沒料中，著實出乎我的預期。

戴維斯的週期沒有錯，只是沒有分秒不差。

景氣循環週期是我的新祕密武器，因為科學家有辦法預測出它背後的太陽黑子週期，而且沒什麼人知道這週期還有它背後的驅動力。

當我手上其他週期，顯示二〇一〇年到二〇一二年間有場重大股災，進而深入發掘，理解戴維斯的週期為何失靈，我發現了太陽黑子週期。

當時我就知道，我的讀者和訂戶，會覺得它有爭議性，所以我先確定它過去是否管用，結果再好不過了。

我在「非理性經濟高峰會」年會上，向聽眾提起它，仍傳來不少質疑，後來有個女士起身表示：「我在急診室當護士，我先生是警察，我倆能作證，當出現滿月，反射的光線和能源略增，就會發生較多的重大事件，案件變多，更多人被殺害。」

那麼增加二〇%的太陽能，怎麼就不會使人們變得更樂觀、行為更衝動？高出這麼多太陽能，沒產生大泡沫反而奇怪。

那時的聽眾就聽進了這個沒出現在我的長期名單的週期。

你們儘管繼續懷疑，反正後果自負。

接著前面講的，這次太陽黑子週期，是在二〇一四年二月到頂，然後一路下降到二〇一九年年底，或二〇二〇年年初左右，出現極端的情況為止。

隨著這個較準的週期下探，再用上其他三個基本面週期後，我敢說：要是到了二〇二〇年年初，還是沒出現重大金融危機的話，我就改行去澳洲黃金海岸開接駁巴士。

我不只斷言景氣循環，當這四大基本面趨於一致，歷來只發生過二次這種情況（一九三〇年代初期和一九七〇年代初期到中期），重大的金融危機和嚴峻的衰退，幾乎已是定數。

當它們與三個大變革預兆還有世紀週期趨於一致時，世界將會改觀！而局勢是革命性的。

五百年週期是唯一看漲的重要週期，所以我不認為，即將到來的嚴峻經濟與金融危機，會像是世界末日，雖說有些悲觀的同行，希望世人如此認為。

總統和他的人馬（其實還有全世界的領袖和他們的「幕僚」與經濟學家），若看不出眼前的情況，簡直就是一種罪惡。

這四大基本面最慘淡的年份，將落在二〇一七年年底到二〇二〇年年初之間，就是這樣！餘波至少延續到二〇二二年年底，直到四個週期當中的三個一同再度反彈。

人口週期約在二〇二三年左右反彈；地緣政治週期和景氣循環週期，在二〇二〇年年初再度反彈。只有創新週期繼續走下坡，直到二〇三二年到二〇三三為止。

沒發生的話，表示中央銀行已搞定景氣循環。對此，我連微小的可能性，都不抱期望。我根據三十年來對歷史和週期的研究，尤其是一生中難得一遇的泡沫，就是不認為這可能發生。

央行不意間製造了一個更大的泡沫，根據有力且可預測的基本面來看，「真正」的泡沫，是在二〇〇〇年年初到二〇〇七年年底間來到高峰，應驗了我較長期指標的預測。這個最近的泡沫，跟人為刺激及太陽黑子週期上漲的高能量有關。

二〇〇八年開始的經濟寒冬，準備好要回歸並加倍奉還！

第七章 深入經濟寒冬

人一輩子總難逃一次重大寒冬週期。

哈利·鄧特

前面講到人口與世代週期，普遍影響到支出和經濟，尤其是在第一次世界大戰後發跡的中產階級（鮑伯·霍伯世代）身上。

但是許多經濟學家卻沒想過，助長通膨最大的力量，竟然是勞動力成長。從養兒育女開始直到他們出社會，所要花費的成本很高，而子女要進入職場後，才能開始生產。所以事實就是，年輕人的身價，其實是一種通膨。

家庭週期在上升循環的人，因為生產力節節高升，反而是反通膨。

反觀年紀大的人，則會隨著裁員、退休、身故，逐漸通縮。

一九八八年，我提出世代消費潮的不久後，發現通膨和落後二年半的勞動力成長，呈現高度的相關性。這項指標告訴我，通膨會在二〇〇七年來到嬰兒潮消費週期的高峰，接著最終會走入通縮。呈現如圖7-1。

結合世代景氣循環和通膨／通縮週期，讓我得出一個八十年的四季經濟模式，如圖7-2所示。

（前面提過，這個八十年週期與潘秋里的八十四年週期密切相關，我現在認為兩者其實相同，而且八十四年是比較準確的跨距。）

最棒的是我能用簡單的人口指

圖7-1　通膨指標與預測

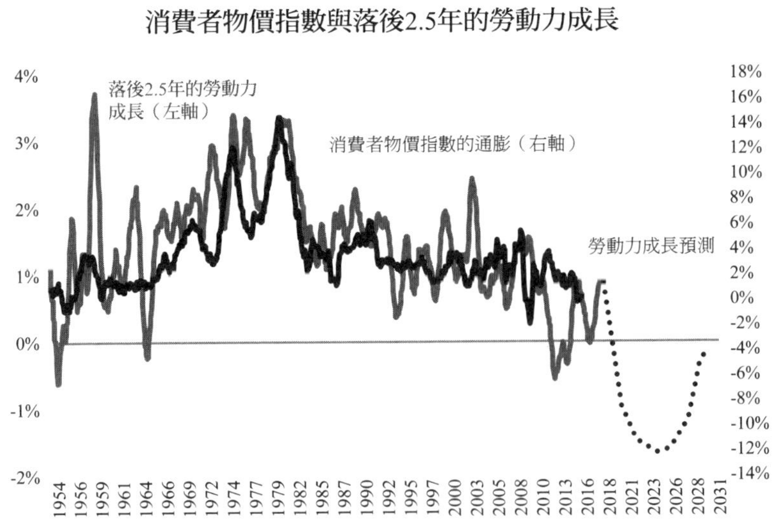

資料來源：美國勞工統計局（Bureau of Labor Statistics），鄧特研究中心。

標，同時預測這兩個層面。

最近的完整週期，實現於二個世代的消費潮之上：先有鮑伯·霍伯世代榮景，後有嬰兒潮的牛市。前者介於一九四二年到一九六八年，距離出生四十四年，後者則介於一九八三年到二〇〇七年，距離出生四十六年。

史威廉（William Strauss）與侯尼爾（Neil Howe）提出的世代週期（關注於政治和社會領域）也指出，主要週期每隔八十幾年來臨，而這期間度過了二個世代浪潮，並分成四個階段。

圖7-2　80/84年四季經濟週期

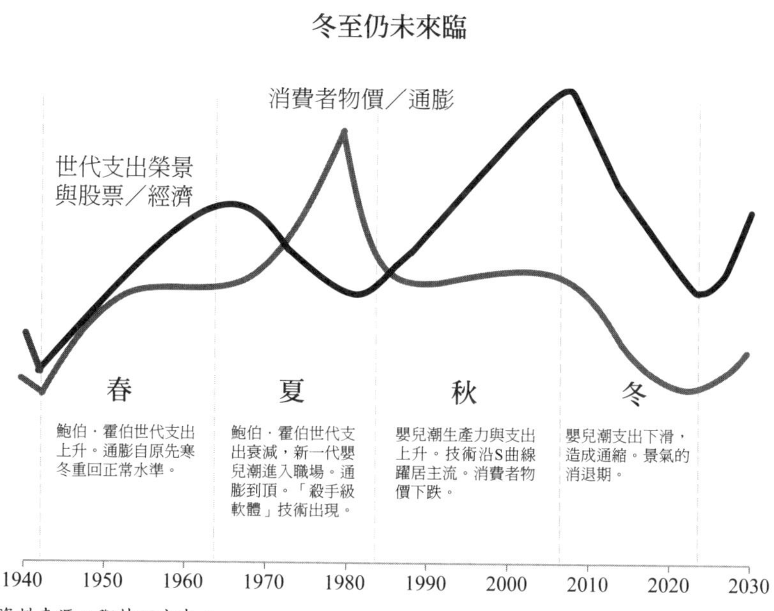
冬至仍未來臨
消費者物價／通膨
世代支出榮景
與股票／經濟
春
夏
秋
冬
鮑伯．霍伯世代支出上升。通膨自原先寒冬重回正常水準。
鮑伯．霍伯世代支出衰減，新一代嬰兒潮進入職場。通膨到頂。「殺手級軟體」技術出現。
嬰兒潮生產力與支出上升。技術沿S曲線躍居主流。消費者物價下跌。
嬰兒潮支出下滑，造成通縮。景氣的消退期。
1940
1950
1960
1970
1980
1990
2000
2010
2020
2030

資料來源：鄧特研究中心。

其中，中間的空檔是長時間的衰退。而通膨週期則為這個模型賦予季節性的風貌。

把通膨想成全年的氣溫：春季源自於冬季或景氣蕭條，上一次則是大蕭條。

經濟回春的時候，通膨會溫和增加，如一九四二年到一九六八年的情形。

而在經濟盛夏，投入了高成本、生產力卻低的新一代進入職場，結果是最高的通膨率，如一九六九年到一九八〇年的情況。

然後，一齊進入職場的同代人，生產力提升，故而嬰兒潮的發展，讓通膨隨之下滑。這時是經濟入秋，成長最高，通膨下降，而且利率降低。

由於高成長和降息，這季節總是會出現債務和金融資產泡沫膨脹，如同一九八三年到二〇〇七年期間。

然後無可避免地進入最嚴峻的經濟寒冬，出現通貨緊縮，艱困地進行債務和資產泡沫去槓桿，如一九三〇年到一九四二年，以及現在（二〇〇八年到二〇二三年）。

這是央行要如火如荼印鈔票，以及施行刺激措施的原因：避免通貨緊縮及慘澹的去槓桿。沒有一個總統或央行總裁，會想看到任內又發生大蕭條。

但日本已經證明，不度過寒冬，清理好債務和資產泡沫，就沒辦法回春。儘管這還沒發生，但是它一定要，也會出現的。

這時就是見真章的時候。

以下比較大蕭條和一九二九年到一九四二年的經濟寒冬，還有現在正經歷的這段時間，好讓你看出至今讀到的這些週期的影響。

一九二九年到一九四二年大蕭條

全球化的一百年世紀週期，在一九一二年攀頂後，就一路跌到一九四五年。一九二〇年到一九二二年間，就發生第一次大崩盤和短暫衰退。

四十五年創新週期在一九二〇年到頂，下行到一九四二年，也在一九二〇年到一九二二年崩盤期間插上一腳。

世代消費潮在一九二九年攀頂，下行到一九四二年，演變成為大蕭條。

三十四年地緣政治週期在一九二九年攀頂後，下行直到第二次世界大戰後的一九四七年，無疑雪上加霜。

希特勒在那時的八十四年民粹運動週期，於一九三三年當上德國總理。

最慘重的股市崩盤和經濟衰退，發生在一九三二年年中到一九三三年年初，順應二十八年金融危機週期。

太陽黑子週期自一九二九年十二月下行，持續到一九三四年八月，正好是蕭條的深淵；

一九三八年七月到一九四四年四月，再度下行，這期間衰退沒上次大，不過第二次世界大戰正如火如荼地展開。

至於五百年的超大創新與通膨週期，從一八九六年的低點，持續上行，顯示即將經歷更大的擴張和榮景。這時不是美國的末日。

這些下行週期大合流的時間，介於一九二九年年底到一九四一年間，尤其是一九二九年年底到一九三三年之間。這時美國和現代世界嚴重蕭條，世紀性災情在股市蔓延。

我們知道人傾向往前看，所以，我們要你像照到《ＭＩＢ星際戰警》（*Man in Black*）的記憶消除器那樣，把這一切跟周而復始的內容，通通忘光光，包括從中獲利的機會。

二〇〇八年到二〇二三年經濟寒冬

快轉到當前的金融危機。景氣循環週期在二〇〇〇年三月攀頂，正好是第一次科技泡沫的高潮。這次的重大股災在二〇〇二年十月落底。

接著下一次的股市泡沫，在二〇〇七年年底到頂，符合世代消費潮。

而大衰退則在二〇〇九年八月探底，此時景氣循環週期也落底，這次異常極端的循環，波峰間距長達十四年，光在這一輪就出現二回金融危機。

地緣政治週期的高峰，就接在上次景氣循環週期的高點之後，落在了二〇〇一年年底，這時大事接連發生：九一一事件、戰爭泥淖、內戰，與接二連三的恐攻。如我所料，這解釋了為何即使盈餘沒比較差，但是後面這個股市泡沫，卻沒前一個那麼強勁。

這回地緣政治週期下行，在二〇一九年年底或二〇二〇年年初落底，然後恐怖主義趨勢，應該就會開始改善，慢慢地進步。這也正好遇到目前太陽黑子下行的探底時程。

世代消費潮接著攀頂，時間是二〇〇七年年底，應驗我在一九八八年做的預測。雖說最壞的部分發生在二〇二〇年以前，但要等到二〇二三年年初，它才會再度翻轉上行。

全球化的世紀週期，在二〇一六年年底年攀頂，下行循環應會持續數十年。

創新週期約在二〇一〇年攀頂，持平或下行循環至二〇三二年；生物科技、機器人、替代能源、三D列印和奈米科技躍升主流之前，別一廂情願相信科技的預測。

至於景氣循環週期，上次是在二〇一四年二月攀頂，後來這二年情況不太妙。

二〇一六年年底發生的英國脫歐和川普當選，都是順著八十四年循環的新民粹運動週期；二〇一七年川普就任，離一九三三年希特勒當上德國總理，時隔八十四年。

我和潘秋里都預期最嚴峻的崩盤，會沿著二十八年週期，以及四大基本面指標持續下行趨同，在二〇一七年年底到二〇二〇年年初之間來襲。

負面的太陽黑子週期，要等到二〇二〇年年初左右，才會探底，估計屆時情況最糟糕，餘波則要延續到二〇二二年年底或二〇二三年年初，時點在世代消費潮讓成長復甦之前。

不過，如大蕭條和第二次世界大戰那時的情況，五百年的週期持續上行。意思是美國或世界都不會迎來末日。

說是這麼說，但是像上次那樣的榮景，不太可能重現了。而下個榮景主要會發生在仍進行都市化，且人口成長中的新興市場，並反映在這些地方最會生產及消費的商品。

大蕭條、大衰退，和眼前第二次大蕭條，三者最大的差別是二百五十年革命週期。正是如此，我們面對的是比一九三〇年代時，更深刻的政治、社會和金融制度變化，包括：

一、重大福利改革，包括延後退休。

二、改革國際機構，如聯合國在不公平貿易和汙染對策方面，將獲得更多執行權力（與殺手鐧）。

三、美國淡化世界警察的角色。

四、對抗全球暖化的措施有增無減。

五、前〇・一％到一〇％的富人，其稅率有增無減。

六、全國性的民間債務大舉重整。

七、類似《格拉斯—史蒂格爾法案》（*Glass-Steagall Act*）對傳統銀行部門，與經紀和投資銀行活動進行區隔的新金融改革，避免勾結與利益衝突。

八、就算不徹底禁止公司和特殊利益對國會遊說，也要施以更嚴格的限制。

九、簡化但仍強而有效的企業和汙染管制。

更多內容請見第八章。

仔細檢視四大基本面各別的衝擊，也會讓你有所啟發。

矚目焦點

世代消費潮在股票和經濟造成的影響最廣也最深，而且顯而易見（請回頭看看圖6-3）。不過，新的世代走入家庭與消費的高峰期，不只影響到股票，還有支出、生產力和公司盈餘。

總之，我說了，人是驅使經濟的**實質動力**，並非多數經濟學家向世人宣稱的政府政策。政府通常是因應時勢，而非創造時勢；是人和企業的創新產生實質的趨勢，這也是我們要監測的內容。表7-1顯示這週期的影響。

（提醒你，我衡量的是所有指標的實質面，而且有調整通膨。）

看吧，股票對這週期最有感覺。

原因是，從歷史來看，股票漲得比盈餘快，盈餘又漲得比經濟快。

一九四二年到一九六八年的上行循環期間，股票含股利再投資在內，成長了一一·二%。

接著在一九六九年到一九八二年的下行期間，**下降**了〇·八%，一來一往震幅有一二·〇%！

下一個景氣循環週期，則是成長九·二%，下降六·五%；下行循環是有量化寬鬆空前加持，我預計還會持續到二〇二〇年到二〇二二年為止！

公司盈餘也出現明顯的循環變化。最初的上行成長三·〇%，下行則是每年平均實質負成長〇·一%。

後來一九八三年到二〇〇七年間的上行循環，

表7-1　世代消費潮週期的影響：1930年到2015年

期間	循環走向	平均年成長				
		實質標準普爾（S&P）總報酬加計股利	實質公司盈餘	實質零售	實質民間消費支出	實質GDP
1930-1941	下行	−1.1%	1.6%	不適用	1.98%	3.32%
1942-1968	上行	11.2%	3.0%	2.9%	3.96%	4.39%
1969-1982	下行	−0.8%	−0.1%	1.3%	2.98%	2.57%
1983-2007	上行	9.2%	4.0%	2.6%	3.65%	3.38%
2008至今	下行	6.5%	17.2%	0.8%	1.29%	1.14%

資料來源：鄧特研究中心。

則繳出三．九六％的成績。

再說一次，當前的下行循環是破例的情況，高得異常的股票買回和無益的併購背後，有聯準會的貨幣政策在助長。公司盈餘在這段成長疲軟的時間上升了一七．二％，這都要歸功於財務工程和零利率政策。

這樣的數字來自百年來最虛弱的成長（只有一．一四％），而且最糟的還沒到來！如此空前的貨幣刺激，不過助長了原本即已強勁，且自然會在這種期間出現的所得不均趨勢。

零售的部分，在一九四二年到一九六八年上行期間的二．九％，是後來下行循環一．三％的二倍不止，後來的循環也出現這情況：二．六％比〇．八％。

類似的趨勢也出現在民間消費，這部分可進一步往前回溯。

一九四二年到一九六八年的上行期間，民間消費的實質成長比後來下行期間，高了三三％。

一九八三年到二〇〇七年的上行循環，數字是三．六五％，當前下行則僅有一．二九％。

而這次下行期間的數字，比過去的情況低了許多，就證明聯準會的貨幣政策，對經濟大環境或市井小民都沒好處。

最後，實質GDP也明顯受到牽連，但是上下行其間的背離情況沒那麼顯著，這是因為政府通常為了打擊私人經濟而出手，並利用赤字和刺激計畫來協助抵銷衰退。

平均而言，一九三〇年到二〇〇七年之間，實質GDP在上行期間，成長快了〇．九四％，榮景期間以平均二十六年來算，複利的效果不容小覷。

綜上所述，我的世代消費潮清楚顯示了量化寬鬆不過是在拉抬股票和公司盈餘，卻沒幫到經濟環境和消費者什麼忙。

一切取決於看法

世代消費潮大幅度影響盈餘，地緣政治則主要影響投資人對盈餘的看法，以及出價的意願。

當人口趨勢不妙，景氣開始由繁榮轉為衰退時，投資人會覺得風險增加。而相同的危機感，也會出現在國際戰爭、內戰、恐怖主義、石油禁運，甚至乾旱或瘟疫之時。

二〇〇一年起，這類事情就接連不斷出現。不過更早之前，在一九八三年至二〇〇〇年間，幾乎沒聽說誰鑄下了大錯。因此我們可以從本益比來看這情況有什麼效果。

事實上，這就是這個週期令我信服之處：這比率在二〇〇〇年後出現戲劇性的轉變。儘管量化寬鬆期間，印鈔票帶來更多的盈餘，只是評價再也回不去科技泡沫高峰的水準。

我認為這個週期，是許多長期分析師即將錯過在市場高點下車的原因之一。這些人在等評價高估，就像二〇〇〇年的情形那樣。

可是，我們回不去了。

除了一九二九年和二〇〇〇年週期難得一見的大合流之外，股票被撐大的幅度，已經超出大部分的歷史評價極限。（第九章有更多的說明。）

下一張表會顯示地緣政治週期影響本益比的證據。（後面會回頭深入探討這個週期，現在先大概分析。）

在計算這張表的數字時，我是衡量預測地緣政治週期高峰的本益比，而不是實際的本益比高點，這麼做是因為投資人會根據模式進行研判，沒辦法猜中高點在哪。

如表7-2所示，最近四個地緣政治週期期間，本益比高峰落在二十一．四〇到三十七．二八之間。

而本益比在一九九九年到二〇〇〇年間，正好就是大規模的嬰兒潮世代蓬勃發展、支出、網際網路沿著S形曲線高速成長期躍居主流，還有地緣政治週期處於最好的時代。

反觀週期的谷底，比率則只有八．四七到十．六八。

不過我保守估計，下一個本益比谷底，大約是七．〇，原因是接下來的崩盤，會遇到經濟寒冬，這種時期的股災和本益比肯定很難看。

本益比在谷底期間，會落在高峰水準的一九・七%到四八・五%之間。這顯示投資人的出價意願落差有多大。

而過去四個完整的週期（包含下次谷底的估計值），本益比在低潮時，平均只有高峰時的三四・八%，但這數字應該不會更低了！

考慮股票的本益比現已站上第二高的水準，加上世代消費潮早在二〇〇七年年底到頂，你不會想被動地一直抱著股票，直到二〇一九年年底或二〇二〇年年初！

爬到最高的本益比，之後很可能就跌入世紀的深淵。

表7-2　地緣政治週期與本益比：1883年到2019年

期間	走向	CAPE* 本益比高峰	CAPE 本益比谷底	谷底占高峰的比率
1883-1898	上行	21.40		
1899-1914	下行		10.17	47.5%
1915-1929	上行	22.01		
1930-1947	下行		10.68	48.5%
1948-1965	上行	23.69		
1966-1982	下行		8.47	35.7%
1983-2000	上行	37.28		
2001-2019	下行		7.0估計值	18.7%
1883-2019平均值	不適用	26.1	9.1	34.8%

*CAPE：席勒的「循環調整本益比」。

投資人與企業主須知

四十五年創新週期的影響，是透過像是讓生產力在上行期間，每年提高一%的方式，為經濟趨勢加分；以多頭循環走二十二．五年來看，複利的效果相當大。話說回來，這也意謂下次上行循環，沒有以前那麼可觀，因為包括美國在內，多數已開發國家的人口趨勢都欲振乏力，限制了下次循環。

對投資人和企業主來說，重點是當這週期邁入高原期，過往的成熟公司沒落，新的部門將崛起，即使衰退期間亦然。這是發揮眼光的大好機會。

這週期在二〇一〇年年底走下坡，而且將持續下行直到二〇三三年年中。（它不像其他長期週期那樣，會在二〇二〇年到二〇二三年翻轉。）

這意謂，當二〇二〇年到二〇二三年之後，世代消費潮、地緣政治週期再度上行，帶來另一波榮景，屆時已開發國家的盛況將不比從前。因為這時是人口趨勢說了算。

以下是這週期在現實生活給人的體驗（見表7-3）。

二個與它最攸關的活動是：

一、專利活動（人均專利數）在上行期間熱絡許多。

看最近介於一九八八年年中到二〇一〇年的上行趨勢，專利數平均一年多了三．八%，相較之下，之前一九六六年到一九八八年年中的高原期，只有〇．六%。

二、循環上行期間，生產力增加。

一九四七年以前沒有一致的勞動生產力數據。在一九四三年年中到一九六五年的首個完整循環，上行期間平均成長二．〇%，下行期間則是〇．八%。

最近的上行期間，介於一九八八年年中到二〇一〇年，數字低於前面的週期，只有一．〇%，我認為這是社會快速老化的關係，當前的下行循環，結果趨近於零，我也不感到

表7-3 創新週期

期間	循環走向	平均年成長	
		人均專利數	生產力
1876-1897年年中	下行	0.6%	
1897年年中-1920	上行	0.8%	
1921-1943年年中	下行	−1.5%	
1943年年中-1965	上行	2.2%	2.0%
1966-1988年年中	下行	0.6%	0.8%
1988年年中-2010	上行	3.8%	1.0%

資料來源：美國專利及商標局（U.S. Patent and Trademark Office），美國勞工統計局（Bureau of Labor Statistics），鄧特研究中心。

意外。

接下來的上行循環，將始於二〇三三年年中，一直到二〇五五年。這時所有令人讚嘆的新技術，都會發揮最大的影響，紛紛躍居主流。生物科技最可能第一個突圍，機器人緊追在後，然後是乾淨的能源，最後是奈米科技。

完全打擊

最後，除了預測中十九世紀中期以來八八%的衰退，太陽黑子週期至今成功預測出十一次重大金融危機（總共也是十一

表7-4 週期下降的重大股災與危機

蕭條、衰退與／或重大股災	下降期間〔美國全國經濟研究所（NBER）〕衰退／蕭條	景氣循環下行期
蕭條	1837-1843	1836.12-1843.02
蕭條	1873.10-1879.04	1870.05-1880.03
蕭條	1882.03-1885.05	1882.04-1890.02
蕭條	1893.01-1897.06	1893.08-1902.04
衰退	1907.05-1908.06	1907.02-1913.06
蕭條	1920.01-1921.07	1917.08-1923.08
蕭條	1929.08-1933.03	1929.12-1933.08
衰退	1973.11-1975.03	1969.03-1976.07
衰退	1980.01-1982.11	1979.09-1986.06
重大股災	2001.03-2001.11	2000.07-2009.08
衰退	2007.12-2009.06	

資料來源：鄧特研究中心，nber.org，nasa.gov。

次），打擊率一○○％！之前還沒說服你的話，不妨現在開始相信這個週期的威力。

超級週期頂部

二○一六年十一月川普當選後，股市出現一波非理性的漲勢，情況突然從這傢伙是來攪局的，變成「見證奇蹟」，我則是看見近代歷史最大榮景最後一衝而上的頂部，如圖7-3所示。

這不是川普的錯，畢竟再怎麼改稅制或監管，都不可能再創四％的成長率，看日本就知道了。

這張圖要感謝普萊希特，上面到一七八九年為止用的是英國股價，接

圖7-3　超級週期

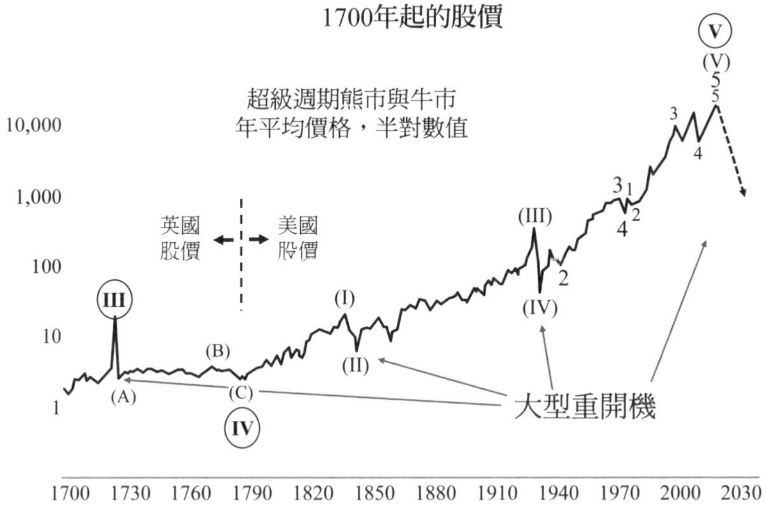

資料來源：Robert Prechter, *Conquer the Crash*；鄧特研究中心。

著是美國股價。

數字是對數，意思是做了指數調整，但最近的二百五十年革命週期自十八世紀末期以後的走勢，看起來**依然**是指數式成長。（這圖初次出版之後我做了更新。）

可以看出**這個**二百三十年的榮景多麼有力，還有本書特別指出，接著這個二百五十年週期後面下一次的大型重開機！

我也製作了一張表，用艾略特波浪來算這超級週期，以及帶動的較小次級波浪。

艾略特波浪算法能一直細分為更小的次級波浪，而且這情況已經出現在過去這十年左右。

儘管基本面趨勢早在二〇〇七年年底登頂，量化寬鬆讓不少股市在二〇一七年

表7-5　艾略特波浪算法：最後第五波的第五波的第五波的第五波

川普漲勢看似是最後的高潮衝刺，從1787年起算	
超級週期：1787-2017 ➢第一上升波：1787-1835 ➢第二下跌波：1835-1843 ➢第三上升波：1843-1929 ➢第四下跌波：1929-1932 ➢第五上升波：1932-2017	超大週期：1932-2017 ➢第一波：1932-1937 ➢第二波：1937-1942 ➢第三波：1942-1968 ➢第四波：1968-1974 ➢第五波：1974-2017
世代週期：1974-2017 ➢第一波：1974-1980 ➢第二波：1980-1982 ➢第三波；1982-2000 ➢第四波：2000-2009 ➢第五波：2009-2017	最後泡沫週期：2009-2017 ➢第一波：2009年初-2011年中 ➢第二波：2011年中-2011年底 ➢第三波：2011年底-2015年中 ➢第四波：2015年中-2016年初 ➢高潮波：2016年初-2017年底

資料來源：鄧特研究中心。

站上新高。

但是經濟倚賴人為刺激的時間太長，不可能沒有重大副作用，最後一定有個地方會出錯。

所以是哪個地方？除了這些週期匯合在一起，像洪水般湧上來，是這裡嗎？第十三章會回答這問題。

在那之前，另外有幾個週期你（以及總統與他的人馬）不得不察。

沒錯，週期不只這些！

第八章

讓經濟回春之道

喂，政客、經理人、中央銀行：滾開，別擋住真正網路革命的洪流！

哈利・鄧特

你現在知道了，眾多最重要的週期已經開始匯聚在一起，撲面而來。

五百年超大創新與通膨週期

二百五十年革命週期

一百年世紀週期

八十四年民粹運動週期

六十年通膨週期
四十五年創新週期
三十九年世代消費潮週期
三十四年地緣政治週期
三十年商品週期
二十八年金融危機週期
十年（平均）景氣循環週期

還有潘秋里看出來的其他週期，例如一百八十年和一百四十四年的週期。

我們正在面對極端變化的時代，這點毫無疑問，我說這是民主和自由市場資本主義同時出現以來最大的革命，原因就在這裡。

雖然我們偶爾會覺得世界末日到了，其實不然，但是我們熟知的世界已經走到盡頭。

我們要為這一點謝天謝地！因為我們迫切需要改變。

如果現狀沒有改變、沒有受到挑戰，我們絕對不會成長。而且在已開發國家裡，除非我們大力創新，否則不可能逃脫出生率降低的無盡無止人口陷阱！

我們要進一步探討即將發生巨變的兩大領域，在研究如何從這其中獲利前，我要先探討我認為即將出現謎團中的另一部分。

真正的網路革命是由下而上展開，不是由上而下

我不管川普承諾什麼，說他要把製造業和就業拉回美國，這種事情都不會有多少進展，而且在未來經濟惡化的情勢中，這件事甚至更不可能成功。

我早在一九九八年年初，就在我的第一本暢銷書《未來十年好光景》（*Roaring 2000s*）中說過：政治和企業機構完全是靠著網路革命，直接把資訊傳給普通員工，才能夠由下而上，而不是由上而下的運作，才能利用員工的創意、企業精神、獲利能力和員工服務的每一位顧客，做出比較好的決定，替你們和你們的公司，創造更多利潤。

如果你認為不可能如此，請繼續看下去。

這是讓中產階級重新增加的唯一方法，我們需要得到資訊加持過的企業家，為美國和全世界更明確卻不同的消費者，創造更多客製化的產品與服務。

或是像我說的一樣：「每一位顧客（或小小的區隔）都是一個市場，每一個美國員工（或小小的群組）都是一家企業。」

結果會產生價格合宜的即時個人化服務，跟外國用較低薪勞工、機器人和電腦生產的標

準化產品與服務，進行激烈競爭！

亨利・福特（Henry Ford）是他所屬時代的史帝夫・賈伯斯（Steve Jobs），也是傲慢的混蛋傢伙，但是他在一九〇〇年代早期，就預見到每一個人都買得起他新奇而昂貴的汽車。

他靠著發明生產線實現夢想，每位普通員工的生產力因此增加十倍，讓他可以大幅提高他們的薪資，變成第一批買得起他的T型車的普通員工。

全美跟我談過話的經理人都說：「噢，大部分人只希望別人告訴他做什麼，不是那麼有創意，不是那麼願意冒險，我們就是因為這個原因，才繼續這樣做！」

如果你相信這一點，那麼我的答案是：你沒有遠見，不了解人性，也不知道人性怎麼變化，你不是福特或賈伯斯。

和我合作過的企業家大都自稱高瞻遠矚，但是他們的事業幾乎從來沒有按照他們的計畫發展，連我也一樣。

真正擁有遠見的當代人當中，賈伯斯是一號人物，他從一開始就看出，手提電腦雖然笨重（像他自己生產的最初幾批一樣），但是最後卻一定會把資訊放在大家手裡，為大家帶來力量。

他像福特一樣，認為每個人都可以超越想像，提升到比較高的所得和生活水準上。

福特和其他激進的創新家把普通人，從馬斯洛所說人類需求層次中只求安全與生存的層次拉拔出來，提升到擁有的層次，協助創造了人類的第一個中產階級社會。

賈伯斯等人把大多數人從擁有的層次，提升到自尊自重的層次，還把少數人提升到自我實現的層次。

所以更多企業和政府領袖現在應該要做同樣的事情，該把資訊和力量帶給大家，而不是把更多由上而下、沒有效率的舊式官僚做法，繼續加在大家頭上的時候了。

不錯，大部分人在看到別人這樣做，而且從中得到好處前，都不願意多冒險，不相信新的制度。這種情形就是我們所稱的S型曲線。了解S型曲線，了解這種曲線今天有什麼優勢，會怎麼普及到大眾中，是能夠預測遠景的關鍵祕密。

賈伯斯從來不做顧客訪查來了解群眾的需要，他的遠見基本上是：「除非你真的很清楚，否則還是由我來創造你們真正想要的東西。」

而福特的名言則是：「要是我問大家想要什麼，他們一定會說要更快的馬匹。」

經營企業時，你只要召集最高明的人才，遵循創新、負責和賺錢的制度，別人看到這樣行得通、可以賺更多錢時，一定會跟進。

誰也不想錯過大好良機。

對不起，但是大多數經理人和負責監督的人，都屬於自尊自重的階級，經常負責防止員工逾越馬斯洛所訂的歸屬感層次，因而常把員工當小孩一樣對待，認為員工需要不斷監督、不斷聽命行事。這樣真的很可惜，因為如果他們不重新思考自己的做法，他們永遠升不上自我實現層次中的自我表現和領導層次。如果他們升不上去，就不能跟電腦、機器人和外國勞工競爭。

回頭看看我在序言中放的第一張圖，可以看出**人類的進化十分清楚**，會向著加強自我表現和創造、更理性或更科學思考的方向前進。

如果你想管理循規蹈矩、官僚氣息濃厚的員工，搬去阿富汗吧！你在那裡會有前途，在面對革命的已開發世界裡不會有前途，因為在這種世界裡，員工甚至沒有循規蹈矩的選項可以選擇，電腦和機器人會循規蹈矩，人卻必須有創意！

十八世紀後期，原本循規蹈矩、住在北美的英國子民起而抗議，宣稱：「沒有代表就不納稅。」就此引發了有史以來最大的政治革命。

已開發和新興國家的政府、大小企業的經紀人和東主，都不知道未來幾年和幾十年會有什麼變化。

因此，如果你不聽我的話，你的員工可能聽我的話，到時候你會像在急流中操舟，手中卻沒有划槳一樣。

問題是每個人都固守由上而下管控的舊模式，好像他們賴此為生一樣。

他們**的確**賴此為生，卻不能依賴「固守」這種方式，他們需要放手。

毫無疑問的是，中國會證明由上而下管理的經濟，成長會不如由下而上、自由市場的民主經濟那麼好，中國經過過去三十年最嚴重的過度擴展經濟後，一定會爆發最大規模的泡沫破滅。

還有大大小小的企業。老闆、經理人和主管也是這樣，因為以此為樂，喜歡控制和干預最了解自己在做什麼，又真正了解顧客的員工。

我所見過最有活力的大企業不是蘋果（Apple）或Google，而是彭博資訊，我到他們的紐約總部接受訪問時，看到每一個人都在走動、談話、編製，現場有免費飲料和小吃，沒有一個地方像那裡那麼有活力。

但即使是蘋果、Google、彭博資訊之類競爭力強大的公司，都不完全像我心目中的典範企業，他們不是今天的福特或艾爾弗雷德·史隆（Alfred Sloan）。

這分榮譽落在史塔克身上。

史塔克說出的話才是真理：「任誰對工作的了解，都比不上正在做這件事的人。」以下還會再深入探討這個人。

他也說過：「如果你希望員工像老闆一樣行動，你應該把他們變成老闆。」他說到做到，把一家舊式的製造業公司，變成百萬富翁藍領工人組成的大企業。

這樣才是讓美國再次偉大的良方！

唉，史塔克，如果你競選總統，我會投你一票。

如果我們希望競爭力強大的企業領導革命，交給像川普這樣由上而下的經理人來做，一定不會很成功，要交給真正有遠見的人來領導才行。

但是在這個歷史性的革命時代，下面這件事才是真正的重點。基本上，我們需要徹底改變現有的模式，從工作、企業到政府都要徹底翻轉。

想一想，自然界有什麼東西是由上而下運作的嗎？獅子是叢林之王，或只是最高階的獵食動物呢？

樹木自己知道怎麼成長嗎？對，但是如果樹木能夠得到更好的土地、陽光和水，會成長得更好，像良好的政府結構和環境負責制定好遊戲規則，然後就閃在一旁一樣。

過去的經營者，甚至連今天的經營階層，都是從稀少的資訊和**似乎**缺少自然企業本能的環境中誕生。但是現在資訊不再稀少，而且經營階層只要滾到一旁，不再礙事，就會有驚人的自然企業本能可以利用！

你到我演講的研討會上，就會看到很多人希望逃脫企業和政府天地，努力創造或成就自己的事業。

科技專家談到大部分工作的自動化。就像我前面說的一樣，大部分人害怕自動化，真的是這樣嗎？我們應該擁抱自動化，自動化最後不但會改善我們的生活水準，還會促成管理自動化，形成企業革命，釋出勞工，讓勞工做自己最想做的事情，達成他們去參加這種研討會的目的。

因此，請你考慮下面這個主張，但是我要警告你，這個主張不容易聽進去：

經營管理是問題所在，不是解決之道。

我主張的經營管理、監督和官僚體系自動化，會把最重要的資訊放在日常決策的最前方，這樣企業和政府機構實際上可以即時由下而上運作，而不是依照官僚化的時間表，由上而下，在限制重重的情況下運作，不能做好顧客真正需要的事情。

這樣可以讓百無聊賴的經理人，變成精神昂揚、高瞻遠矚的領袖、策略家、導師和教練，而不只是填塞「命令與控制」官僚鎖鍊中的高階棋子。

我最討厭客服的地方是客服幾乎不存在，如果你想在線上找個客服人員，甚至是找雅虎（Yahoo）或Google之類競爭力強大企業的客服人員，我只能說祝你好運了！只有駭客才能接通或找到那個幾乎找不到的免付費電話號碼。他們不想跟你談，你是他們的討厭鬼！

你需要時，要找到一個活生生的人實在太不容易，企業故意指引你到自動化的網站和電話，問你十個問題，到你最後放棄接通電話，開罵：「可惡，我要找客服人員！」為止。

這麼美好的資訊革命，結果是我們可以得到更多的資訊和潛在產品，卻沒有人、沒有活生生的人，幫我們選擇真正符合需要的東西嗎？

我個人有點聰明才智，而我自行創業的原因是：我不想讓不了解我、不知道我可以創造什麼東西的人，指揮我做什麼事情。

已開發世界的經濟方向很簡單：就是提供價格合宜的個人化即時服務，負責提供的人是得到資訊加持、具有企業精神、熱愛做他們最擅長工作的普通勞工，你還可以用一些人性化的方式，跟他們實際互動！最好的地方是，你們透過這種互動，在心智和關係上都可以進化。

如果你想訂購線上音樂，在自動化軟體推薦一些選項後（這種軟體可能非常善於做這種事情），難道你不想和擁有相同的音樂愛好，能夠幫你做出最好選擇的真人談話嗎？（就算是在對話窗口上談也好。）

你對這種公司難道不會更死忠，甚至為這種服務，付出更多的費用嗎？

我知道我會這樣做。

這是我找特約醫師的原因，他會努力了解我，我有需要時，他會到場，而且他跟最高明的專科醫師關係良好，讓我可以優先看診！

九五％的人都是做某些事情的天才，這是我在演講中所聽過最好的話，也是十分重要的見識。我們認識一位住在波多黎各、我們家裡的什麼東西他都會修理的人，他真是無價之寶。

所以我們為什麼不發展由下而上的組織，讓這九五%的人做他們最擅長的事情，我們評估他們的作為和貢獻，再直接把報酬交給他們呢？

為什麼不用你和其他服務業公司的關係，增進他們的技巧，透過你擁有的比較大型關係網絡，強化他們對相關顧客的行銷呢？這樣可以降低他們的行銷成本、提高營收，然後，你與他們分享利潤呢？

我的公司隨時都這樣做，我們把這種做法叫做「關係行銷」。

我們的所得很不平均，不均的情況已經達到一九二九年以來最嚴重的程度，起因就是這種由上而下的做法，以及各國央行釋出的免費資金，這種資金只會讓富人從事投機事業，賺到更多利潤。

這種情形很快就會土崩瓦解。

事實上，崩潰已經開始，實質所得從二〇〇〇年下降，勞動參與率也隨著人口老化而降低，生產力幾乎完全沒有提升。

那麼我們要怎麼應付勞工老化的問題？

我們要把他們變成兼職或專職的企業家。

電視節目《創智贏家》（*Shark Tank*）裡有一位女士，僱請養老院裡的女性，替她編織客製化的系列衣飾，她的公司和年老的小包商都共享雙贏局面。

因此，比一九四〇年代新興中產階級工廠工人大多了的解決方案會出現，這些人是「資訊加持的創業勞工」，未來的公司會變成「由下而上的網路企業」，變成比較需要靠顧客和第一線勞工推動的企業，不再由坐享認股權的經營階層由上而下推動。

對由上而下的公司經營階層或政府來說，由下而上聽起來像不像威脅呢？

當然是，而且資訊革命顯示，這種情形不只是可能出現而已，根本就是不可避免的事情。舉例來說，新的網路企業在股票交易所之類最資訊密集的產業中，已經出現。

紐約證券交易所（New York Stock Exchange）的經營階層在哪裡？這些經營階層的確存在，但是你看不到他們，大部分企業也是這樣（又是無形的黑暗特質）。

在紐約證券交易所裡，有人在早上九點半，按響開盤鈴聲，一切的一切就轟然開始。有人在負責控制嗎？沒有，每一位股票交易員、每一位交易員都從自己的交易和獲利中，得到即時的回饋。然後，一天結束時，交易收盤、混亂平息（期貨和隔夜市場例外）。

其中的祕密是：所有官僚體系和經營階層都編寫在像光速一樣、由電腦驅動的即時軟體中！

結果整個系統變成由顧客或終端使用者推動，而不是由後台官僚體系推動，一切完全自動化，在顧客的號令下即時運作。

這就是經營、監督、負責的自動化，這種情勢席捲辦公室和專業工作的速度，比影響工廠工作的速度還快，可是工廠的工作大致上已經消失，我現在不太指望找到工廠裡的好工作，反而比較希望找到農場的工作。

因此，如果你們這些由上而下的經理人，希望將來有工作可以做，你們必須設計將來要取代你們的軟體，你們必須變成領袖和高瞻遠矚的人，不是變成獨裁者和監督者！而且這種情形現在就必須出現！

但可惜的是，這種情形不會出現，除非你得到慘痛的教訓，不這樣做就無法生存。堅持主流策略，只推動由上而下官僚體系精簡的公司，會無法繼續生存，除非他們終於了解，他們可以授權好比「瀏覽器」的第一線員工，利用好比「伺服器」的後台專家和產品，即時做他們已經知道必須做的事情，不理你們這些規則、規定，以及好像以為自己比較了解，什麼事情都要你們批准一樣的官模官樣。

你們現在擋在路上，請發揮創意，想出方法，別再擋路！

我要再次告訴你們，我對你們既有的成就很欽佩，但請原諒我直率的說，即使你們曾經在前線或生產線上待過，其實你們大都什麼都不懂，因為你們已經不在那裡，而且你可能沒有注意到，世界變化的速度快如光速。

你們看來似乎比較了解，完全是因為你們控制了最好的資訊，不把資訊放在前線上，讓最懂自己的工作和顧客的員工利用，因為你們希望控制一切、希望當老闆。我要再說一次，這樣顯示你們還沒有從馬斯洛需求層次中的「自尊」階層，提升到「自我實現」的層次，沒有做你最珍惜的事情，也沒有幫助別人這樣做。

這麼說來，你要怎麼升到下一個層次呢？要授權你最好的員工做更多的決定，達到自尊的層次，甚至更進一步，達到自我實現，在比較大的公司裡創建自己的事業，實現自己夢想的層次。這樣你就會升到自我實現的層次，創造更大的福祉，而不只是創造你自己的利潤而已。如果你能有效的做好這件事，你和你們公司應該會獲得空前的利潤，關於這一點，你只要去問史塔克，就知道了。

如果你不這樣做，你永遠不會留住像我一樣，可以改變世界、創造全新產品、服務或市場的員工。因為凡是有點頭腦或潛在創意的人，都不會替你工作！

請注意，我就是自己創業，然後看誰擁有我所沒有的能力，跟他們結為夥伴，最後再和了解我的行銷公司結合，把公司擴大到現在這樣。一切都和夥伴關係有關，都和衡量附加價值、分配公平報酬有關，鄧特研究中心就是這樣做。

這就是橫掃全世界企業和政府的革命，這場革命從已開發國家開始發起，讓我們在你們這些經營管理笨蛋、為大多數人創造的死板工作上，再也不能跟比較低薪的勞工競爭，這種工作包括工廠和辦公室裡的工作，也包括最沒有用、主要是在干擾顧客和真正勞工，沒有真正貢獻的中階管理和監督階層。

歐美的中產階級已經衰微，想跟亞洲或任何新興市場比較低薪的勞工競爭，可是連門都沒有！我們曾經主導這種死板工作，但是薪資高漲後，我們再也無法奪回控制權，何況有誰想做一再重複的死板工作呢？

只要是人，都可以在大多數的生產線上工作，這種工作頂多只能讓你變成中產階級，讓你仍然屬於馬斯洛所說的「歸屬感」層級上。

這麼說來，歐美教育程度較高的普通勞工可以貢獻什麼？

貢獻他們的教育，貢獻跟他們創造、建立關係和企業精神的右腦技能！

你看過有創意或和人很像的電腦嗎？沒有。對不起，連IBM的華森電腦系統（Watson）都不及格，所以電腦能夠看出新機會嗎？能夠看出測試自己、向新電腦證明自己的新方法嗎？

自動化的電腦系統能夠跟顧客，建立人性化的關係嗎？

不能！

你會像喜愛你的配偶、最好的朋友或狗狗一樣，喜歡你的電腦嗎？

當然不會！

既然如此，忘了川普對新興市場國家的低薪和外貿競爭的反彈、也忘了全球性的這種反彈吧，這只是這種大範圍革命週期初期階段的一環，不是結果，甚至不是結論。

這種網路革命的真正動力是電腦和人工智慧，不只是消滅我們所有的就業機會而已，這種革命會釋放勞工，讓他們像企業家和企業人士一樣，從事思考和行動，創造附加價值較高的產品與服務，不必跟第三世界國家標準化的典型產品競爭，也不必跟電腦和軟體提供的自動服務競爭。

我們別無選擇，聰明的領袖和經理人會從這個方向，注重自己的公司和員工，把他們變成人性化的客服人員和有創意的企業家。

牛津大學（University of Oxford）的研究人員估計，二〇四〇年左右，今天的工作中，將近一半會自動化。我大致同意他們的說法，有史以來，雖然自動化一直在進行，但總是會創造更好的工作。我要再問一次，你願意活在《草原上的小木屋》（*Little House on the Prairie?*）時代嗎？

我們談的是製造業中的機器人、各種辦公室和官僚任務中的軟體自動化，甚至談論範圍比較大的專業人員以至醫生的自動化！

電腦是以光速運作的左腦式機器！你根本不可能跟電腦競爭，電腦的威脅比外國勞工、比來自新興市場國家的移工還大，因為電腦可以做簡單和比較複雜的左腦式工作，但是這樣會讓我們在創新、人際關係、溝通、創造力之類的右腦式技巧和特性上，占有競爭優勢！

難道這不是日漸富裕的人真正想要的東西嗎？新興世界正在翻身的人想要什麼呢？

二十年前，我就寫過跟這種動力有關的文章，到現在，政界或企業高層幾乎還沒有人了解這件事，真是讓我不敢相信。從目前的科技和我們最優秀企業家和勞工的優勢來看，這一點應該是顯而易見的事情。

企業應該把他們最優秀的人才，變成企業家，而不只是變成稍有創新能力的死板勞工，有些公司多少已經這樣做，但大部分企業還沒有這樣做。

就像我在引言中說的一樣：科技變化的速度比文化快，文化變化的速度又比基因快。

但是（這點是這裡重要的條件）在人工智慧接管平凡、甚至比較複雜的左腦式工作的時候，也把我們釋放出來，讓我們變成具有創造力和企業精神的人。

想想看，如果每一個人都把自己最好的學能和興趣，帶到自己的事業，或帶到自己在比較大企業中內部創業的事業裡，為顧客創造不斷創新的產品與服務時，會是什麼樣的光景？

我不知道你怎麼想，但是我對企業把人性因素抽走，讓我和自動電話系統打交道，不能找到有創意又友善的真人，幫忙我得到我想要的東西，實在是厭惡之至。到目前為止，電腦和軟體打著降低成本的名號，大致上已經「扼殺了」顧客服務。現在重點應該換成以合宜或比較低的成本，創造比較高階的客製化產品和個人化服務。

這樣增加的附加價值，應該會高於另一個生產線或辦公室員工。

如果可能，你難道不想跟真正了解你的需要，或是提供你所沒有基本專業學能的本地人才打交道嗎？

你當然想。

謝天謝地，亞馬遜（Amazon）和eBay已經提供大規模的平台，讓一般人用非常普及的低成本通訊和有效率的送貨系統，行銷自己的產品與服務。他們透過新的網際網路，結合了大小兩種規模最好的特長。

但更好的是，如果你或一小群人能夠在比較大的公司裡，經營你們自己的事業，他們應該會在你注重的獨一無二顧客市場，在你比任何人或任何電腦系統都熟悉的顧客市場中，提供比較大規模的行銷、流通，甚至生產網絡，結果會變成怎樣？

你的公司會提供你即時資訊，讓你知道什麼東西在你的顧客中是否有銷路，他們會買什麼東西、不會買什麼東西，他們什麼時候可能需要不同的產品或服務，每種產品或每次銷售的利潤有多少，在整個購買歷史中，每位顧客會帶來多少利潤，最重要的是，**你**為公司創造了多少利潤。

他們會計算你的直接成本，分配你的間接固定成本，讓你像中小企業一樣，用這種利潤指標即時跟你與眾不同的努力建立關係，對他們負責。在你為比較大系統的貢獻付費之後，會得到你應有的利潤。

這時我們只有一個方法，能夠逃脫全球工資的「亞洲式通縮」問題，逃脫不可避免的左腦式辦公室與專業工作自動化的困境，方法就是變成創業家，創造附加價值較高的新穎產品與服務，創造我所說的「個人化即時服務」。

除此之外，別無他法。

我要回頭談我樂於多付很多錢的特約醫療例子。

在我通知醫師之後，我幾乎不用等，他就會在短時間內替我看診，而他跟最好的專科醫師之間，又有著良好的關係。

這種醫師會把客戶列入優先考慮，他們看診的時間都很精確（不論時間長短），時間比較短代表不浪費我的時間，時間比較長代表有重要的項目要詳細檢查。

這就是由下而上、企業精神十足的事業。

要利用我們的日常才能和高於平均水準的教育，唯一的方法是利用我們最有興趣又最了解的東西。

不錯，就是要利用你的熱情創造事業！

我知道，這樣聽起來好像是精神導師的演講詞，但卻是個中真諦，不管是誰，做自己喜歡做的事情時，都會學得更快、更好。

網際網路最先是靠著Google和電子郵件，現在則靠著推特（Twitter）和臉書（Facebook），打開了大家可以分散利用資訊的管道，形成通訊革命。

我進行經濟研究時，得到這種利用資訊方法的幫助，生產力大約提高了三倍。以前我聘請兩位專職研究人員，現在只請一位兼職研究員，Google和電子郵件更強化了他的研究效能。

不錯，長期而言，我們公司裁掉了一些就業機會，但卻創造了更及時、價格更合宜的研究，讓我們爭取到多很多訂戶，因此可以在其他部門增聘員工，專心推動行銷和客服。我們新開闢很多研究領域，僱用比過去還多的研究人員，他們變得更專注自己擅長的領域，為公司增加更多價值。

網際網路也讓全球興趣相同的人可以互相溝通，進行目標更明確的行銷和通訊，創造出一整套針對特定興趣，推動直接促銷的全新方法。

能源則是下一個領域，集中式的能源供應商規劃出分散式的網絡，讓我們從太陽能和其他本地來源，得到更高比率的能源，還可以靠著這種網絡節省能源，或是把能源賣回給網絡。

經濟學家傑瑞米．李夫金（Jeremy Rifkin）是這種「電力流通」革命的先知。新興市場國家現在也在最偏遠的地區，利用太陽能電池板，取得合宜的基本照明和電力，在這種地方，這些東西可能還不夠便宜，卻可比為天賜恩物。這是我認為油價不會再漲到一百美元的原因。

何況還有無人駕駛車會推動運輸革命，促成運輸經濟全球化。除非你是一級方程式賽車（Formula One）、納斯卡（NASCAR）或印地賽車（IndyCar）的選手，否則駕駛不是什麼高生產力的工作。

我現在住在波多黎各的聖胡安（San Juan），一個月大約只開二百哩出頭的里程，遠低於四十多歲，住在美國時的一千兩百哩。

我們已經走上由下而上運作、更注重我們最擅長、最熱愛工作的道路，我熱愛開車，開車卻不是我應該注重又最擅長的事情，如果我們希望世界經濟再度大幅成長，我們必須及早加入這種革命。

圖8-1 美國三大險惡通膨泡沫

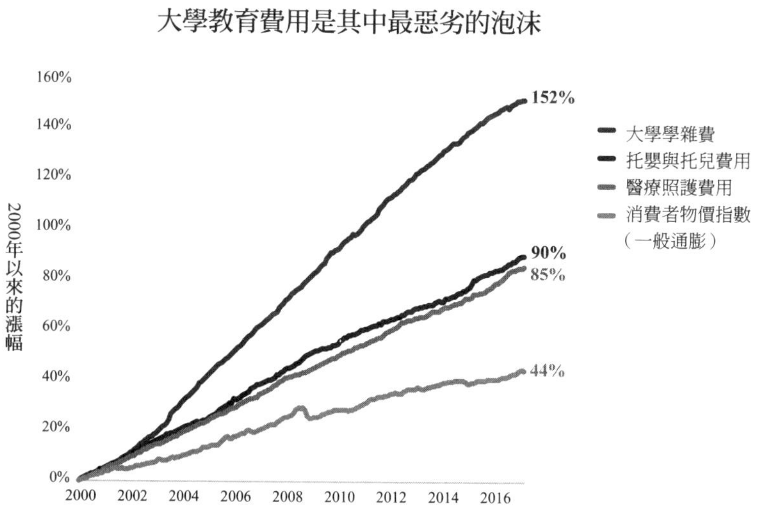

資料來源：美國勞工統計局。

推動創業革命

美國一直是個創業型的國家，是身無分文移民可以攀登最高峰的地方。噢，現在美國卻不太像這種地方了，因為美國的教育機構已經把大學教育，變成遠比美國過度膨脹健保體系還昂貴多了的東西，更何況美國的健保成本比大多數已開發國家都貴上兩倍，這種問題使我們的子孫不能進一步的深造！

現在只有最富有的小孩負擔得起大學教育費用，其他人最後全都揹了巨額的學貸，以致連購屋都變成了遙不可及的夢想。

這種情形一定會改變！

教育和健保很像，是一種資訊產業，我們想不出教育成本有什麼理由上漲，而不是下跌，但是教育成本卻快速上升，因為教育產業把父母牢牢控制住，強迫他們把大部分的錢，花在豪華的校園、應該自動化的官僚和退休制度上！

大多數父母的最大目標是讓子女接受最好的教育，以便青出於藍，而更勝於藍，但是這種心願卻變得愈來愈不可能達成。

看看圖8-2，就會看出美國夢正在快速幻滅，愈來愈多的小孩正在辛苦奮鬥，希望超越父母的所得和成就。

記住我的話，只要靠著有限的校園、學校房舍和比較大規模的線上力量，就可以讓世界最高明的專家，用即時的方式傳道授業，教育可能劇變，而且一定會出現激烈變化。

現在你可以上現場直播課程，這種課程由真人教學，上課時人際互動極為重要；你也可以隨時隨地，從任何地方，登入最高明的專家在世界任何角落，所傳授最符合你當下需求的最好課程。

我樂於這樣教學，對每位學生只收幾分錢，而且我毫不懷疑的是：每一位成功的企業

圖8-2 美國夢死亡了嗎？

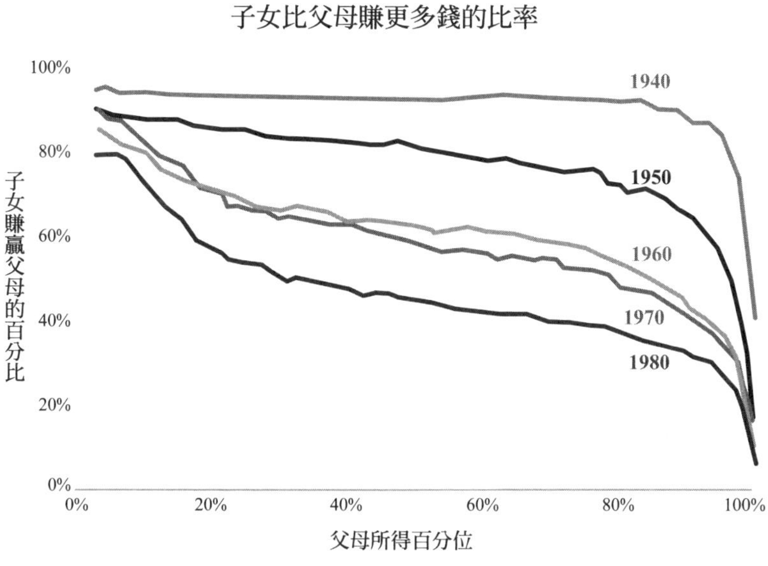

資料來源：Raj Chetty, *The Fading American Dream: Trends in Absolute Income Mobility Since 1940*.

家和專家都會有同感。

不管本地的教授多聰明，似乎都不可能勝過世界上最高明的專家，而且數量有限的教授能夠精通和傳授給學生的主題，似乎也有限制。

我甚至不需要去碰健保問題，健保的超高成本全都跟官僚體系和特殊利益有關，都可能需要激烈改革。而且除了教育之外，還有什麼東西比健保更資訊密集、更官僚化？

同樣，軟體應該再度致力推動官僚化的死板工作自動化，使資訊便於即時運用和客製化。我把這種情形叫做經營管理和官僚體系自動化，這樣做不是推動領導和人際關係的自動化，也不是發揮創意，把產品和服務運用在個別需要中。

如果我們不扼殺教育、健保和小孩托育泡沫，我們的生活水準就不可能推升。

如果我們不利用更多的創業家本能，創造附加價值比較高的新工作，我們就無法繼續成長，超越正在下降的生活水準。

「美國優先！」應該改成「發揚美國企業精神！」

我們領導世界的地方不就是這裡嗎？

川普看來不就是像成功的企業家嗎？

或許他不應該當美國總統，應該擔任創業長。

美國企業令人厭惡的理由

我要出面宣稱：「我一直厭惡美國企業，但是我敬佩美國企業的所作所為。」

在上哈佛商學院（Harvard Business School）之前，我曾經在《財星》（*Fortune*）一百大企業中的一家公司服務過兩年，拿到哈佛的管理碩士後，我加入貝恩策略顧問公司（Bain & Company），擔任《財星》一百大企業的顧問，我根本受不了由上而下的官僚體系，即使官僚體系努力精簡，我還是受不了。

創造力會受到官僚體系箝制，不能像我的特約醫師一樣，提供顧客真正想要的即時性個人化服務，只能在資訊稀少的時代才有生產力的現象，根本就不自然！時代已經變了，資訊比水或空氣還多。

想像下面這種情形。

你是一個小型團隊的領袖，你們正針對一個小小的顧客群，擬定銷售客製化的解決方案。

負責控制收取多少費用的人是你，不是你們的中央系統，你也負責應用即時資訊，控制產品與服務的組合與客製化，這種做法會讓你獲得力量，推動業務，賺取利潤，因為你可以快速調整一切。

你知道每一個部分的變動成本，可以在沒有上級的干擾下，推動銷售，並知道每一筆銷售的直接獲利是多少。

你也知道要把多少間接固定成本，交給你們背後提供中央化服務，讓你可以更有效運作的比較大型公司，因此，你也像所有優秀的中小企業老闆一樣，知道你們必須賣出多少單位，才夠支付每星期或每個月的這種支出。你像經營自己的事業一樣，每天自己做決定。

管理顧客的成長和滿意度，是你創造獲利和成長的關鍵，你可能只拿到微薄的薪水，卻可以靠著公平分享你替公司賺的實質利潤，而得到更大的長進，就像服務生領取低於平均水準的薪資，卻靠著小費補足一樣，但是你可以得到的控制權和上檔利潤，卻可能多很多。

你的職責是找出每一位顧客的真正需要，然後發揮創意，組合出顧客負擔得起的最佳產品與服務方案。

不過你應該不可能有這種機會，除非你背後有比較大的公司，在資金、行銷和生產能力方面，當你的後盾，但是你比他們更了解顧客的真正需要。

你會得到公平合理的利潤分享比率，比率多少要利用即時資訊系統，直接衡量你或你們小小團隊的努力程度而定。

靠著現有科技的協助，這種做法絕對可行。但是大多數經理人和主管只喜歡驅策和控制手下，因為這樣會讓他們覺得自己很重要。

主管和由上而下經理人發號施令的日子已經結束！現在員工需要的是教練、訓練員和輔導人員，而不是事後批評的愚蠢官僚。企業只是不希望跟員工分享這種資訊，因為他們像面對屠殺和大革命前的法國貴族一樣，不願意放棄控制權。

今天的資訊系統可以強化普通員工，把他們變成企業家和創造利潤的人，而不是死板的生產和辦事人員。

他們必須這樣做，因為過去較高薪的工作永遠消失了。勞工應該更擔心人工智慧，更擔心促進左腦任務自動化的軟體，比較不擔心第三世界國家的生產線工人，以及美國境內非法移民的競爭。

減稅、解除管制或貿易談判之類的花招，不會把這種工作機會大量帶回美國，因為生產線是很老的技術，是福特一九一四年發明的東西。

現在該改用更好的東西了，該改用經過資訊強化、具有企業精神、客製化又「負有使命的偏執狂」了。

我們必須醒來，變成電腦永遠變不成的有創意、有企業精神，又善於建立人際關係的人類。

這種資訊系統讓員工變得更能夠為結果負責，同時為他們的直接貢獻，提供更多的報酬，對公司和員工來說，這種情形都是雙贏的局面。

在這種情況下，誰還需要工會？工會除了充當交流管道，為可以創造更好產品和更高利潤的員工傳達構想，以及確保他們在這種新創造的利潤中，分到公平的一份之外，似乎沒有什麼用處了！

史塔克的世界

我承認自己遲遲不談史塔克的故事，目的是為了讓你繼續閱讀，但是我會拿我最讚佩的企業家和作家的故事，作為本章的結尾，以我的顧問經驗和對史塔克的研究來看，光是這樣說就很不得了了。

現在我們要看看真正了解大勢的成功企業家史塔克，他早在一九九二年，就是我寫《榮景可期》（*The Great Boom Ahead*）時，就寫出我到目前為止最鍾愛的大作《企業大遊戲》（*The Great Game of Business*）。（真是的，創新家要花幾十年來證明自己！真讓人難過。）

他的書探討怎麼教員工像企業主一樣思考，變成企業主。

前面我引用過他的話：「任誰對工作的了解，都比不上正在做這件事的人。」

噢，他在現實生活中，徹底奉行和證明自己的上述觀念。

他接下密蘇里州春田市（Springfield）一家即將倒閉的製造業公司，把公司的很多工人，變成藍領百萬富翁。

略微提高最低工資的觀念真的比都比不上！史塔克發給工人的公司股份，價值超過一億美元！

他的SRC控股公司（SRC Holdings）完全由他的一千六百位員工持有，他們生產貨車、拖拉機和重型設備的引擎和組件，噢，就是從事我們碰到外國競爭和自動化，因而流失工作機會的製造業！

此外，SRC控股公司還開創了六十家公司，從事從銀行、醫療設備到家具產銷業務。

史塔克的假設非常簡單：就是把重要的衡量標準直接發給員工，然後把這種衡量標準（例如即時資訊系統）的追蹤和改善，當成「遊戲」來玩，你可以靠著這種方法，把員工的績效提高。

他說：「如果你希望員工像老闆一樣行動，你應該把他們變成老闆。」

為了進一步接近完全透明化，公司讓每個人都可以查看財務數字，公司裡沒有由上而下的控制和祕密。

根據史塔克提供的數字，這樣做的結果非常驚人：「一位一九八三年開始在這裡賺七．五美元時薪的人，現在賺了一百二十萬美元。」（我猜這是平均數字。）

談什麼美國夢！談什麼讓美國再次偉大！

我們需要的就是這種企業革命，這種已經上路的企業革命，只是大多數美國企業還看不出來而已。

史塔克的祕密不只是把大家在「企業大遊戲」中貢獻的利潤，拿來獎勵大家，還把實際數字放在員工眼前，讓他們每一分鐘、每一天，都能為顧客做出更好的決定。

我會採取更進一步的行動，而史塔克可能已經這樣做了。我會把整個公司的少數股份發給員工，但是，我也會用軟體，扣除應該公平分配的固定成本和直接成本後，衡量每個人或每個小組的貢獻，這樣應該表示，好比「伺服器」的後台，為前場「瀏覽器」部門實際服務終端顧客時所做的一切作為，也受到公平的肯定，承認這種作為代表一定比率的營收。

在軟體和事業指標構成的光速世界裡，難道這種做法行不通嗎？

我們需要更多像史塔克一樣真正高瞻遠矚的企業領袖，而不需要胡說八道的華爾街槓桿藝術家，也不需要舊式的企業經理人，因為他們只會在員工等待窮困退休生活和死亡時，精簡公司由上而下的經營管理體系。

我們還需要像泰森這樣，把科學解釋到普通人都能聽懂的真正教育家。

更重要的是，我們需要熱愛工作，因此到了六十三歲、六十五歲，甚至到了七十五歲，都還不想退休的人。

他們非常有生產力，又非常快樂，到了不擔心退休的程度，退休對他們已經沒有意義，但是如果他們有健康問題，退休還是會在旁邊等著他們。

他們太忙於滿足顧客、創造新事業，沒有時間思考沒有滿足感的生活。他們極為注重自己所做的事情，好像「進入狀況」、深入過程的冠軍籃球員一樣，他們當然不會無聊，也不會等著退休，無所事事！

我的五百年週期指出，未來比人口趨勢目前所預測的還光明，這一點讓我清楚看出：第一，工作和退休革命即將出現。我們以後會看到人類壽命和貢獻時間的革命，這樣在日漸富裕與都市化、出生率卻低落的世界上，會抵消出生率和人口趨勢下降之類看來無法逆轉的浪潮。

但是，這種工作與制度上的全面革命，會先活化日漸老化的已開發國家，然後擴及成長比較快速的新興市場國家。新興市場國家總是會以比較低的勞工成本，接收「比較老舊」的科技和事業系統，這是我們必須注重比較新穎科技和事業系統的原因。

對很多公司和政府來說，這種過程當然代表未來很多年會很難過，卻也表示普通人會得到從民主制度出現以來最大的自由。

現在，最大型由上而下官僚體系構成的政府必須改革，而且必須從根本開始改革！

政府必須推動的二十二項改革

改革一：美國前總統柯林頓主政時，《格拉斯—史蒂格爾法案》遭到廢止。這項法律制訂很多年後，大家已經忘掉，當初美國國會制訂這項法律，是為了防止銀行與金融服務業之間的利益衝突，而這種衝突協助創造了當年的泡沫和隨後的大蕭條。

我們就是必須把主要金融機構的功能區隔開來，在傳統銀行、投資銀行和經紀服務之間建立防火牆，否則就會造成利益衝突，傷害整體經濟和消費者。

銀行應該從事存放款業務，不該創設投資基金或經紀帳戶。

政府應該針對銀行的準備率，訂定簡單的嚴格規則，應該訂出比較高的準備率，例如二〇%、而不是一〇%的準備率；貸款時應該要求適當的頭期款比率，例如二〇%的頭期款。

銀行也要一直進行所得查核，因為銀行其實是拿消費者和企業的資金，而不是拿自己的資金來放款，所以應該盡責的監守這些資金。

投資銀行從事籌募資金，投資企業和初次公開發行股票的業務，不能像高盛公司（Goldman Sachs）那樣，在這些領域之外投機。

經紀商負責提供經紀帳戶和金融服務，不能管理或提供投資商品，否則就是跟客戶利益衝突，以客觀財務顧問的名義，對顧客強銷自己的產品。

這種事情要認真對待！他們推銷自己的投資商品和資金時，怎麼可能不偏不倚？

這種事情要交給投資管理業者負責，但是他們不能提供財務建議或經紀帳戶；投資商品應該透過自動化的線上通路，或透過零售經紀公司從業人員，對消費者銷售。

這次革命進行期間，我們可能看到大家開始重新建立這種區隔。

改革二：未來十到二十年內，社會安全、醫療照護和老人健保必須改變資格，或是把退休年齡從六十五歲，提高到七十五歲，以便配合我們壽命增加的問題。以後應該隨著未來平均壽命的延長，每隔五年，繼續展延退休年齡。

這樣會把消費者留在勞動力陣營中更久，提撥更長的時間在生產、賺錢和消費上，並享受平均十二年的退休時光，而不是像今天這樣，享受二十二年的退休歲月。誰都不該無所事事的過二十二年多！這樣足以讓你無聊到死、無用到活不下去。

這是未來你真正需要安度天年、應付健康問題時，保住這種福利唯一的方法。

目前的制度十分不可行，原因在於根據我的四個基本面，和過去相比，未來幾年、甚至幾十年內，在嬰兒潮世代老去的擠壓下，未來我們的經濟成長會走緩，這種制度的壓力會升高。

改革三：政府應該積極鼓勵、獎勵消費者和企業重組債務，恢復貸款「依據市價估價」的規則，這種債務去槓桿化的新方法，應該參考民間部門利用破產法第十一章非常成功的處理過程。

利用破產法第七章處理破產案時，通常只是把倒閉公司的資產賣掉，以便償還債權人，但是這樣做的結果經常都是廉價大拍賣，債務償還的比率相當低。

利用破產法第十一章申請破產保護時，會考慮到企業如果能夠藉著減少債務和成本，或許可以繼續存活。這種過程會保護破產公司暫時免於債權人的追索，可以用高於廉價大拍賣的價格，出售資產，同時降低成本，並和債權人重啟談判，所有這些做法經常都會為所有關係人，創造多贏的局面。

大蕭條就像利用破產法第七章替美國經濟推動債務去槓桿化，不是處理問題經濟最好的方法。

從現在到二〇二〇年間，革命展開時，應該會爆發一場金融危機，政府可以選擇跟銀行合作，推動更多破產保護式的債務重組，以便減少倒閉的銀行和企業。

債台已經高築到遠超過目前和未來的需要，減記這種債務，應該會讓消費者和企業獲得很大的長期抒解，有助於抵消人口成長自然減緩。

一九三〇年代和一九四〇年代期間，民間債務從占GDP的一八〇%（一九二九年），降到六〇%（第二次世界大戰後不久），這是通縮和蕭條的真正目的，就是債務和金融泡沫去槓桿化。

改革四：我們不能回歸金本位，原因多到說不清，我在拙作《靠黃金狂跌賺錢》（*How to Survive (and Thrive) during the Great Gold Bust Ahead*）中，談過一部分原因，但是，我們絕對需要有如鋼鐵般的標準規則，規定債務占GDP比率的上限。

應該配合所得和信用的提升，容許債務成長率略高於GDP成長率。

有高比率的消費者處在首次購屋和借貸高峰期，也就是二十七歲到四十一歲的消費者比率居高不下時，應該容許比較高的債務成長率。一九八八年到二〇〇一年間，曾經出現過這種情形，根據人口資料，這種事情絕對可以準確預測到。

然而，今天根本不是這樣。債務超過跟GDP和人口有關的目標時，我們需要聯準會提高準備率或絕對上限，抑制過高的債務。

最好的解決之道應該是出現大量類似比特幣（Bitcoin）的區塊鏈科技，這樣可能會有一些公司可以發揮高效能，變成新的貨幣創造者，但是只有在反應真正的交易需要時，才可以這樣做，若是政府有意欺騙、過度刺激經濟、掩飾債務問題、希望靠貶值降低出口成本時，就不能這樣做。

改革五：特殊利益團體的遊說根本應該禁絕，不准再這樣做，永遠不准，絕對不該再發生！這種遊說對政治制度的腐蝕，嚴重到讓人不敢相信，事實上，遊說一直是對民主制度和自由市場競爭極為致命的攻擊。

如果國會需要研究政治問題或法案的影響，應該聘請立場超然的業者去做，成本由聯邦、州與地方政府負擔，企業可以把分析送交國會，卻不能花錢逼迫、招待或賄賂負責立法的議員。

改革六：政治獻金應該改革，訂出個人捐贈的明確限額，恢復民主制度（就像每個人的一票擁有平等的權利一樣）。

依據美國最高法院二〇一五年的判決，企業不應該再當成個人一樣看待。這樣應該也會為企業的捐獻，訂出非常明確的限制，而且可能可以根據獲利水準，訂出不同待遇。億萬富豪柯氏（Koch）兄弟決定誰代表他們的黨競選總統或國會議員的事情，絕對不能再發生。〔他們在二〇一六年的共和黨總統候選人初選時，否決掉米特．羅穆尼（Mitt Romney）。〕

改革七：政治制度碰到經濟政策時，應該儘量保持中立，不應該推動房貸扣除額之類的債務補貼。

資本利得不應該以優惠稅率課稅，新創事業和實際上會創造新就業機會的初次公開發行上市案，可能可以視為例外。持有發行在外的股票一年，對創造就業幾乎毫無影響，不應該再享受優惠。

金融交易應該課稅，但是稅率要低，以便加強打擊最富有的人。

和對高所得者課徵極高稅率相比，對投資課稅是打擊富人比較好的方法。前者只是資助無數玩弄稅制的律師和會計師，只是害企業決策進一步複雜化，同時增加成本，對創新的誘因多少會有點妨害。

讓企業和消費者根據市場利率與回饋，做出更好的決定，而不是根據稅務優惠，不是根據政府為了支持特殊利益團體或某種目標，而提供的無數誘因。

市政債券利息不該免稅，應該准許企業和地方政府，把利息像其他費用一樣，當成經營事業的成本，列為利息扣除額。

這裡要再強調一次，應該不准企業和特殊利益團體，為了影響政策決定和法律，進行遊說。慈善捐贈扣除額類別中，如果是政府會拿納稅人的錢來做的事情，例如濟助窮人，而不是捐助個人宗教信仰或夢想的捐贈的話，定義應該大幅縮小。

更好的是，這種捐贈應該完全取消。

改革八：聯準會不應該設定短期利率，只有在緊急狀態下，短期利率才能暫時降低，緊急狀態的定義是經濟衰退加上失業率超過一〇％，或是類似的悽慘狀況。

量化寬鬆這種直接注入資金、影響比較長期利率的做法，應該只准許短期利用，例如，最長只能實施一年，只限於在因應經濟衰退加上失業率超過一〇％的情況下應用。

量化寬鬆不應該變成半永久性的政策，以免徹底扭曲市場和投資，妨礙必要的再平衡、債務去槓桿化和創新，不能像美國在二〇〇八年到二〇一六年間的那種做法。

改革九：汙染法規不該再無止盡的複雜化，我們只需要制訂公平、可以靠統計決定的碳稅和其他汙染源稅負，完全反映汙染造成的實際經濟成本，然後讓企業針對如何儘量降低碳足跡，做出比較好的決定，而不是把詳細的規格和官僚體系，強加在企業和消費者所做的每一件事情上。

要利用這些稅收，對抗汙染和全球暖化，如果稅負過重，那麼可以降低正常的所得稅和銷售稅，設法抵銷。

稅收總額大致可以維持不變，企業和消費者應該會對能源的經濟利用和汙染因素，做出比較好的決定，省卻官僚干擾和繁不勝繁。

改革十：需要確定一種由一個單位給付、全面適用的老人健保系統的基本醫療水準，政府資助的作業和照護需要針對餘命有限（例如只剩不到一年壽命）的人設定限制，超過限制的人可以選擇購買費用比較高的私人保險。

據估計，醫療保健成本中，高達五成用在人生的最後一年中，對比較年輕的人來說，這樣是不公平的負擔。因此超過限制時，個人可以自行選擇私人保險或自費，包括限於人生最後一年或更長適當期限的照護。

我們的健保成本大約是其他已開發國家的兩倍，平均壽命卻是其中最低的國家之一。民間部門在這方面根本是徹底失敗，意思是特殊利益團體和遊說創造了極多的隱藏成本、官僚體系和不合理的優勢。

改革十一：企業避險應該只限於利用含有槓桿的期貨之類工具，不該鼓勵在投機中運用。

融資債務應該訂定比較嚴格的限制，不是不准融資，就是頂多融資五成，但合法避險者保護下檔風險的情況列入例外。

跟開立交易帳戶有關的警告，應該和香菸盒上的警語一樣嚴厲。

改革十二：信用違約交換應該完全禁絕，或是受到比較嚴格的限制。這種合約原本是為了規避金融資產的下檔風險設計，卻沒有擔保品，因此不是真正的保險。

准許交易的信用違約交換合約，擔保品應該明確規定，應該嚴格要求提供。

改革十三：聯邦預算必須達成「五年移動平均期間形式的」平衡。

應該規定平均經濟成長率超過二%的年度裡，聯邦預算至少必須有少量剩餘。

應該規定經濟衰退期間的赤字上限，不能超過過去年度累積的剩餘金額，加上占GDP比率最多三%上下的金額之和。福利之類的社會方案不能變成永久性的計畫。如果有人找不到工作，至少應該做一些公共服務，作為補償。

美國也不能繼續充當世界警察，補貼盟國的軍事支出。

改革十四：貿易赤字也應該追求「五年移動平均期間形式的」平衡，任何國家都不應該無盡無止的承擔貿易逆差。

改革十五：教育體系必須改革，以便降低過高的不動產成本，方法包括方便時加強應用線上教學，只有在必要時才到現場授課。

教師應該扮演協助學生看出最大性向和興趣的角色，據此設計出符合個人需求的客製化課程。

終身教授制度必須改革或廢止。

大學應該出售多餘的房舍給企業和研究公司，替企業和研究公司進行有償研究，力求降低學費。

改革十六：選戰期限應該縮短，縮成六星期到三個月，而不是常見的一、兩年，目前的做法浪費資源，也害國會議員不能專心有效的立法。

改革十七：廣告必須要簡單有效的管制，誇大不實的宣傳太多了，企業花太多錢，吸引大家對下意識中追求「人間天堂」願望的渴望。

廣告和行銷應該具有教育性，協助消費者做出更好的決定，而不是操縱和誤導消費者。

改革十八：對企業、健保之類傷害的補償，應該限於實質傷害，不應該像「中樂透」。

不管企業或醫生有多厲害，總是會有出錯的時候，連我們的基因都會突變，影印機還常常故障呢！

偶發的錯誤應該是可以預期的事情，系統應該更有包容性。

過度疏失和不負責行為應該受到法律充分的懲罰，但不該獎勵大家為含糊的「損害」，或無法量化的「痛苦和難過」，索取千百萬美元的和解金。

改革十九：非法移民應該儘量阻止（川普正考慮這樣做，但我不同意他的方法）。

應該給予現有非法移民大約兩年時間，申請居民或公民權，或是予以驅逐出境，簡單的遣送一千一百萬人加上移民的做法根本不可行，成本會高到令人不敢相信，也會嚴重干擾企業和家庭。對不起了，川普。

這種大規模驅逐會因為喪失這些勞工的消費和生產力，造成嚴重的經濟衰退。

我們應該像澳洲和加拿大一樣，鎖定我們需要的技術人才，然後優待擁有這種資格的移民入境，我們應該鼓勵受過高等教育的外國學生留下來，不要規定他們的配額。我們也需要較低技術層次的移民，因此這樣和川普提倡的大量刪減合法移民不同。

將來不該准許非法移民子女自動歸化，他們應該像別人一樣申請歸化，現有做法對非法移民繼續湧入，構成太大的誘因。

改革二十：要是有一件事情值得補貼，那麼一定是指托育補貼。法國、瑞典等國發現，降低托育成本對經濟的好處，勝過寬鬆的生產育嬰假或生育抵減，在養育子女成本超過二十五萬美元時，五千美元的租稅抵減有什麼用？

這是職業婦女媽媽在工作和懷孕衝突中的最大挑戰。

美國的托育成本像健保和教育一樣，高得離譜，一定要改變。

改革二十一：應該把駭客當成「恐怖分子」一樣處理，他們的威脅遠高於全球和國內的恐怖分子，因為他們威脅大家都依賴的網際網路、通訊和交易系統。他們把這種事當成遊戲，但是這種行為應該是嚴重的犯罪行為，必須用比較嚴厲的執法和處罰來對付，否則我們將來可能看到大規模的系統崩潰。

改革二十二：美國國務卿和總統應該重用更大的力量，推動全球自由貿易規則，但是這種規則必須有制裁力量，必須能夠實行。

日本之類的國家不應該操縱匯率、刻意壓低日圓，以便提高出口競爭力，這樣子是欺騙。中國和印度之類的國家不應該藉著推動超高水準的汙染，提高出口競爭力，這樣子也是欺騙。

貧窮不應該當成過度汙染和不回收處理廢棄物的藉口。

剽竊軟體和科技也是欺騙。

如果你不遵守遊戲規則，你就不能玩遊戲，你的貿易權就應該受到限制，甚至應該取消。

我說的還是簡單的規則，而不是新的全球性官僚體系！

經濟學家應該提出更好的解決貿易失衡方法。

浮動匯率可能使好公司在一夜之間，毫無來由的失去競爭力，或是使一個國家貴到不能去觀光旅遊。比較穩定、大規模、由下而上的數位貨幣可能出現，以滿足這種需要。

概括而言，法規應該是簡單的遊戲規則，應該可以維持公平競爭，可以維持開放而誠實的溝通，不應該是無盡無止的細節和苛擾。

要制定簡單的規則和方針，對汙染源課稅，讓企業和消費者可以做更好的決定。然後在必要時，讓法院應用經過強化、對抗濫訟的法律，解決紛爭中的微妙分野，以免司法系統遭到利用和堵塞。

說得簡單一點：中央銀行、說客、政客和政府都應該閃到一邊，讓美國經濟遵循自然的路徑，繼續運作下去。

在美國經濟經歷有史以來最大的債務與金融泡沫之後，這條路會引領美國經濟接受必要的金融危機和去槓桿化考驗，以再度迎接比民主制度出現以來更大的革命。

一切都和設計制度，消除官僚體系有關，這樣做才能讓企業和政府以顧客為中心，而非以不像話的官僚體系為中心，提供價格合宜的即時個人化服務。

最後，一切都和由下而上，而非由上而下的運作有關。

這樣才是真正的革命。

而且這樣必須推動經營管理自動化，必須用必要的資訊，為前場員工加持，讓他們在沒有糊塗主管的監督下，滿足顧客的需求！

但是在這場革命中，自由世界國家政府的真正底線是：特殊利益團體已經接管民主制度，大企業和頂尖〇．一％到一％的人，享有不當的影響力，可以增進自己的利益。我們必須阻止這種現象，禁絕說客和遊說，禁絕巨額政治獻金，捐款金額應該限於一千美元上下。

各國央行試圖創造永遠沒有衰退、永遠不必讓過去的過度狀態重新平衡的經濟時，壓制了自由市場，創造出更大的泡沫，造福同一批頂尖一％的人口，讓他們像咆哮的二〇年代一樣，創造遠遠超出標準的表現，還過度增進特殊利益團體的影響力。我們必須阻止這種現象，而且我認為，在二〇一七年年底到二〇二〇年年初之間，因為完全人為所造成的第三次極端泡沫破滅之時，這種現象一定會遭到阻止。

我會鼓勵選民絕對不要再信任各國央行，要像我們的祖先在十八世紀前，學到不能信任控制大多數西方國家的貴族一樣。

事實真相是：除非碰到緊急狀態，否則我們不需要央行提供的短期流動性，我們應該永遠不准央行再度隨意印鈔票、操縱經濟或操縱自由市場。

民主制度和自由市場資本主義結合，正是我們從十八世紀末期以來變成富裕到不可思議的原因，如果我們不幸殺「金鵝」，資訊革命可能讓我們更為富有。

但是我們必須在大量嬰兒潮世代老化之際，處理人口成長趨勢放慢的問題，我們也必須像尋求破產保護的重整企業一樣，設法重組大致上屬於民間債務的巨額債務。

政府可以藉著在下次金融危機時，只協助真正減記債務的銀行，不再無休無止的印鈔票，遮掩債務和虧損，協助促進這種債務重組。

這點表示，很多銀行和企業會倒閉，但是數量不會像一九三〇年代的破產危機時那麼極端。

我們現在應該不要像日本一樣，應該服用適合我們的藥物，然後走向下一個春天。日本已經證明，二十多年的刺激和債務不能治療上癮，反而使癮頭惡化，日本的未來只會更糟糕。

中國最後沒落時，會斷然證明所有由上而下的政府的隨意擴張，只會變得更沒有效能，債台只會更高高的築起，再更重重的落下。

泡沫總是會破滅，我們在中國的引領之下，正接近現代史上最大全球泡沫的巔峰。

第二部分

甚囂塵上的無形泡沫

第九章

泡沫不存在？

比起二〇〇〇年網際網路泡沫的高峰期，今天的股票價格被高估得更厲害了。盲目的人才看不到這一點！

哈利・鄧特

搖著彩球的啦啦隊跳過來又跳過去，口中反覆唱著：

沒有泡沫！

沒有泡沫！

沒有。沒有。沒有泡沫！

葉倫是其中一人。

華倫・巴菲特（Warren Buffett）也是，這位「奧馬哈的先知」（Oracle of Omaha）今年稍早在《財經論壇》（*Squawk Box*）節目上說：「我們並不在泡沫裡！」

他們應該齊聲大呼另外一個口號：

> 我們是老大，
> 絕不做老二，
> 我們要把你打得
> 滿地找牙去！

我們**是**在泡沫裡，泡沫也一定會破。當它破滅的時候，絕對會把忽略這個明顯事實的人，打得滿地找牙去。

諾貝爾桂冠得主，也是經濟學家的席勒，發展出截至目前為止最好的評價指標。他的週期調整本益比（cyclically adjusted price-earnings ratio, CAPE），又被稱為席勒本益比（Shiller P/E）。

席勒的週期調整本益比顯示我們已經在泡沫裡，儘管連他也有所懷疑，但終究人人都投入了這股泡沫狂熱！

他使用過去十年盈餘的平均值，來消除接近高點和大衰退或大蕭條時盈餘驟跌的劇烈波動，使得這個模型比簡單的本益比（P/E）更可靠。

只有瞎了眼的人，才看不到我們身陷險境！

我們已經走到一個更高的高點，在過去只發生過兩次，不過這是有特殊原因的，等一下我就會談到這個部分。

可是，請看圖9-1。

我們看到高點出現在一九〇二年（二十二·九）、一九二九年（三十二·六）、一九三七年（二十二·二）、一九六六年（二十三·九）、二〇〇〇年（四十四·二）和二〇〇七年（二十七·五）。

圖9-1　目前的股票價值接近1929年高點

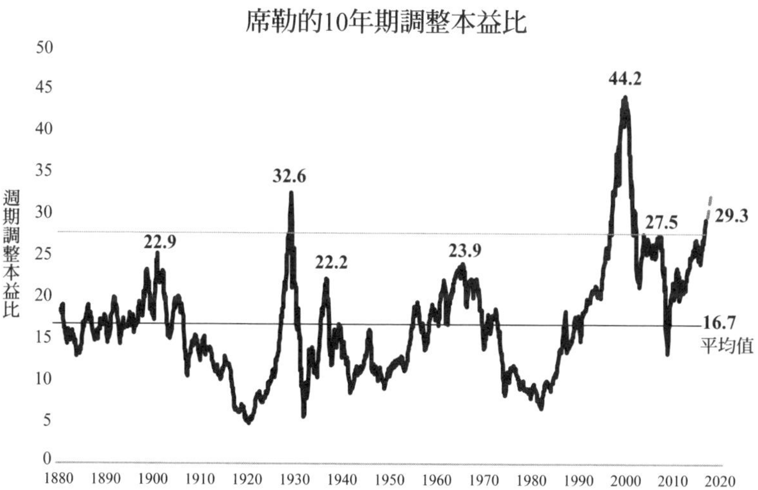

資料來源：席勒的10年週期調整本益比，鄧特研究中心。

我們現在來到了二十九．三，而且有可能因為「川普行情」（Trump rally）而再上升一○%，不過這是出於完全錯誤的期待，以為一個正在老化又舉債過度嚴重的國家，還能有三%到四%的成長。

除了兩次高點之外，這個本益比已經比過去任何時候還要高，而且幾乎跟一九二九年一樣高了。

等到川普行情在今年稍後達到高峰時，我們有可能會走到一九二九年的高點。

那麼，那些說我們不在泡沫裡的專家們，也是在暗指一九二九年不是泡沫？

那一次股市下跌九○%，是美國史上最大的一次崩盤，難道只是運氣不好，來了隻「黑天鵝」的關係？

當然了，看起來似乎如此，不過話說回來，大多數人都是事後諸葛，只在事過境遷之後才能看到泡沫。

就像我在《二○一七─二○一九投資大進擊》裡解釋過的，這是因為大部分人並**不想**看到泡沫。他們想要相信自己找到天堂，而且可以永遠賴著不走。當他們的股價和房價出現非理性的上漲時，他們仍想繼續不勞而獲。

而且，大部分人並不了解造成泡沫的週期。

不過，只要你睜開雙眼，不難看到我們深陷在多麼大的麻煩中！

沒有什麼比大泡沫更容易預測的了，難就難在預測這種不理性最後將在何時告終，應聲破滅。截至撰寫本書為止，最有可能發生的時間點會在典型的崩盤季節，也就是大約二〇一七年的十月底。

沒錯，一九九九年的本益比是比現在高出太多，不過那時我所說的四大週期全部一起上揚。而看看一九二九年的次高峰，只有三大週期同時走高。

在一九九五年到二〇〇〇年初期，美國的經濟情勢一片大好。嬰兒潮世代正在快馬加鞭進入消費高峰期。全球地緣政治（相對來說）狀況良好，而網際網路正一路狂飆成為主流，好比汽車之於「咆哮的二〇年代」，為生產力注入能量。

今天，我們剛好反其道而行。

一如我在第五章解釋過的，從二〇一四年開始，四大週期便已經走下坡。這表示我們在二〇一七年看到的本益比水準，比我們在二〇〇〇年看到的還要更加危險。我等一下就會做個簡單解釋，不過讓我們先回來看看席勒。

席勒是我唯一尊敬且會追隨的主流經濟學家。（杭特是我最喜歡的經濟學家，不過他太注重實際也太逆向操作，難以稱為主流。）

席勒不但提出週期調整本益比指標，還是計入通膨因素調整美國房價指數的第一人，並且一舉證明了從實質價值來看，房地產不是值得青睞的資產，**也非**大多數人所以為的絕佳投資標的。（黃金也不是，不過擁有房地產，至少還可以收租或省下租金。）

大家以為房地產是終極投資，之所以形成這種錯誤觀念，是因為我們處在一個獨特的時期，第一個中產階級世代（鮑伯．霍伯世代）更普遍買得起房子，提振了二次戰後的房市買氣。拜「美國軍人權利法案」（GI Bill）之賜，他們也付得出抵押貸款。

隨著嬰兒潮世代加入職場（如我在第七章所解釋的），導致現代史上激增最快的通貨膨脹。而房地產就像席勒所證明的，會直接跟著通膨連動。

嬰兒潮世代是歷史上最龐大的世代，以前所未有的人數發起一波大規模的買屋熱潮，把房價抬到恨天高，結果造成二〇〇〇年年初到二〇〇六年年初之間，史上最大的房地產泡沫。

不過，那些美好的舊日時光已經逝去。

嬰兒潮世代正要步入遲暮之年，房地產價格再也無法重現一九八三年到二〇〇五年之間的劇烈成長。哪有可能重現呢？一旦進入二〇四〇年代，美國的死亡人數將逐漸多過買屋人數。

我在《二〇一四—二〇一九經濟大懸崖》第三章就提到，席勒計入通膨且回溯至一九八〇年的房價指數圖，還有我的「淨需求圖」（四十一歲購屋高峰人數減去七十九歲死亡人數），這兩張簡單圖表能告訴你的房地產趨勢，比起其他經濟研究報告加起來的還要多。

不過我離題了，我們會在第十一章談到房地產。權威人士也會用到席勒的週期調整本益比指數。然而，他們是用來說我們並不在泡沫裡，因為我們離二〇〇〇年的四十四．二倍的高點還有一大段距離。

這種說法只是暴露出他們對週期缺乏研究與更深刻的理解。

今天，席勒的週期調整本益比指數已經比一九〇二年、一九三七年、一九六六年和二〇〇七年的四個主要頂點還要高。每次高峰過後，股票投資人都傷痕累累，而這些高點都還只有落在二十二倍到二十四倍的範圍內。

一九二九年衝上去的本益比高點是三十二．六倍，也只比今天的二十九．三倍多出一些而已。然而就像我說過的，在落入一發不可收拾的失控狀態前，我認為美股有可能達到跟一九二九年一樣的水準。

只要看看簡單的本益比，就不難明白席勒為什麼要對盈餘計入週期性的調整。如果不這麼做的話，這種指數大多沒有用處可言。就如二〇〇九年，因為盈餘突然驟跌的關係，簡單本益比在接近崩盤的尾聲時，會比需要提出警告的高點時還要高。

請自行看看圖9-2。

在一九二〇年代、一九三〇年代和一九四〇年代有一連串的高峰，簡單本益比介於二十二到二十三之間，全都低於我們現在所在的二十九．三。不過那些高峰都是出現在盈餘正在崩盤的時候，譬如一九二〇年到一九二二年間，以及一九三〇年到一九三三年間！

而一九二九年年底大崩盤開始的時候，這個指數才只有達到十八倍而已。

所以，現在走到二十九倍了，股票的價格沒有被高估嗎？

顯然這些「專家們」都是泡沫盲，再加上週期盲。

週期的影響力

記得我們在第六章談到的四大基本面？再來看一次這張圖（圖9-3）。

圖9-2　傳統的本益比

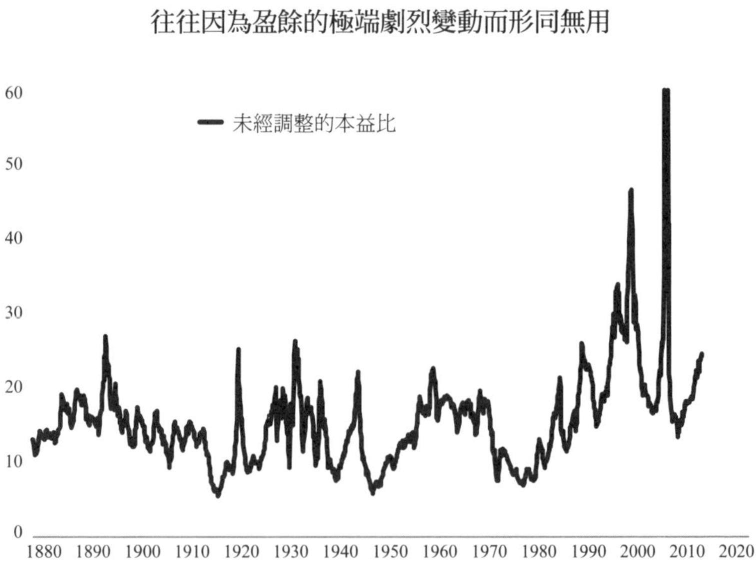

資料來源：www.econ.yale.edu/~shiller/data.htm。

我們用這四個週期快速做個泡沫比較：一九二五年到一九二九年的泡沫，一九九五年到二〇〇〇年年初被「專家們」當成證據說我們現在離危險區還很遠的科技泡沫，還有現在的這個泡沫。

四十五年創新週期，分毫不差的跟鐵路工業齊步在一九二〇年攀上高峰，然後便一路走下坡到一九四二年。

三十九年世代消費潮，因為龐大的移民世代而在一九二九年年底強勢上揚，接著便崩盤了。一九三七年，它再度因為人口統計趨勢而有了第二次走高的機會，然後再崩盤一次。

三十四年地緣政治週期於一九一五年反轉回升，到一九二九年年底與

圖9-3　四大基本面的分級

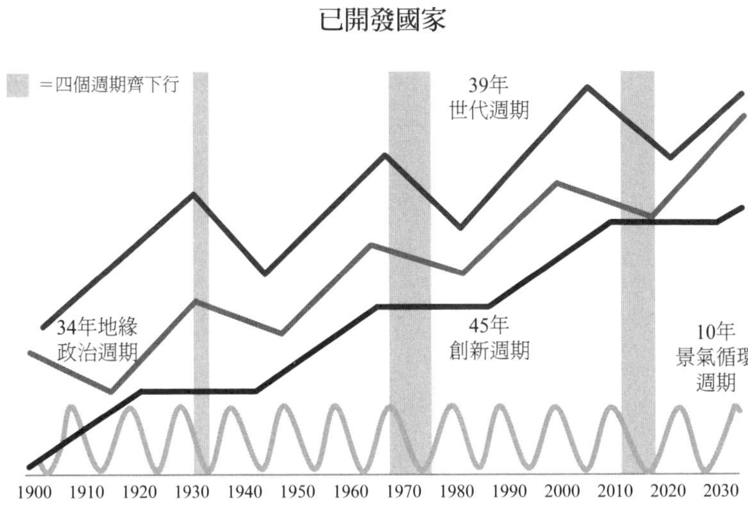

資料來源：鄧特研究中心。

人口統計趨勢往同樣的走向匯流，並且在一九三〇年達到高峰。

十年景氣循環週期在一九二三年反轉回升，在一九二九年年底達到高峰，然後就一路崩盤到一九三三年年底經濟大蕭條的谷底時刻。

所以，從一九二三年年底到一九二九年年底，我的四個重要指標裡就有三個齊聲上揚，而真正的泡沫發生在一九二四年年底到一九二九年年底。

從一九三〇年年底到一九三三年，這四個週期全部同時下挫。在週期走到頂點的時候，席勒的週期調整本益比指數衝到前所未有的三十二．六倍，然而，一般的本益比卻只有十八倍，然後才在盈餘突然重挫下，飆高到二十七倍！

從一九八八年年底到二〇〇〇年年初，這四個週期再度匯合，我們也在這個時候看到了自「咆哮的二〇年代」以來最大的股市泡沫。

世代消費潮從一九八二年年底到二〇〇七年年底反轉上揚。

四十五年創新週期從一九八八年年底到二〇一〇年處於上升趨勢。

地緣政治週期從一九八二年年底開始走上坡，直到二〇〇一年，九一一事件敲響第一聲警鐘為止。

而景氣循環從二〇〇九年八月大衰退的谷底開始翻升，直到二〇一四年二月為止，從此之後便一路下滑，預計大約會在二〇二〇年年初觸底。

四大週期則一起齊聲上揚到二〇〇〇年年初。

「咆哮的二〇年代」已經創下空前紀錄，但科技泡沫更勝一籌，成為史上最受歡迎的時期。

這是週期運作下的必然結果，也是我們所以能見證到有史以來最高股價的原因所在。

但是從二〇一四年年初以來，四大週期全部處於負向階段，而且這個跌勢會一路走到二〇二〇年年初。

僅僅是地緣政治週期對股票的衝擊，就會使探底的股票評價比起最高時期腰斬一半。

根據這個週期，網際網路時代四十四・二倍的巔峰本益比，我們已經難以望其項背，二十二倍到二十四倍的高本益比在這個時候會是比較正常的情況。

可是話說回來，美股已經來到二十九・三倍的本益比，在瘋狂的泡沫還有膨風的川普行情終於吹到最高點以前，還有可能再上升一〇%。

相較於二〇〇〇年代，今天的世界已經無法同日而語。

美國的經濟體質甚至沒有二〇〇〇年年初的時候一半好，根本不應該和當時的高點及本益比水準相提並論。

這就好像在拿鑽石跟雕花玻璃做比較。

不管那些啦啦隊長想要怎麼說服我們，我總是會拿出這張圖來證明，我們已經在泡沫裡。

在秋季泡沫經濟榮景期間，一生只會遇到一次的泡沫就會降臨，這是因為通貨膨脹與利率下跌，殺手級技術成為主流科技，再加上出現最為強勁的人口統計走勢，又往往受到開放移民政策的推波助瀾所致。自一九八二年的榮景以來，已經出現四次泡沫與崩盤，數量之多超過史上曾有的繁榮時期，而緊跟在泡沫之後的崩盤，每一次都比前一次跌得更深。最大的崩盤就在眼前，我們即將邁入徹底的經濟嚴冬。

圖9-4顯示自二〇〇九年年初以來，最近的一次泡沫，不管從純粹的指數值或是從指數成長的百分比來看

圖9-4　這不是個泡沫？自1983年以來第四個最大的泡沫

道瓊工業平均指數（Dow Jones Industrial Average）

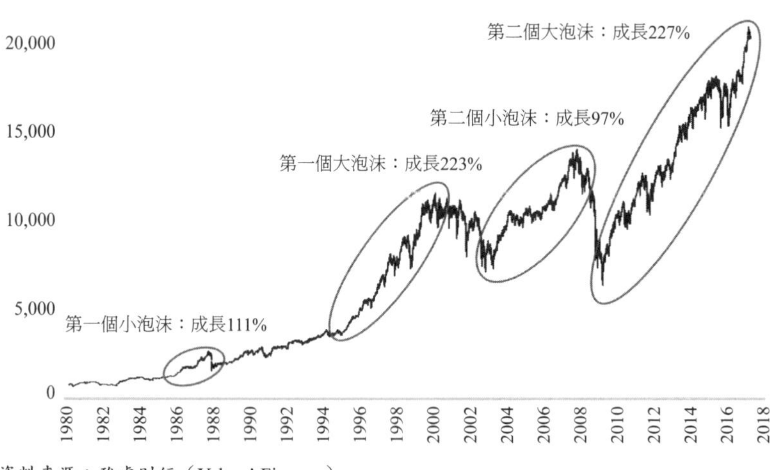

資料來源：雅虎財經（Yahoo! Finance）。

都技壓群雄。拿現在這個泡沫的道瓊指數跟科技泡沫時期相比，大家都會同意，它就是個泡沫。

自己看看這個泡沫，持續得比較久，膨脹得更厲害，而且一樣的陡峭！也要留意，每次隨之而來的崩盤都跌得更深：一九八七年後下跌四〇％，二〇〇〇年後下跌五一％，二〇〇七年後下跌五六％。難道你不覺得，這最後一個、也是最戲劇化的泡沫，會帶來更大的崩盤效應？

如果你還看不出這是個泡沫，那麼你的眼睛恐怕真的出問題了。

自一九八三年秋季泡沫經濟榮景開始以來，它不但是接連四個泡沫中持續最久的一個，而且是截至目前為止，指數值增長最多，又在最近創下最大增幅的泡沫。

等到不理性的川普行情最後膨風階段在二〇一七年攀上高峰的時候，指數就會破表，而股票評價將接近一九二九年的水準。

你不會想要在這種情境下持有股票的。話就說到此處了。

白天不懂夜的黑

所謂的專家沒有能力看出來我們顯然身處泡沫之中，歸根究柢，就是因為與一九九〇年代末到二〇〇〇年年初網際網路泡沫使股票價值創下歷史新高那個時候相比，今天的經濟情勢已經不可同日而語，但是他們缺乏理解或可能甚至不能認同。

我發現了一份很好的彙總表，承蒙市場分析公司720 Global的麥可・萊伯維茲（Michael Lebowitz）同意引用。該表呈現出近幾年美國的經濟與盈餘成長，到底有多麼大的不同。

看看一九九五年到一九九九年間的榮景與二〇一二年到二〇一六年間的差異：

表9-1　美國在網際網路泡沫時期的經濟體質比較好

大範圍的經濟比較		
指標	1995-1999年	2012-2016年
GDP成長率	4.08%	1.90%
GDP成長趨勢	2.30%	1.80%
生產力成長率	1.84%	0.49%
聯邦政府債務（兆）	$5.36	$17.47
聯邦政府債務占GDP的比例	60.23%	101.40%
個人／企業債務（兆）	$15.49	$41.11
個人／企業債務占GDP的比例	156.09%	220.13%
聯邦政府赤字占GDP的比例	–0.33%	–3.29%
10年期美國公債殖利率	6.05%	2.13%
聯邦基金利率	5.38%	0.18%
標準普爾500指數3年盈餘成長率	7.53%	–3.84%
標準普爾500指數5年盈餘成長率	9.50%	0.49%
標準普爾500指數10年盈餘成長率	7.74%	0.89%

資料來源：720 Global。

一九九五年到一九九九年，GDP的成長率是四．〇八％；從二〇一二年到二〇一六年，GDP的成長率不到一半，只有一．九％。

估計二〇一七年GDP的成長率將近二％。

在一九九五年到一九九九年間，三年盈餘成長率是七．五三％，而二〇一二年到二〇一六年卻是**負**三．八四％！

五年盈餘成長率則是九．五〇％對上〇．四九％！股票市場在這麼低的盈餘成長之下，怎麼可能享有這麼高的本益比呢？

目前美國的聯邦債務是二十兆元，相較於一九九九年是五．三六兆元；現在的政府赤字占GDP的三．二九％，而前一個時期則是〇．三三％。

然後還有生產力！

一九九五年到一九九九年間的生產力成長率是一．八四％。

到了二〇一六年，這個數字已經在〇．四九％蹣跚跛行！

隨著更多人口退休與老化，我認為生產力會走向停滯或甚至倒退。

顯然今天我們已經不再享有和一九九〇年代末期同樣的經濟體質，拿那個時候的股票評價來做比較，既不合理也不理性，當時四十四．二倍的本益比雖然極端，但是有可能，今天可就不是這麼回事。

不過還有另外一種檢視的角度。

圖9-5是計入經濟成長趨勢後的週期調整本益比。

這樣的態勢顯而易見：如果你把比較低的經濟成長與經濟動能納入考慮，現在的本益比較之以往還要高，而且比一九九九年高出許多。

如果這樣仍不足為證，我還喜歡用一位優秀的分析師約翰·赫斯曼（John Hussman）提供的另一種指標。

這個指標又叫做巴菲特進場指標（Warren Buffett valuation indicator），把預期十年平均報酬率跟上市公司市場總值占GDP的比重相互比較。

撇開我推測人口統計、創新及地緣政治趨勢會走下坡不談，這個指標

圖9-5　計入經濟成長率之後的股票價值比以往更高

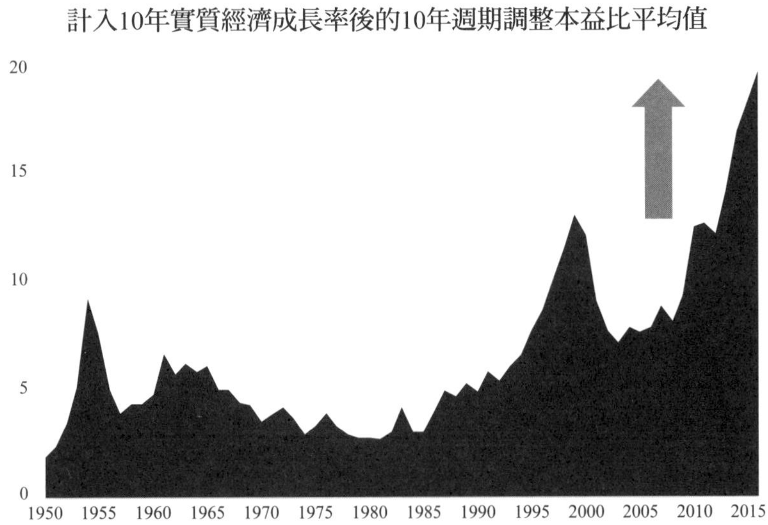

資料來源：720 Global；www.econ.yale.edu/~shiller/data.htm；聖路易聯邦準備銀行。

顯示如果你以今天的高價買下股票，預計未來十年平均每年應該會有一．五％的損失。如果股市像我預計的大約到了二〇一七年十月，會再上漲個五％到一〇％，那麼你的年平均損失會提高到三％至五％。

何必在股市價值高估又愈來愈反覆無常的此時此刻，冒這種風險呢？

報酬率太低或可能為負，一點都不值得！

從我的四大經濟指標罕見的齊步向下沉淪，加上前所未有的債務與資產泡沫必會也終將破滅，我估計股市還會更慘。

這個指標和赫斯曼的其他研究報告清楚地顯示，你不應該在股市冒不必要

圖9-6　預期10年平均報酬率

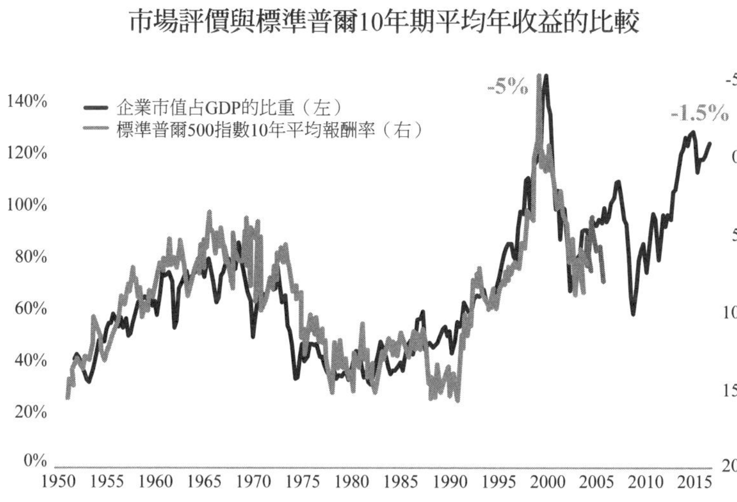

資料來源：彭博資訊；聖路易聯邦準備銀行；赫斯曼基金公司（Hussman Funds）。

的風險！

榮景再現也不復當年

我說一九八三年至二〇〇七年是現代史上最繁榮的時期，因為它是由最大的世代與人口統計潮所帶動，再加上強大的網際網路與手持式運算技術（相當於現代版的印刷機）推波助瀾所致。

我提出的三個較長週期，在一九八八年年底到二〇〇〇年年初匯流，三個當中又有兩個是在一九八二年年底到二〇〇七年間匯聚的。

太陽黑子週期的震盪比較頻繁，而且較多時候處於下降階段，不過，它在一九八六年年中到二〇〇〇年年初，還有二〇〇九年年底到二〇一四年年初也同步一致往上爬升。

以我對這四大基本面的推估，我認為全球人口統計趨勢的走向是分歧的。就可見的未來，大多數已開發國家的人口走勢會一路下滑，而除了中國之外，新興國家將一齊向上攀升到至少二〇四〇年止，有些國家則會持續成長至二一〇〇年，譬如撒哈拉沙漠以南的非洲國家。印度是最大的後起之秀，其人口趨勢呈現上升狀態，並且與全體新興國家一樣，約莫在二〇六五年達到高峰。

四十五年創新週期將從二〇一〇年年底走下坡到二〇三二年年中，然後反轉回升，一路上揚很長一段時間，直到大約二〇五五年。

而我所謂的老化革命，有可能在這個時候進入第一階段，這時我們開始活得比較久（長達一百二十歲），而勞動力的生命週期也會從四十三年（二十歲到六十三歲）延長到超過八十年（二十二歲到超過一百零二歲）。

出生率低到來不及補充，導致人口統計黑洞日益擴大，但此一情況將因人類壽命增加而出現逆轉。今天，只要將退休年齡延到七十五歲，配合已經比較高的平均壽命，便能對人口統計週期發揮重大的作用。

不過還有一個重大的影響：三十四年地緣政治週期大多與創新週期反其道而行。它在二〇二〇年年初反轉後便走高到大約二〇三六年，接著再度下降到大約二〇五三年。四十五年創新週期則是一路走低到二〇三二年，然後才轉而上揚至二〇五五年，走勢幾乎完全相反。至少有好幾十年的時間，我們都不會再看到一九八八年年底到二〇〇〇年年初的週期聚合現象，也跟一九八二年年底到二〇〇七年年底的情況不那麼相似。

千禧世代會為美國帶來兩波上揚的世代消費潮，第一波從二〇二三年年初到二〇三六年年底，第二波則是從二〇四四年年初到大約二〇五六年。

三個較長週期只會在二〇三二年年中到二〇三六年年底，以及二〇五二年到二〇五五年間匯合，匯聚的次數不多，為期也不久。

計入通貨膨脹後，美國的第二波人口消費潮不會比第一波來得高，而第一波消費潮也不如嬰兒潮所帶來的高峰。所以要注意，二〇二三年到二〇三六年的繁榮應該會比繼之而來的二〇四四年到二〇五六年榮景更為強勁，而且計入通膨後，我們可能無法看到道瓊指數再次衝上兩萬兩千點。

相較於主流「專家」所拋出來不用心的線性預測，歐肯奎斯和我對出生率及移民趨勢所做的估計比較低。我們把可預料到的週期跌勢納入考慮，尤其是人口統計週期，這是大家都會忽略掉的。出生人數與移民人數在二〇〇七年

圖9-7　放眼看去，消費潮的走勢平緩

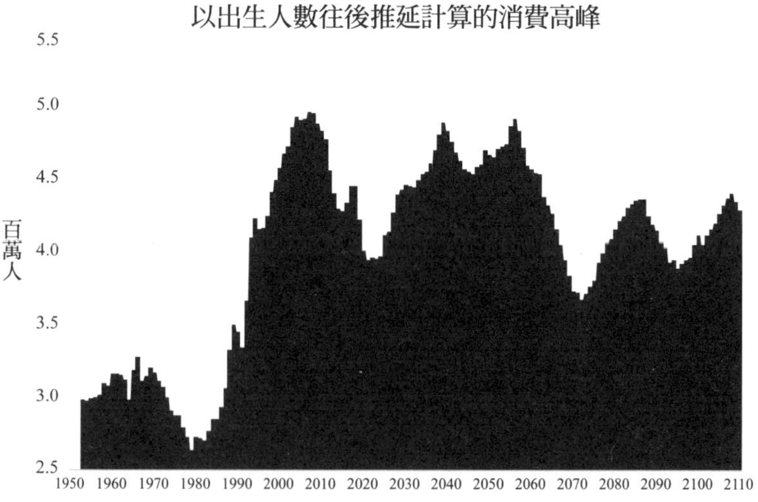

資料來源：鄧特研究中心，美國人口普查局，彭博資訊。

到達高峰以前，我就預測到它們會下跌，果不其然，而一旦眼前的泡沫終於破滅，它們還會跌得更深。

凡此種種，都在告訴我們下一次的景氣蕭條將會在二〇六〇年代末期到二〇七〇年代中期壞到極點，而這都是拜二〇〇七年以後出生率和移民趨勢一路走跌所賜。

到了這個時候，從印度到東南亞，亞洲最有生氣的地區也將走向人口衰退的道路，並且因為都市化發展已臻成熟而締造出最高的生產力成長率。

當此一人口大變革發生之後，二〇二〇年代到二〇七〇年代的世界經濟將實質進入震盪整理期。

過了這段期間，我們才能開始另一個更接近一九八三年到二〇〇七年的全球「大」繁榮。

而二〇二〇年代到二〇七〇年代這段期間，最後可能與一七二〇年到一七八七年間的情況類似，當時歐洲股市進入長達六十七年的盤整期或空頭市場，不過這一次會比較有生氣活力一點，約在二〇三六年與二〇五六年進入短暫的高峰。

印度與東南亞是經濟擴張較大的區域，將會出現另一股龐大的商品熱潮，這更多是受到新興國家商品密集度較高的人口統計趨勢與都市化趨勢所驅使，我將會在第十七章和第十八章討論這兩股強大的趨勢。

只是，在這些情節展開之前，今天我們這些人大多都死了，那麼，**現在**的我們該如何是好？首先，我們要明白情勢有多麼糟。

傷痕累累的世界

從二〇一六年十一月初開始上演的川普行情，非常有可能是一系列罕見泡沫中的最後一次性高潮，也唯有靠著政府無止盡的量化寬鬆政策與刺激方案，才能形成這最末也最極端的泡沫。

這個經濟寒冬的第四個也是最後一個泡沫，就跟之前的泡沫一樣，在破滅前夕已經呈現指數成

圖9-8　那斯達克指數正泡沫化到最高點，就跟1995年至2000年一樣

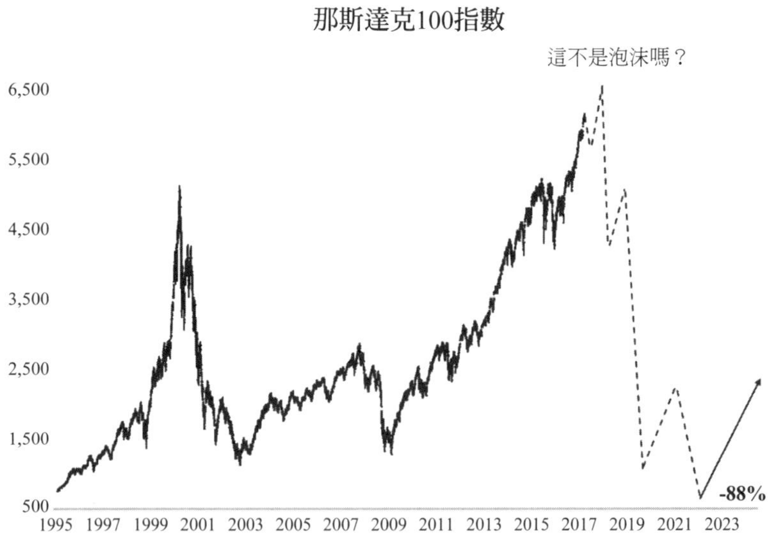

資料來源：雅虎財經。

長（回頭看看圖9-4便知道）。不管從指數值和成長百分比來看，它都比之前一九九五年至二〇〇〇年被科技與網際網路所驅動的泡沫來得大。

而從我的泡沫模型來看（下一章會有更多討論），第一次崩盤一般來說兩個半月內的跌幅將超過四成，接著便一路下跌超過八成。大多數強勁的股市泡沫大多如此表現，譬如一九二九年、一九八九年（日本）、二〇〇〇年和二〇一五年（中國）。這是晚離開不如早脫身的緣故所在。

讓我們分別從主要市場來看可能面臨的未來。

那斯達克指數

可能損失：八八%

大部分拜五大科技股（FAANG）臉書、蘋果、亞馬遜、網飛（Netflix）和Google所賜，那斯達克（NASDAQ）指數泡沫到我撰寫本文的二〇一七年五月為止，正吹到極致的程度。五大科技股也使得標準普爾五百指數飆高。

我說得一副大有問題的樣子，因為確實如此。這些都是傑出的公司沒錯，可是經濟大蕭條發生以前的通用汽車（General Motors）與奇異（General Electric）也是好公司啊！

每當少數幾家企業把股市撐成這個樣子，泡沫就會破掉。

每一次都這樣。

網際網路泡沫把那斯達克指數從八百點帶到五千零五十點，不過五年多的時間就成長了六．三倍，真是瘋狂！

接著直到二〇〇九年年初，我們有了一次長期修正，呈現典型的a-b-c修正波，在這段期間，指數最後下跌了七八％。下一波上漲高峰看來會在大約六千五百點到六千六百點之間，接著在十月底開始經歷第一次崩盤，而指數會在該次重挫中損失將近四〇％。

那斯達克指數最後的支撐點會落在一九九四年年底的低點八百點和二〇〇九年年初的低點一千一百點之間，這表示等到一切塵埃落定，而崩盤也走到尾聲之際，那斯達克指數的跌幅會在八三％到八八％之間。記得在一九二九年年底到一九三二年年中底間，道瓊指數下跌了九成。

小型股：股市走到頂點的前兆

小型股向來在強勁的榮景期表現最好，因為精明的投資人會為了攫取更大的利得而投資在小型股上，而這麼做是需要更多經驗與細膩操作的。所以，當精明的投資人開始撤退，小型股往往會帶頭走低，這就是快要出事的前兆！

羅素二千指數（Russell 2000，追蹤小型股的指數）在二〇一七年五月十七日達到頂點後，便未見新高，這可能是自二〇〇九年三月以來的泡沫，出現重大分歧的第一個徵兆。

我會密切追蹤圖9-9，是因為我要在這個泡沫的最後一波反彈中，尋找大型股與小型股之間的典型分歧現象，在二〇〇〇年代初期和二〇〇七年年底的股市高峰期間，便發生過同樣情況。

如果羅素二千指數橫向盤整了一段時間，然後並沒有在下一次急劇上揚時創下新高，就表示這個泡沫的氣數已盡。當前一次股市高峰出現在二〇〇七

圖9-9 小型股開始表現不佳，股市走到頂點的跡象？

資料來源：雅虎財經。

年的八月到十月間時，便發生過一樣的事情。

道瓊指數

可能損失：七五%到八三%

圖9-10是道瓊指數的喇叭口型態圖，雖然華爾街的專家沒有談到這張圖，但它的道理簡單易懂。

過去的三個泡沫，每一個都屢創股市新高，只是在高峰過後，也都創下更低的低點。

預期道瓊指數的低點將落在五千五百點附近，和預計不久將衝到兩萬兩千點至兩萬三千點的高點比起來，

圖9-10　第三個，也是最後一個道瓊泡沫將要破滅！

資料來源：雅虎財經。

下跌超過七五％。假使道瓊指數回到一九九四年年底泡沫剛開始時的三千八百點，那麼損失就會高達八三％，我會在下一章討論到這個典型的情況。

標準普爾五百指數

可能損失：八三％

最後是標準普爾五百指數，圖9-11為美國經濟做了最佳的彙總。

看起來最後的這第五波熱潮會在兩千六百點或更高一些的位置到達頂峰。

圖9-11　標準普爾500指數會從超過2,500點，掉到442點的低點（跌幅83％）

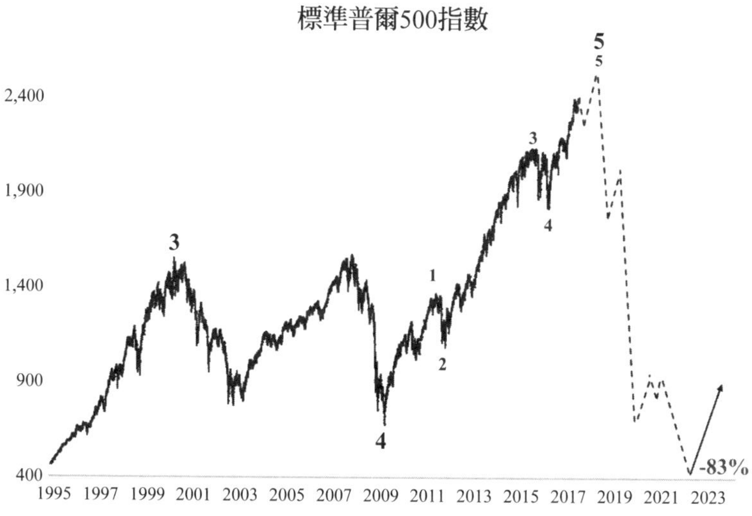

資料來源：雅虎財經。

第一個支撐點是二〇〇九年的低點六百四十二點，就跟道瓊指數一樣，和預計高峰相比將下跌七五%。最後的支撐點落在一九九四年十二月泡沫起始的時候，這表示等到崩盤告一段落，標準普爾五百指數恐怕會大跌八三%。

第十章

政治人物和投資人迫切需要知道的泡沫模型

哈利．鄧特

泡沫有如性高潮，所以就像性學大師威廉．馬斯特斯（William H. Masters）和維吉尼亞．強森（Virginia Johnson）說的，泡沫是可以預測的。

顯然，我們在泡沫裡。（如果你跳過第九章，現在就回頭讀完它。）又如果你真的很想增加有關泡沫的知識，去看我的上一本書《二〇一七─二〇一九投資大進擊》，或者瀏覽我的網站dentresources.com。

週期已經帶著我們走到這個地步。

愚蠢的央行和政治人物雪上加霜，創造出第三個比以往還極端的純人為股市泡沫和第二個房地產泡沫。

而專家們似乎一點都看不出來或根本不明就裡。

等到泡破破滅，我打賭你會聽到他們大聲嚷嚷：「這是黑天鵝！」

一群笨蛋！

這個泡沫會破，還有過去那些已經破滅和未來繼起的泡沫，都是完全可以預測的。我已經發展出一個原型，能幫助我們提早幾年看到這些事件最有可能上演的情節。

這就是我的泡沫模型。

在我為你詳細道來這個模型以前，有件事情要先說明，泡沫的膨脹與縮小不難預測，但泡沫膨脹到最高點時充滿著極端的不理性，因此幾乎不可能確定混亂會從何日何時開始發生。

請把它想成是這樣：如果你一次丟一粒沙子到地板上，一直丟下去就會形成一座沙堆。它愈來愈陡，最後長得像一顆水滴狀的好時之吻巧克力（Hershey's Kisses）（泡沫走到末期的明顯徵兆），這時候你就知道它快要坍塌或崩盤了，這一點並不難預測。

實際上只要一粒沙子就能引起整座沙堆突然崩塌。而要預測出哪一粒沙子是**不可能**的事情。

不過，現在我和潘秋里合作，用這個泡沫模型便能做出盡可能接近的預測。糟糕，截至撰寫本文的八月初，我們做出的最佳預測顯示：泡沫會在十月中、下旬破滅。

談到泡沫，尤其是股市泡沫，只要它已經呈現指數成長，而且進入最後的高潮期，就比較容易看出下跌風險，也能大略知道還要多久泡沫就會破滅。

我們想要知道的就是**這個**，因為如此一來，才能避開天崩地裂時必然隨之而來的大混亂與金融傷害。

我已經在我的著作、電子報、演講中說過不下數千次，但我還是要再說一次：泡沫不會修正，它們只會轟然破滅。

如果你想要測定高峰發生在哪一天，你會一敗塗地，因為整個崩盤在幾個月內就會跌到谷底，而第一次快速崩盤的跌幅可以高達五〇%。

即便少數幾個看到泡沫的人，也鮮少看出下跌的風險有多大。

他們以為這種金融資產價值面的泡沫，就跟你在一般長期多頭市場看到的一樣，會拉高一陣子或修正二〇%到五〇%，不過這種事**從來不曾**發生過！

這使得我的泡沫模型顯得如此重要！

它乃基於五項重要原則：

重要原則一：當股票（或任何金融資產）的成長速度開始快過更為線性或基本的趨勢時，泡沫就開始了，這種情況最常發生在緊接著前一次重大修正或崩盤谷底之後。

一旦快速上漲的趨勢發展起來，投資人會只因為某個市場漲得比平常更快，而且時間持續得夠久，使得他們對自己的決策信心大增，而進場愈買愈多。貪婪與投機心態占上風，基本面被拋到九霄雲外。

我把這個時間點叫做泡沫起始點，也會進一步說明它何以如此重要。

重要原則二：接著有幾年時間泡沫呈指數型成長，一般來說股市是五到六年，房地產持續的時間則往往再久一點。

重要原則三：泡沫漲得愈大，就破滅的愈快、愈厲害。

泡沫的強度各有不同，也因此決定了泡沫可以達到的高點和崩盤下跌的程度。我計算泡沫強度（Bubble Intensity）的方式，是用「上漲倍數」（times gain），也就是用比例而非百分比來看價值增加多少，來除以從起點到高點所需要的時間長度。

舉例來說，如果某個泡沫花了五年時間從底部翻漲三倍到頭部（上漲倍數為三），那麼泡沫強度就是〇．六。

如此一來，我便能拿不同資產部門的泡沫跟歷史上的泡沫做比較，特別在遇到它們的持續時間各有不同的時候。

重要原則四：然後泡沫就破掉了，一般來說破滅的速度會比形成的速度快兩倍，比起商品泡沫或房市泡沫，股市泡沫尤其為然。

典型的股市泡沫大約持續五到六年，高峰過後會有兩年半到三年的崩盤期。美國「咆哮的二〇年代」後期的股市泡沫、日本一九八〇年代的日經指數泡沫，和較近期一九九〇年代的科技股泡沫皆屬此類。

典型的房地產泡沫大約有六到十年時間，接著會用約莫相當的時間破滅，這是因為房地產的流動性遠不及股票，而且事涉人們的住所，會有較多的情感糾葛在內的緣故。

重要原則五：最重要的是，泡沫往往會回到它們一開始的水準，也就是我上面提到的泡沫起始點。有時候，它們不見得就這麼一路下滑；有時候，它們會跌得更深。

辨別泡沫從哪裡開始如此重要的原因就在這裡，那就是你對於下跌潛力所能做的最佳估計，結果會把你嚇得屁滾尿流，也本該如此！

了解這五項原則，再輔以其他幾個要素，我們便能很好地掌握崩盤的結束點以及它會跌到什麼地步。

說到這裡，我必須岔開話題，跟讀者諸君說一個重要的觀念。

簡單的線性趨勢何以總是呈指數型成長

我的第一個泡沫原則是：所有的長期成長都不是線性的，而是呈現指數型成長。接著我又說，泡沫的起始點，就出現在比較近期的線性基本趨勢變成指數型趨勢時。

我承認，聽起來有點自相矛盾。其實不然。

最好也最簡單的方法是用複利原則或成長原則來思考。

三%的固定成長率顯然就是線性的，但如果你拿它來做複合成長計算，這表示一%會變成一．〇三%，然後變成一．〇六%，諸如此類，那麼看似線性的趨勢，假以時日就會變成指數型趨勢。就像沙堆是靠著一次一粒沙所堆積出來的，那個三%的成長趨勢是建築在愈來愈大的基礎上。

如果你每年都抽回投資收益並且花光它，那麼你的投資經驗就是**線性**的。如果你拿來再投資，它們最後就會變成**指數型**成長。

這就是對於較長期的財富累積而言，有系統地儲蓄會如此重要的原因所在。

這也是為什麼只要你從年輕時便持續不懈地投資，然後把收益與股息拿來再投資，你會變得富有的緣故。

長期而言，知識和演化也是呈現指數型變化。

它們建構在自身的基礎上，自然地進行複合成長，知識愈是累積，立足的基礎就愈豐富。

歸根究柢，一切關乎視野。如果你把雙腳穩穩地踩在地面上，遠眺地平線，地球看起來是平的。不過只要往上攀爬一百哩高，你馬上就能看到地球的曲線。

近距離看趨勢，它看起來就會是線性的。

後退一步，從長期的觀點來看，你會發現它其實是指數型，而且具有週期性。

在長期成長趨勢的後期階段冒出來的泡沫，其實只是反映出這類複合式指數成長的末期極端現象。

好比樹葉在冬天枯萎以前，顏色會變得極為美麗，泡沫現象也會出現在任何四季經濟週期的秋天（或高峰期）。

因此，當看似呈現線性趨勢的七%實質股價成長率，轉而加足馬力一路飆到一五%或二〇%以上，你就知道終點快到了。

說了這麼多，讓我們回到本章的重點：我的泡沫模型。

建立基準值

我的模型要從馬斯特斯與強森的男性性高潮圖說起。我在《二〇一七—二〇一九投資大進擊》一書中以很大的篇幅說明，為什麼我會使用這張圖來作為預見泡沫的指引，不過針對那些還沒看過前一本書的讀者，我很快地做個解釋。

很簡單，金融泡沫就跟性高潮一模一樣。我可以把科學文獻裡的男性性高潮圖，疊加在任何主要市場圖上，指出其中的高峰是否是泡沫，或者只是個正常健康的多頭市場（好比一九四二年到一九六八年間）。

請自己看看。

我從泡沫開始形成之後，沿著線性基本趨勢畫了一條趨勢線，一路連回上一次的榮景期。市場首次逾越這些趨勢，並且持續成指數型成長的那個分岔點，就是泡沫起始點。

泡沫加速進入最後衝刺階段，我們就知道高峰即將接近尾聲。從

圖10-1　股市泡沫模型

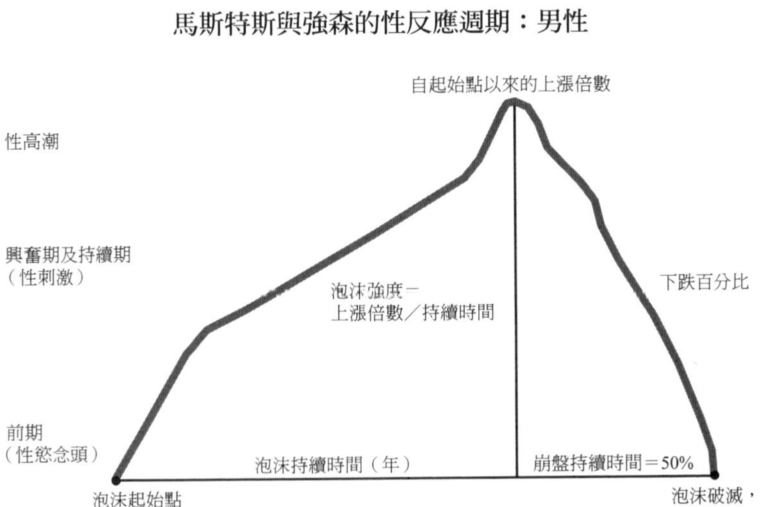

資料來源：鄧特研究中心。

一九九八年年底到二〇〇〇年年初戲劇化的科技泡沫，還有二〇一六年年初到二〇一七年的這一個泡沫，就可以清楚看到此一現象。自二〇一六年十一月到二〇一七年以來的川普行情，看起來非常像那種最後一次的衝頂回落（blow-off rally and top）。

當頭部逼近時，我便能計算泡沫的強度，並且和其他眼前的或過去的泡沫比較。

而早在實際到達頂點之前，我就知道可能的下跌幅度，因為這個市場類別至少應該會回跌到接近泡沫起始點的水準。

泡沫的破滅通常非常猛烈，第一次暴跌在僅僅兩三個月的時間內，便能達到整個跌幅的三成到五成，而一旦泡沫破滅，我便能計算從泡沫起始點到高點所花的時間，然後除以一半，進而估計出整個崩盤所需時間。

這正是比起只看多頭市場開始前的長期低點，計算泡沫起始點來得重要許多的原因所在。

不過，有個重點要注意，這種算法只適用於股市。（商品與房地產市場略有不同。）

而且它真的不難。

模型的預測功力

日本股市從一九八四年年底到一九八九年年底，享受了第一次的大型嬰兒潮泡沫，接著，正當世界其他地方開始大肆揮霍現代史上最大的榮景時，日本股市卻一路驟跌到一九九二年底。

早在一九八八年到一九八九年間，我就在我的演講和我的第一本書《我們的預測能力》裡，單槍匹馬的預測到那一次的日本股市泡沫破滅。

再看一次圖10-2的日經指數泡沫圖，不過，這次用的是我的泡沫模型。

我畫出回溯幾年的基本趨勢線，顯示日經指數從大約一九八四年年底開始呈現指數增長，當時約在八千點左右的水準，

圖10-2　日本日經指數的泡沫與破滅：1984年年底到1992年年中

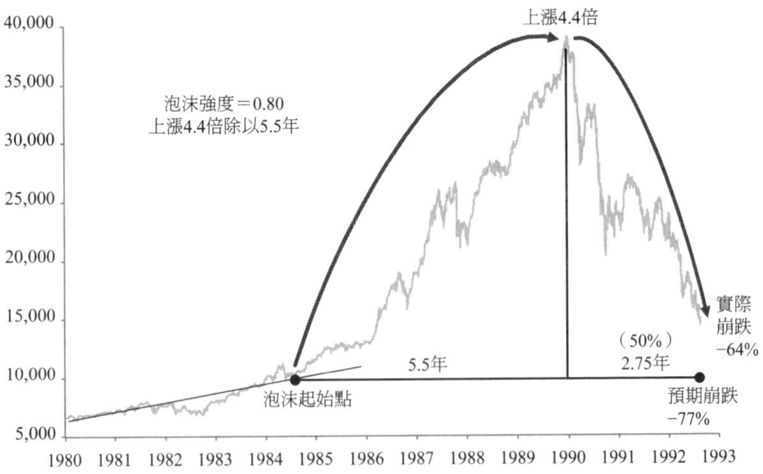

資料來源：彭博資訊，鄧特研究中心。

泡沫就是從這個時候開始的。

接著它一路膨脹到一九八九年接近年底之時，達到了三萬九千點，上漲了四．四倍。

泡沫延續了五．五年，強度等級是〇．八，比股市平均水準略高一些。

我的模型預測日本股市的崩盤期間會持續二．七五年，下跌七七％。

第一次實際的持續性崩盤出現的跌幅是六四％，不過發生時間在一九九二年年底，非常接近模型估計的結果。

崩盤的力道不如預期，是因為世界上其他地方正要脫離一九九〇年到一九九一年的經濟衰退，展開歷史上最大的股市榮景，而這一點，我在一九八八年到一九八九年間也預測到了。

日本股市第一次崩盤不到三個月便暴跌三一％，宣告股市高點終於出現。經過短暫回升後，市場在前八個月內下跌四九％。

再說一次，**這**就是你要及早脫身的原因所在！

以這個例子來看，崩盤持續了二．七五年，正好是股市上揚五．五年的二分之一時間，而第一次觸底發生在一九九二年七月，下跌六四％，價位就在泡沫起始點之上。

截至目前為止，日經指數最後的低點只有七千六百點，下降八〇％，時間是發生在日本人口統計趨勢景況最差的二〇〇三年年初。

到頭來，這個泡沫所造成的大漲會被一筆勾銷，回到泡沫起始點的水準。

表10-1是現代史上最遠近馳名的股市泡沫，你可以從裡面看到跟日經指數泡沫雷同的動態變化及參數值。

股市崩盤的速度比較快，也比較能夠預測。房地產的流動性遠不及股市，而且往往因為人們就住在裡面的關係，所以相較於房市，投資人遇到股市崩跌時會來得更容易恐慌。

日經暴跌之前的大泡沫是惡名昭彰的「咆哮的二〇年代」股市泡沫，它在一九二九年九月攀上高點之時，正值經濟大蕭條來臨前夕，是我們再熟悉不過的歷史時刻了。

這個泡沫起始於一九二四年年底，在一九二九年年底衝上高峰。

不過短短五年，它就上漲了三．八倍，泡沫

表10-1　過去與現在的股市泡沫比較表

泡沫	起始	泡沫持續時間	上漲倍數	泡沫強度	崩盤持續時間	崩跌幅度
日經指數，1989	1984	5.5年	4.4	0.80	2.75年	–64%
道瓊指數，1929	1924	4.9年	3.8	0.78	2.5年	–89%
那斯達克指數，2000	1995	5.3年	6.8	1.3	2.6年	–78%
上海綜合指數，2007	2006	1.75年	5.2	3.0	0.9年	–72%
生物科技，2015	2011	3.75年	4.2	1.12	1.9年	–75%
標準普爾500，2017	2009	8.4年（估計）	4.0	0.48	4.2年	–83%*

*模型估計結果。

資料來源：鄧特研究中心，彭博資訊。

強度是〇．七八（與日本泡沫相當）。

我的模型推斷一九二〇年代股市泡沫的崩盤期會持續二．五年，下跌七四％，不過跟日本大崩盤不一樣，當時整個世界一起垮台，所以實際的崩跌程度更加淒慘！

到了一九三二年七月，道瓊指數已經慘跌八九％。

二〇〇〇年那斯達克泡沫的起始點，發生在非常接近一九九四年年底的時候，並在二〇〇〇年的三月初達到高點，泡沫形成時間長達五．二年。

這個泡沫的上漲倍數高達六．八倍，泡沫強度為一．三一，膨脹程度是現代史上已開發國家大型泡沫中最厲害的一個。無怪乎其本益比會飆升到如此極端的價位水準！

泡沫衰竭所耗費的時間剛好是成形時間的一半，跌幅達七八％。（我的模型推斷的跌幅是八五％。）

而在中國大陸，從二〇〇五年年底到二〇〇七年十月，上海綜合指數出現了最戲劇化的短期泡沫，僅僅兩年便上漲五．二倍，泡沫強度破表，高達三．〇，是我所見過最強的泡沫！

這個泡沫的崩盤在二〇〇八年十一月觸底，降幅為七二％，只比我推測的下降目標八一％略好一些，不過對一個如此瞬息多變的事件來說，這是非常接近的預測了，而且時間點抓得很準，兩年上揚，一年下跌。

接著那斯達克指數出現了第二個泡沫：生物科技。到二〇一五年年中，它花了三．七五年的時間創造出四．二倍的上漲幅度。泡沫強度一．一二，幾乎跟第一次那斯達克泡沫一樣強。最初的崩盤在前面兩個半月便下跌四〇％，這是泡沫開始破滅的典型癥兆，更是你應該早點脫身不要留戀的明證。

而標準普爾五百指數是美國經濟的最佳縮影，可說是最差的社區裡一棟最好的房子。在潘秋里和我看來，它最有可能在十月中旬到下旬之間達到高峰，話說回來，這只是我們所能做的最好估計，但也是一個很好的估計。

假設標準普爾五百指數是在那個時間點攀上高峰，高點落在兩千六百點附近，便可看出這第三個也是最後一個泡沫的起始點在二〇〇九年的三月，創造出四倍的漲幅，而泡沫強度則是比較普通典型的〇．四八。

第一個泡沫最戲劇化。而隨著人口統計趨勢與科技趨勢走緩，更別提地緣政治趨勢在持續惡化中，自此之後的每一個泡沫張力皆不如從前。當前的這一個泡沫最為糟糕，因為它完全是由零利率與無止盡的量化寬鬆政策所人為製造出來的。

我的模型推斷到了二〇二二年年底，泡沫會崩跌八三％，與我估計世代消費潮到二〇二三年才再度翻升，出現較長期的上揚走勢完全一致。不過，到二〇二〇年年初，我的四大基本週期還在同步走下坡的時候，大部分的損害就應該已經發生了。

到了那個時候，我估計標準普爾五百指數（還有道瓊指數）會崩跌大約七五%，而到了二〇二二年年底，跌幅將累積到八三%。若以回到一九九四年年底最早的泡沫起始點來看，標準普爾五百指數會掉到四百五十點，而道瓊指數則是掉到三千八百點。你想要就這樣坐以待斃嗎？

小題大作的商品泡沫

原物料商品泡沫的形成與崩盤比較極端，它們在第一次的破滅期間往往崩跌得比較快，觸底時也更有可能回到泡沫起始點時的水準，甚至更低，而且不同商品部門間的變異性較大，必須做一對一的比較才行。

有鑑於此，原物料商品泡沫恐怕是最難預測的泡沫，這也是最好的操盤手都是原物料商品操盤手的原因所在。

看看圖10-3所呈現比較重要的原物料商品泡沫。

美國商品研究局期貨指數（Thomson Reuters/CoreCommodity CRB Index）是最基本的商品指數，只要看看從大約二〇〇三年年底到二〇〇八年年初的泡沫吧！它在六．四年內便上揚了三．一倍，泡沫強度達〇．四八。

再看看第一次的劇烈破滅！

從二〇〇八年三月到二〇〇八年十一月，美國商品研究局期貨指數在短短八個月內便損失五八％，經歷時間僅僅是泡沫成型所花時間的一二％。

截至目前為止，期貨指數的低點已經來到負六七％，而且直到二〇一八年以後應該還會更低。我認為整個跌幅會到七四％或更多。

原物料商品泡沫是這個全球化泡沫環境中第一個崩盤的泡沫。它有可能會第一個觸底，也可能更早在新興國家出現反彈，這是拜強勁的人口成長（中國除外）所賜，使原物料商品市場在遍地狂跌的趨勢中異軍突起。

圖10-3　全球原物料商品泡沫，美國商品研究局期貨指數

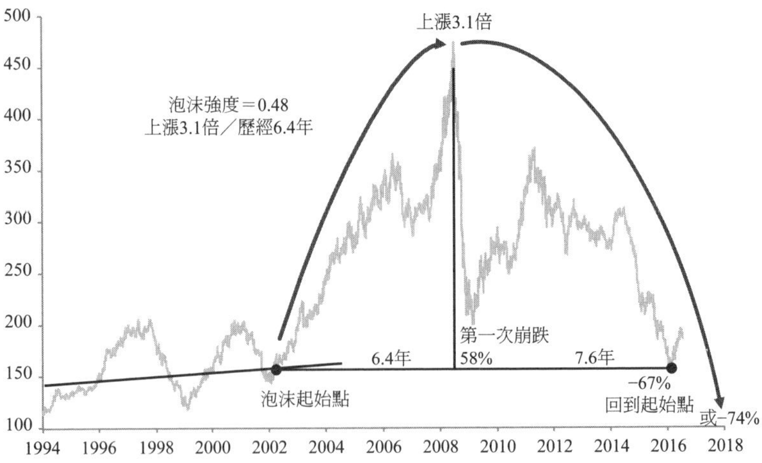

資料來源：彭博資訊，鄧特研究中心。

不過請注意，大家總認為我對走下坡的預測很極端。這不是因為我天性悲觀，而是因為我了解泡沫的關係。在我的職業生涯中，因為我深諳嬰兒潮世代的強大威力，也知道經濟秋季榮景一定會帶來泡沫，所以，我表現得幾乎比任何人都來得樂觀。

在原物料商品中，石油泡沫的形成與崩盤是最極端的，從二〇〇四年年底的每桶三十二美元一路飆漲到二〇〇八年年中的一百四十七美元（只花了三．六年時間），接著在四．五個月內，便崩跌回到每桶三十二美元的水準。

直到這次石油市場令人歎為觀止的表現以前，我**從來不曾**看過一個泡沫崩毀得如此劇烈快速。

油價在短短時間內便上漲了五．四倍，所以泡沫強度有一．一三，非常的強。

接著，油價在四個半月內崩跌了七九％。我的老天，你可是一刻都不想遲疑的想要脫身啊！

油價可能在二〇一八年年底（或可能遲至二〇二〇年年初）探底，價位落在每桶八美元到每桶二十美元之間，這表示以二〇〇八年年中的每桶一百四十七美元來看，油價下跌了八六％到九五％。

不過，典型的原物料商品泡沫跟房地產泡沫更相似，往往需要歷經跟形成泡沫相當的時間，才會走到最後的谷底。（我會在下一章談到房地產。）

表10-2是幾個重要的原物料商品泡沫彙總表，請注意，就崩盤的持續時間與崩跌幅度來看，商品泡沫更有可能與模型估計結果有差異。

由於有太多不同的產品都會使用到銅，所以它是一種更會跟著經濟波動的典型工業用金屬。

銅市場的泡沫起始點出現在二〇〇三年年中，在二〇一一年年初達到高峰，上漲四．六倍，泡沫強度〇．五九，為期七．七五年。到二〇一六年年初，銅的市場價格已經至少跌了五六％。

我的模型推斷銅價將繼續崩跌到大約二〇一九年年底或二〇二〇年年初，與高點相比，最後的跌幅將高達八四％。原物料商品市場的高峰可能會早一點出現，端

表10-2　原物料商品泡沫：過去與現在

泡沫	起始	泡沫持續時間	上漲倍數	泡沫強度	崩盤持續時間	崩跌幅度
美國商品研究局期貨指數，2008	2002	6.4年	3.1	0.48	7.6年	−79%
銅，2011	2003	7.75年	4.6	0.59	7.75年	−77%
石油，2008	2003	4.8年	5.4	1.13	7.6年	−88%
黃金，2011	2005	6.25年	3.5	0.56	6.25年	−77%*
鐵礦砂，2011	2007	3.25年	4.1	1.26	4.5年或7.9年	−88%*
玉米，2012	2006	6年	3.3	0.55	6年	−70%*

*模型估計結果。

資料來源：鄧特研究中心，彭博資訊。

看大多數商品的價格已經走下坡的數量有多少。

接著，我們來看最受矚目的市場：黃金。

首先，從核心來看，黃金是一種原物料商品，最大的消費群來自人口數量最為龐大的兩個國家：中國與印度！

其次，黃金就跟其他原物料商品一樣，已經身在泡沫之中。

上一次是在一九八〇年年初，黃金跟著整個原物料商品部門一起泡沫化，然後它首度在一九八六年崩盤，最後在一九九八年到二〇〇一年間觸底。

第三，黃金就跟原物料商品一樣，大多跟著通貨膨脹連動。在即將來臨的通貨緊縮時期，黃金**不是**一個安全的投資標的。

黃金的最近一個泡沫起始點開始於二〇〇五年年中左右，當時的金價接近四百五十美元。（金價的最低點是二〇〇一年的兩百五十美元。）而到了二〇二〇年，金價最有可能會落在四百五十美元的水準，說不定發生的速度會再快一點。

不過，自二〇〇五年到二〇一一年年底，黃金的價格在六．二五年內便翻漲了三．五倍，泡沫強度是〇．五六，比股市泡沫還要強。（以二〇〇一年的低點來算的話，黃金漲了七．七倍。）

儘管出現史上最大規模且毫無節制的印鈔票舉動，但是到了二〇一六年年初，黃金的價格已經下跌四六%。金價若回到四百五十美元的水準，以二〇一一年九月的高點一千九百三十四美元來看，就表示價格崩跌了七七%。

泡沫強度最為極端，而且崩盤時間持續最久的原物料商品泡沫，當屬鐵礦砂了。

這個泡沫從二〇〇七年年底開始形成，膨脹至二〇一一年年初，強度勝過石油泡沫，高達一・二六，這是在短短四・五年內便創造出三・二五上漲倍數的結果。

這樣的泡沫當然也會來個大崩盤。

截至二〇一六年年初，鐵礦砂的價格已經崩跌七八%，到二〇一八年年底或最遲二〇二〇年年初，它的跌幅將高

圖10-4　玉米泡沫

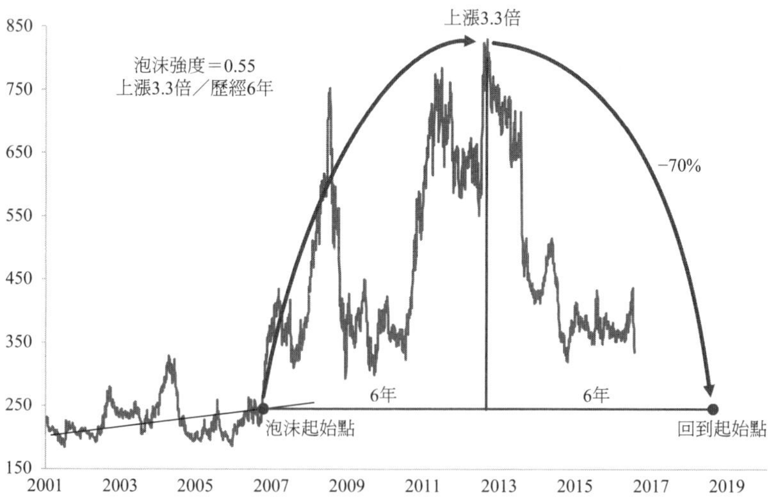

資料來源：彭博資訊，鄧特研究中心。

達八八％。這個泡沫清楚顯示，泡沫破滅帶來跌幅高達八成的崩盤是可預見的，而原物料商品市場讓我們看到，像股市這類更為反覆無常的市場可能會出現什麼慘況。

最後是玉米。

我一直聽到有人說，就算是經濟衰退時期，人們不做不行的一件事情就是吃，所以農作物原物料商品的下降不會太大。

看看玉米價格吧！

到二〇一二年年底，玉米價格在六年內便膨脹了三．三倍，而現在它已經崩跌六三％。玉米價格還有可能會更低，尤其太陽黑子週期顯示在二〇一九年年底或二〇二〇年年初將有一波冷卻期，因此未來幾年，玉米價格的整個跌幅將達到七〇％到八〇％之間。

然後呢？

大型股市泡沫往往每六十到八十年就會出現一次，與人類平均壽命相當。原物料商品泡沫會在每二十九到三十年的商品週期中達到高峰。而房地產泡沫則會隨著八十／八十四年四季經濟週期而來，不過房市也有自己的十八年週期。

現代歷史上最龐大也最盛行的泡沫已漸露曙光。商品泡沫先發，然後是某些區域的房地產泡沫尾隨而至。

第三個也是最後一個大泡沫是股市泡沫，即將於二〇一七年年底破滅。

現在，如果政治人物、世界領導人、商業領導人和中央銀行的官員們知道這些事情，想想看，他們的表現會變得有多好。

他們只需要了解正在運作的週期以及我的泡沫模型，就能真正的有所作為。

這是夢想啊！

當然，還有一個我在本章沒有談到，可能也是大多數人最感興趣的部門，不過在此之前，潘秋里要跟讀者諸君分享一些如何精調預測的細節。

第十一章

過往金融危機的失落連結

安德魯・潘秋里

最簡單的預測方式，就是去找呱呱墜地的日子。

截至目前，你應該看得出來總體週期如何反覆出現，而且準確度往往令人不可思議。不過，身為操盤手與投資人的你，還是有可能因為差個幾星期或甚至幾天，而輪到脫褲子的地步。知道大型週期何時將至會有幫助，不過顯然你還必須具備微調此一資訊的能力。

輪到我上場了。

預測短期週期和觀測總體趨勢是截然不同的兩回事。

最簡單的預測方法是去看週年日，或叫做「生日」。市場在前一年或前一個週期達到高點或低點的生日那天，再次達到高點或跌落低點的頻繁程度，會令你大吃一驚。

舉個例來說，十月四日與十月五日是某些有趣事件的生日。看看美國股市，我們會看到：

- 一九三一年股市達到該年度的低點。
- 一九七四年股市達到該年度的低點。
- 一九七九年股市達到該年度的高點。
- 一九八七年的崩盤從這天開始。
- 一九九二年股市達到該年度的低點。
- 二〇一一年達到該年度的低點。
- 還有，二〇一二年達到該年度的高點。

以曆年制來看，有些日期出現的頻率比其他日期來得高，公然違背了一切統計機率原則。十月四日和十月五日便是其中之二。

我們在尋找二〇一七年秋季的轉折點時，如果把這類資訊納入觀測的週期中，就會看到：

- 九十年前的一九二七年，股市在十月三日攀上高峰（只比上面提到的日期差一天），並且一路拋售到十月二十四日。
- 六十年前的一九五七年，股市在七月十六日攀上高峰，並且在十月二十二日來到最後的低點。
- 三十年前的一九八七年，股市在八月二十五日攀上高峰，接著在十月二日再次登上高峰，並在十月二十日來到最後的低點。

看得出來這三個三十年週期的相關性有多麼密切嗎？如果我們從二〇一七年開始減去二十年週期，便能看到股市猛烈拋售到一九九七年的十月二十八日。

換句話說，我這四大反覆發生的週期，在十月二十日到十月二十八日之間創下顯著的低點。

不過，事情並沒有那麼簡單。這是一連串動態與靜態的循環，意思是週期的時間長度互有不同，週期內也會有所變化。

這使得這項任務遠比單純的看線性時間—循環反覆，或靜態序列來得複雜許多。

另外一個會發揮作用的要素是比例。每個市場都有自己的DNA，只是會隨著時間而有所遞嬗變遷。所以我們有時會看長期多頭市場，另一些時候則看短期市場。

所有這些資訊，都是從我自己在《市場時機報告》套裝軟體裡專用的「探利甲骨文」系統（Profit Finding Oracle system, PFO）取得的，使我得以藉此預先辨別轉折點發生機率高的日子。

我們的做法是從宏觀事件中萃取出年、月、週到日（甚至可能到時）的週期循環。

這些週期經過解析後被繪製成直方圖，而趨勢變化可能就出現在直方圖的尖峰之處，在圖11-1中皆以直線標示出來。

圖11-1　直方圖的高峰與股市轉折點一致

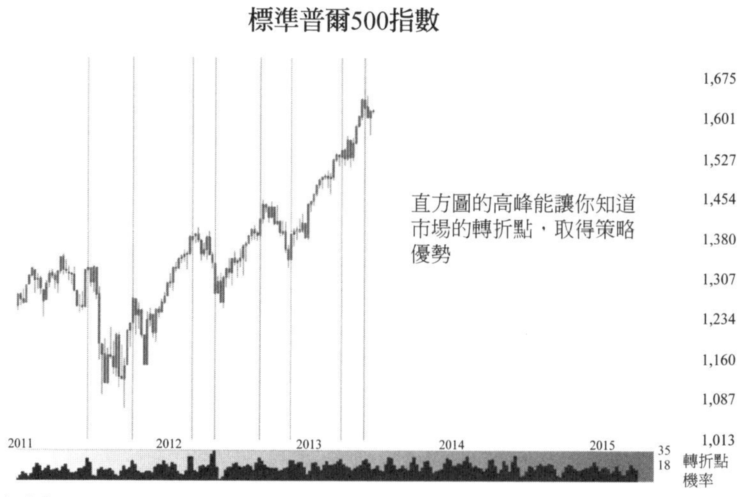

資料來源：markettimingreport.com.

從這張圖的右側便可看到，這類直方圖可用來預測未來，觀測較大範圍的週期。

重點是只要我們看到直方圖上出現顯著的高峰，就知道趨勢即將轉向。股市不知怎麼的將受到某種衝擊。

這是極其寶貴的資訊。因為一旦知道未來的轉折點在何處，我們就能知道市場趨勢可能在什麼時候發生變化。

可是，你怎麼知道某個轉折點是轉而上揚還是轉而下降？

相當簡單。如果你知道市場在進入直方圖高峰期時的走向為何，那麼它最有可能的情況是往反方向走。

換句話說，只要正在走上坡的市場進入一個轉折點，那麼它就有可能會開始走下坡，反之亦然！

這不只是一個假設，自從我發展出這套方法以來，它已經屢次奏效建功。

我們鑑別出歐元在二〇一四年五月的確切高點、原油價格的崩跌，以及圖11-2中所顯示標準普爾五百指數的波動高位與低位。

不過事情還沒結束。接著我們可以進一步在這幾個分析階段中加入不同的層次，這麼做能幫助我們辨別大週期與小週期何時同步一致。

透過歐元兌換美元匯率的這張圖，你便可明白如何應用這三種不同的週期集合。

圖11-2　幾乎每一個轉折點都被我的系統發現了

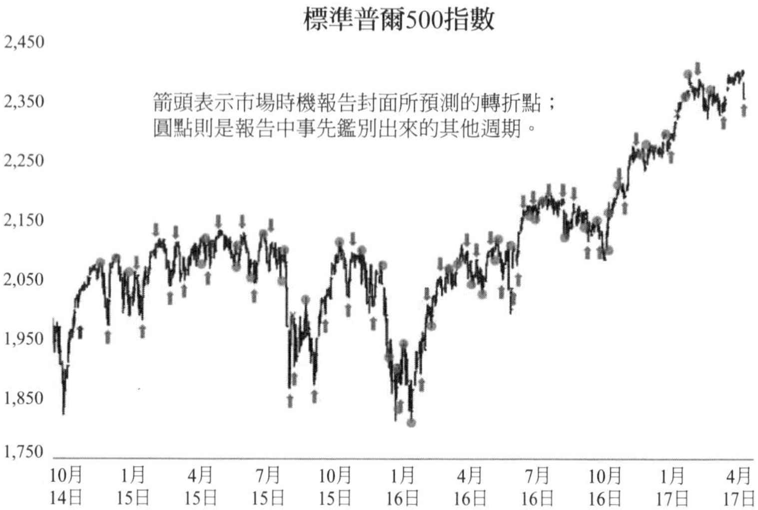

資料來源：markettimingreport.com.

圖11-3　歐元兌換美元匯率的三重層疊週期

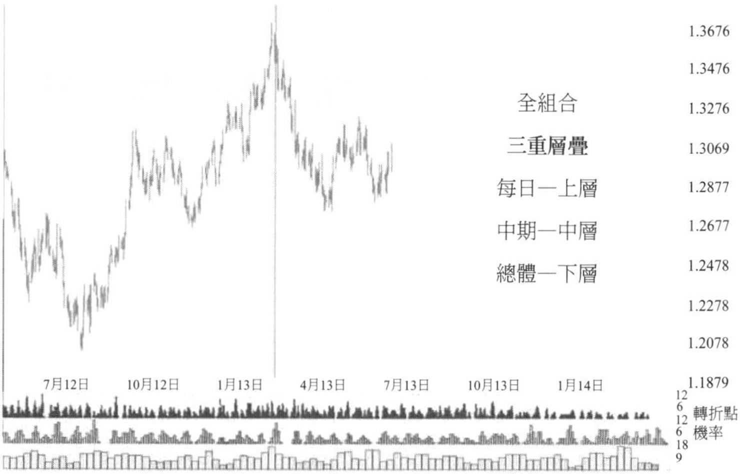

資料來源：markettimingreport.com.

直方圖最底層呈現的是較長週期，顯示股市裡的重大轉折點何時將出現。上面兩層則是透過兩種不同演算集所鑑別出來的短週期。直線標示的是不同週期集合皆一致上揚之處，與股市出現大高峰的位置不謀而合。

經由這套軟體事前建立的直方圖，我們便能明瞭即將發生的事，也會知道如何微調截至目前為止的預測。

且讓我們拭目以待未來幾年的發展。不過請記得，這些週期都是暫時性的，每隔一段時間便會更新一次。請帶著這個健康警語，跟著鄧特進入房地產的章節。

第十二章

房市是現代的維蘇威火山

當這個瘋狂的房地產泡沫被吹起來的時候，日日辛勤工作的人民將再次遭到荼毒，猜猜看是哪些人擁有最多房地產？那些收入名列前〇．一％到一〇％的人。

哈利．鄧特

可悲可嘆，這世界不是只有「專家」和普羅大眾似乎都遺漏的股市泡沫。房地產也已經捲土重來，進入泡沫深水區。而許多國家，如中國與加拿大的房市已經創下瘋狂的新高價。人們面對眼前的發生可以如此視而不見，真是令人歎為觀止。

丈夫偷腥被拍到，可是面對錄影帶時，他可以否認影片中的人是他，好比有名的南非橄欖球員喬斯特．范．德．威蘇任（Joost van der Westhuizen）不承認在那個粗糙影片中，與一名妓女發生性關係的是他本人。

抓到從事違法勾當的政治人物時也是這樣，譬如馬里恩・巴瑞（Marion Barry）被人拍到吸毒，然後說這是：「據稱吸毒的行為！」

或一個總統否認他曾出兵某個地區，比如正當穿著綠色軍服的人（顯然就是俄羅斯陸軍）正在屠殺成千上萬的烏克蘭人時，俄羅斯總統普丁還說烏克蘭境內沒有任何俄羅斯軍隊。

或是房價創下每棟兩億五千萬美元的新高，還不認為這是出現新泡沫的跡象。

真是的，它就是個泡沫啊！

一旦泡沫破滅，人們將慘遭宰殺，哀鴻遍野。就跟二〇〇八年金融危機時一樣，有錢人受傷最重，不過一般人也不能倖免。

我曾在二〇一七年四月為財經網站《經濟與市場》（*Economy & Markets*）寫了一篇文章，標題為〈十億美元的划算交易〉（The $1 Billion Bargain）。

我在文章裡寫說，我看過最酷的房子，並不是一棟房子，而是位於孟買的一棟二十七層摩天大樓「安迪利亞」（Antilia）。

印度第二大石油公司信實工業（Reliance Industries）的董事長穆克什・安巴尼（Mukesh Ambani）足足花了十億美元，在自己國家最熱門城市的心臟地帶，蓋了一棟二十七層樓的摩天大樓。光是停車場就占了六層樓！而且還有三個直升機停機坪。

老天！想想你可以在那裡辦多少場派對！在一個任何時間都找不到停車位的城市裡。

以十億美元來看，「安迪利亞」真是一筆划算的交易。

它占地四十萬平方呎，座落於世界上最大、人口也最密集的城市精華地段。算下來，這棟房地產每平方呎才耗資兩千五百美元。

跟這陣子紐約中央公園最高級的頂層公寓房價比一比。

二〇一二年，房價最高的是「中央公園西路十五號」（15 Central Park West）豪宅，面積為六千七百四十四平方呎，花旗銀行（Citibank）前執行長桑迪·威爾（Sandy Weill）以每平方呎一萬三千零四十九美元買下。

二〇一五年，第一個衝破一億美元大關的公寓大廈是位於曼哈頓中城的One57大樓，每平方呎要價九千一百三十六美元。

截至撰寫本書為止，新蓋的中央公園南路二百二十號大樓裡最高檔的頂樓公寓，總價喊出兩億五千萬美元，每平方呎要價兩萬三千美元。而在曼哈頓最熱門的地段裡，一棟有十六個房間的四層樓公寓，你只需付出每平方呎一萬零八百七十美元便可買到。

我們眼睛連眨都不眨的就飛奔通過兩億美元大關。

然而，買家還認為在最熱門的城市買下名望最高的地產，絕對不會出錯？歷史證明剛好相反。

我說，這些買賣都─是─泡─沫！

當然，事情還沒完呢！

比佛利山不會就這麼善罷甘休！

一棟附帶葡萄園的五萬三千平方呎住宅，要價一億九千五百萬美元。嘿！在那個鄉下地方，每平方呎只要三千六百七十九美元呢！

而一棟位於洛杉磯豪宅區貝艾爾（Bel Air）的房屋才剛上市，就開出兩億五千萬美元的驚人價格！

肯定有個什麼菁英富翁俱樂部，規定你必須用至少兩億五千萬美元買一棟房子，才能加入俱樂部成為會員。

猜猜地產開發商對這棟新上市的豪宅是怎麼說的？

「一個會用兩億兩千萬美元買遊艇的億萬富翁，為什麼不會出同樣或高一點的價錢買自己要住的房子？」

在我聽來，這是泡沫邏輯。遊艇會動，房子不會動。而且我根本不會去碰兩億兩千萬美元的遊艇。再過幾年，遊艇就不值幾個錢，這棟房子也一樣。

那棟兩億五千萬美元的豪宅占地三萬八千平方呎，有十二間臥室、二十一間浴室（房子裡有五個吧台，有錢人香檳喝太多了，肯定需要多上廁所）、三間廚房、一座四線道保齡球館、一個八十五呎長的無邊際游泳池，附帶劇院規格的可彈出戶外電影螢幕，還有一間四十人座的室內電影院，當然，頂樓有直升機停機坪。

每平方呎要價六千五百七十八美元，非常有可能是史上要價最高的鄉居豪宅。

以我個人來說，我會選擇孟買那幢每平方呎兩千五百美元的摩天大樓，而不會考慮任何一間美國的泡沫化房產。在泡沫國度裡，孟買房地產是一樁划算的買賣，然而在未來幾年，它的價值還是有可能會應聲下跌。

可是，我看得到這個泡沫，其他人卻看不見。

金字塔頂端的市場顯然完全失去理智，而這類情節往往不會有好下場。

當我二〇一六年正在考慮從坦帕搬回邁阿密的時候，頂級公寓大廈已經從二〇〇七年的每平方呎接近一千美元，上漲到兩千美元，有些甚至高達四千美元。

房價翻漲了一倍（而且還不只於此）！

而二〇一六年，邁阿密的起重機數量比我所見過美國任何地方都來得多，甚至比我在二〇〇六年和二〇〇七年看到的還多。

最後的破滅

如圖12-1所示，最近曼哈頓豪宅市場的平均售價正衝破九百萬美元。

這個市場的前一次明顯低點可回溯至二〇〇一年年底。我根據我的泡沫原則以及價格有跌回泡沫起始點的傾向，來為房地產做一次體檢。這不是完美的做法，可是卻是看出你的房產潛在跌幅有多少的最佳指標。

很簡單：找出你的房地產在二〇〇〇年一月起始時的價值有多少。

從這個簡單的指標可以看出，今天曼哈頓一間價值九百四十萬美元的公寓下跌風險是七三%！我估計最差的情況會下跌七七%，而最好（最不可能）的情況是下

圖12-1　曼哈頓房地產泡沫膨脹到新高點

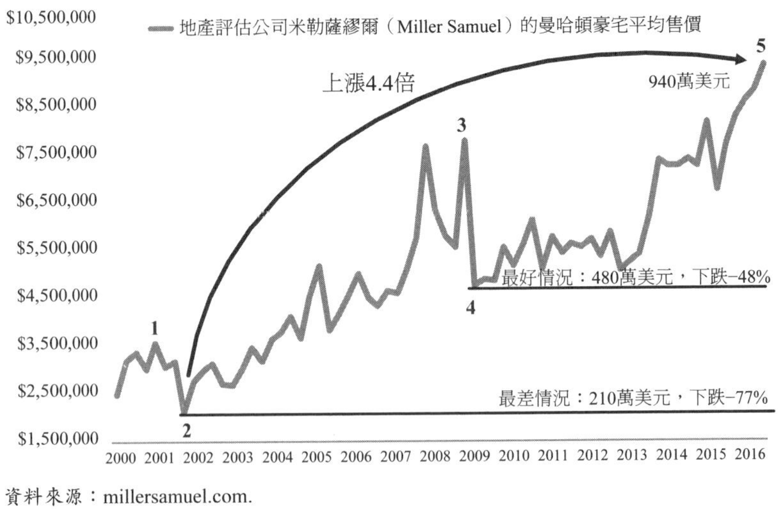

資料來源：millersamuel.com.

跌四八%。

你覺得無所不知的紐約有錢人，相信這樣的崩盤可能發生在「世界上最偉大的城市」裡？當然不信。但是他們錯了。

曼哈頓房市的第一波上漲在二〇〇〇年年底達到高峰，接著直到二〇〇一年年底前，出現了兩波小幅下跌。然後，便一路急遽上揚到二〇〇八年年底。

看來，當股市在二〇〇八年大幅崩盤的時候，投資人轉移陣地把錢投資在曼哈頓的房地產。

不過，好景不常。

曼哈頓房市在二〇〇九年年初急速重挫。

自此之後，它便已進入第五波最後的泡沫破滅階段，但是億萬富翁還在爭買超過一億美元的公寓，使近期平均房價達到九百三十萬美元。

自二〇〇一年年底以來，曼哈頓豪宅價格在十六年內上漲了四．四倍。比起澳洲雪梨有過之而無不及！

而僅僅從二〇〇九年年初以來，其房價便上揚了二．〇七倍，成長了一〇七%，而且大部分發生在二〇一二年以後。

隨著週期崩跌的大海嘯席捲而來，變革蓄勢待發，這種房價急升的現象不會持續太久。

有太多星星之火可以點燃房市與股市的大爆炸，發生悲劇是遲早的事情。我將在下一章告訴讀者至少六個可能的觸發點。

再次總結：豪奢房地產最好的情況是房價跌至二〇〇九年的低點，大約四百八十萬美元，損失四八％。

最糟的情況則是回到二〇〇一年年底的低點，接近兩百一十萬美元，大瀉七七％。（在本章後面，我會解釋我是如何做出如此精確的預測。）

當然，只有一小撮的美國人住在這些豪宅和頂級公寓裡。那麼，「普通」的美國人呢？

請戴上安全帽

金字塔頂端的市場往往泡沫化得最厲害，暴跌的速度也最快。一九三〇年代的曼哈頓就是最好的例子，房地產重跌了六一％，比當時美國平均房價損失二六％高出兩倍有餘。接著，又花了二十一年的時間，直到一九五四年才回到原本泡沫時期的高點，相較之下，中等住宅在一九四〇年便已回溫。

儘管如此，房價下跌時，一般美國人還是慘遭池魚之殃，損失慘重。而到了今天，情況並未有所改變！

物業顧問調查機構Demographia擁有最為廣泛的全球資料，運用中位數房價所得比（median-home-price-to-median-income），便可對全球的廣大美國房地產市場，有更好的理解。

透過這層濾鏡，可以看到房市泡沫化最厲害的嫌疑犯有：

- 中國。
- 紐西蘭。
- 澳洲。
- 加拿大。
- 英國。

可是，即便美國有房地產價值高估最嚴重的大本營加州，但它和日本卻未能入榜。

那是因為這兩個國家已經出現過重大的房市泡沫破滅，尤其是一九九〇年代的日本。

其實，日本的住宅不動產仍然跌了六〇％到六七％（端看你用哪一種指標），商用不動產的跌幅也接近八〇％。而跟房價為所得三倍的正常水準相比，日本房市的房價**還是**有點過高。

至於美國，其房市在二〇〇六年年初到二〇一二年年底之間遭到重創，可是自此之後，便有緩步回升到泡沫化的趨向。只是這一次並非全國性的現象，而是像在爆米花機裡那樣，有些區域的房市泡沫已經再次劇烈膨脹，有些地區則表現得比較抑制。

泡沫區域即將爆裂，我們就在虎口之下，逃離虎口的訣竅就在於知道自己有沒有踏入險區。

當然，最昂貴的住宅就在中國。

重要的是要注意到，圖12-2因為沒有把金字塔頂端市場納入，所以評估出來的房價遠比平均值為低。在香港，把各種等級的房產皆納入計算的話，正常的房價水準就會接近所得的三十六倍。

圖12-2　全世界的住宅負擔能力

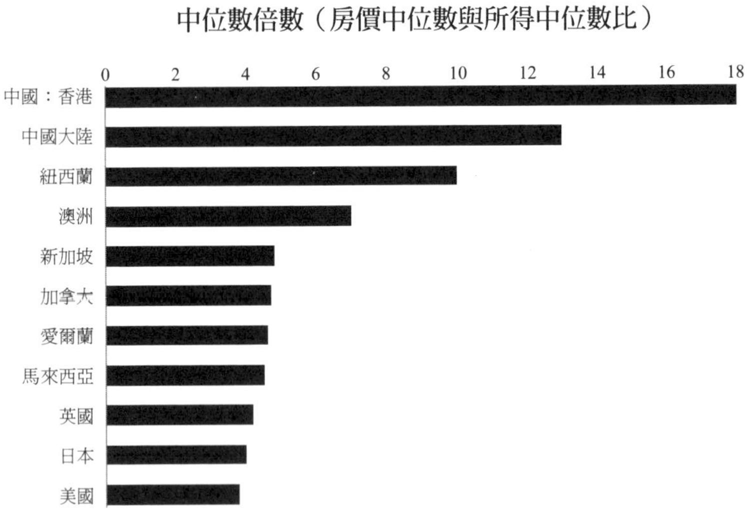

資料來源：13th Annual Demographia International Housing Affordability Survey, 2017; Demographia.

雖然看的是房價中位數與所得中位數比，也還是高達十八倍。

有多少普通人買得起房子？

當然，一個都沒有。

只有比較有錢的外國人或投機客付得起那些價格。因為富人和國外買家自己國內的房地產比較貴，是這些城市吸引他們把錢洗出去到該地炒房。

中國大陸的情況好一點，買房的人只要付出十二・八倍所得的房價，就能當個驕傲的有殼蝸牛。

這個意思是一個年賺一萬美元的普通人，要付出十二萬八千美元才能在城裡買一間公寓，相當於在美國年賺六萬美元的普通人，以七十六萬八千美元去買一棟房子。

你撐得住嗎？

我可受不了！

誰是下一個房價泡沫化的國家？

拜昂貴之城奧克蘭之賜，紐西蘭雀屏中選。除了奧克蘭，在這個國家的其他地方，綿羊比人還多，然而，它的房價所得比卻有十倍左右。

澳洲的房價是所得的七倍，可是它是邊陲地帶房價最昂貴的國家。

接著我們有三個英語系國家的房價膨脹到所得的五倍上下：新加坡、加拿大與愛爾蘭。

愛爾蘭在二〇〇八年的金融危機中遭到重創，新加坡和加拿大則躲過一劫。新加坡的房市從二〇一六年以後也開始重挫，然而這是因為該國對外國買家課以一六％的附加費。如果買家在購屋後一年內脫售，就會被課徵一六％的賣家「稅」。如果兩年內脫售的話，則稅率是一二％。

馬來西亞與英國的房價接近所得的四．五倍，不過，這裡面當然不含倫敦在內，後者在全球的城市房地產泡沫名單中可是名列前茅。

房價最能負擔得起的是美國老大哥。平均而言，只要用所得的三．九倍金額便能買到一棟房子。當然，該指標不適用於泡沫化最厲害的城市，而這些城市可真是房地產這鍋湯裡的蒼蠅啊！

中國及英語系國家裡房價最貴的城市

如果你用平均值來計算房價所得比的話，因為受到金字塔頂端的房價影響，所以得到的價值評估結果會更為極端，特別在房市泡沫化的時候。北京在這個項目上名列前茅，房價膨脹到所得的三十三．八倍之高！而香港的房價以所得的三十六倍領先。

難怪住在這兩個城市的中國人，若不是非得買一棟房間裡只擺得下一張床的小小蝸居，

表12-1　全世界的住宅負擔能力

城市	平均值	中位數
香港	36.2	18.0
北京	33.8	14.5
上海	32.6	14.0
倫敦	27.8	8.5
新加坡	21.6	4.8
溫哥華	13.1	11.8
紐約市	12.9	5.7
雪梨	12.4	12.2
舊金山	12.1	9.3
奧克蘭	10.1	10.0
檀香山	10.0	9.4
多倫多	8.5	7.7
墨爾本	7.6	9.5
邁阿密	6.6	6.1
西雅圖	6.0	5.5
洛杉磯	5.7	9.3
丹佛	4.1	5.4
坦帕	3.8	4.1
芝加哥	3.6	3.8
亞特蘭大	2.7	3.1
鳳凰城	2.4	4.1
達拉斯	2.3	3.7

資料來源：13th Annual Demographia International Housing Affordability Survey, 2017; Demographia.

不然就一定要通勤上班不可。

上海居於第三，其房地產價格是所得的三十二・六倍（以平均值計算）。

就跟香港一樣，倫敦拜超級富豪的投機操作和外國人來此買房之賜，其平均值比起日常估價高出許多。譬如中國的房市，就是大量投機操作下所造成的結果。

位於香港外圍比較工業化的城市深圳，其房地產的要價甚至更高。

接下來是雪梨，房價所得如我所預期的落在十二・二倍（中位數）。

溫哥華緊接在後，是十一・八倍（中位數）。

奧克蘭的房地產要價是所得的十倍（中位數）。

墨爾本的房價所得比落在九・五倍（中位數）。

檀香山是九・四倍（中位數）。

而洛杉磯和舊金山則都是九・三倍（中位數）。

舊金山是另外一個吸引超級有錢人和外國買家的城市，其平均房價估值在十二・一倍，與雪梨接近。

倫敦以平均值計的房價所得比衝到二十七・八倍之高，但它的中位數房價所得比卻只有八・五，比舊金山還低。

多倫多和邁阿密是另外兩個昂貴的城市，房價所得比各自落在七・七倍和六・一倍（中位數）。

紐約的中位數房價所得比是比較合理的五．七，但是以平均值計算的話卻有十二．九，高過舊金山和雪梨，不過比倫敦來得低很多。

新加坡是另外一個中位數比值低到四．八，但平均值卻衝到恨天高的城市，達到二十一．六。該國在二〇一五年斷然實施如此激進的外國買家稅，正是基於這個緣故。

所以，下一個房地產崩盤的泡沫破裂之處，就出現在那些被國外買家和有錢投機客把房價炒到極高的城市裡，尤其是香港、倫敦、新加坡、曼哈頓（而非大紐約市）、溫哥華、舊金山及雪梨。

從另一面來看，美國最適合居住的大城市是亞特蘭大，房價所得比為三．一倍，達拉斯三．七倍，芝加哥三．八倍，還有坦帕和鳳凰城，兩者都是四．一倍（中位數）。這些都是一般人還（勉強）買得起房子的地方。

這些地方的房價應該不會下跌的那麼劇烈，不過跌幅仍然很可觀。

讓我們把前面章節討論的泡沫模型，套用在這些房地產怪獸上。

應用泡沫模型：以三個大城市為例

如我在第十章所解釋的，以股市來說，泡沫破滅所需的時間，往往是它呈指數型成長持續時間的一半。但是房地產不一樣。房價泡沫破滅花費的時間，大約和它們形成的時間相當。這是因為房地產比較難出售，而且很多屋主就在裡面居住或工作，有情感上的連結。所以他們不會像股票那樣這麼快就拋售房屋。

股市泡沫也經常會崩跌回到泡沫起始點的水準，房地產的支撐度稍好一點，折返程度只有八成五。

我們用舊金山的房市泡沫來舉例說明（圖12-3）。

圖12-3　舊金山的雙泡沫

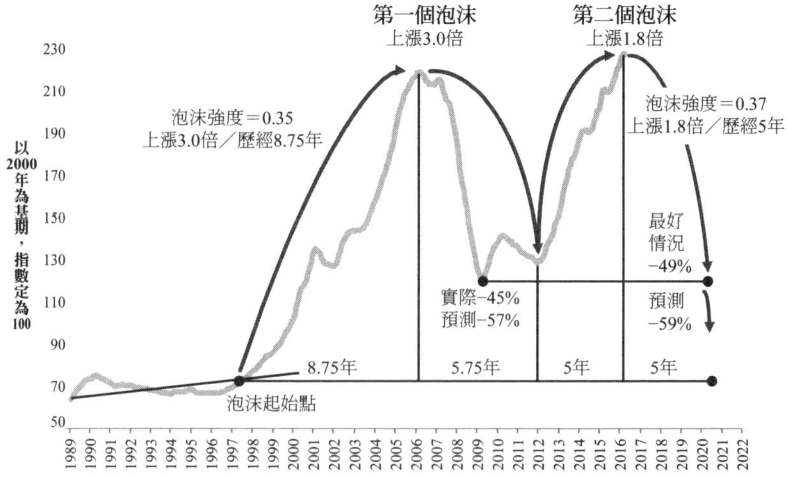

資料來源：聖路易聯邦準備銀行，標準普爾／凱斯－席勒（Case-Shiller）。

這個海灣城市不僅是美國房市泡沫化最厲害的城市，更是一個出現雙泡沫的例子，現在的房價已經大幅超越第一個泡沫，價值過度高估更甚以往。

不過，比較不明確的是這個泡沫會修正到最早的泡沫起點，還是只會回到前一個泡沫破滅時的低點。

不管哪一種情況，都將傷亡慘重！

在圖表上標示泡沫時，我總是會先粗略計算泡沫起始點，價格就是從這個地方開始加速超越自然趨勢。

以舊金山的房市來說，我認為泡沫起始點在一九九七年年中。

第一個泡沫在二〇〇六年年初加速衝上高峰，持續時間比美國多數城市還久，長達八．七五年。

圖12-4　雪梨自2001年年初以來已經成長3.1倍

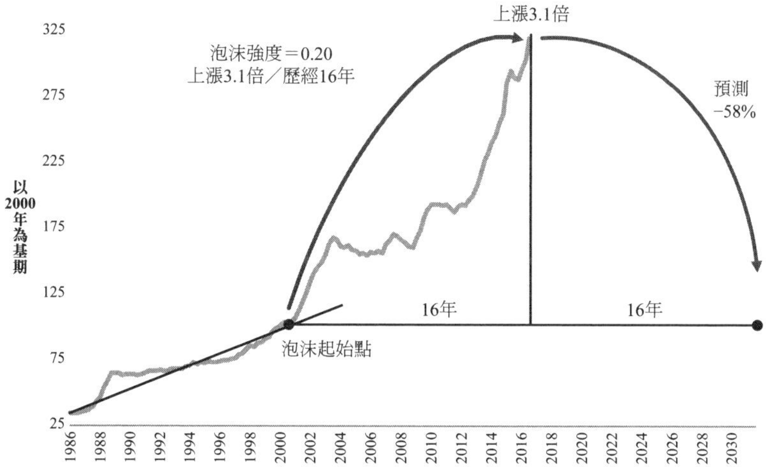

資料來源：澳洲統計局（Australia Bureau of Statistics），鄧特研究中心。

這個案例的上漲倍數是三．〇，拿來除以時間長度八．七五年，便可得到一個中等的泡沫強度值〇．三五。

在這個案例裡，泡沫模型估計房價跌幅是五七％，可是實際上只有下跌四五％，而且在二〇〇九年年初就來到低點，歷時僅僅三年，比正常情況還短。

為什麼會這樣？

因為舊金山是個行情十分看漲的地區，就業增加與外國買氣強勁，故而適度地阻止了第一個泡沫的消退，**而且**在二〇一二年年初啟動了第二個泡沫，截至目前為止已經持續五年之久，看起來即將接近頂點。

不過雙泡沫的情況並不常見，因此比較不容易預測。

以我的泡沫模型來看，最好的情況是舊金山房市會崩跌回到二〇〇九年年初的低點，意思是從我們撰寫本書的此時開始，房價將有四九％的損失。如果房市繼續上揚的話，那麼屋主將面臨超過五〇％的損失！

最糟的情況是房價跌回一九九七年最早的泡沫起始點時。如此一來，房市會挨上重重的一拳，慘跌六八％到七二％（儘管我認為這情況不太可能發生）。

我的泡沫模型發揮作用的另外一個好例子是澳洲的房地產。

雪梨的房市出現典型的五波上揚，看起來即將接近高峰。

我每次到該地演講，說他們正瀕臨一場嚴厲的房地產崩盤大限時，總是受到當地經濟學家和新聞記者的猛烈攻擊。

不過，我最近一次去演講是在二〇一七年的五月底，那時有更多專家承認這個國家絕對有泡沫化的現象，現在的問題是泡沫將在**何時**破滅，以及它帶來的傷害會有多大。

雪梨的房地產泡沫從二〇〇一年開始呈現指數型的膨脹，耗時十六年，上漲三．一倍，強度不如其他泡沫城市如倫敦那麼高。可是，就像舊金山，雪梨已經是一座房價高昂的城市，而且就跟墨爾本、布里斯本及其他大城市一樣，這個泡沫已經成形很久一段時間了。隨

圖12-5 澳洲的購屋淨需求

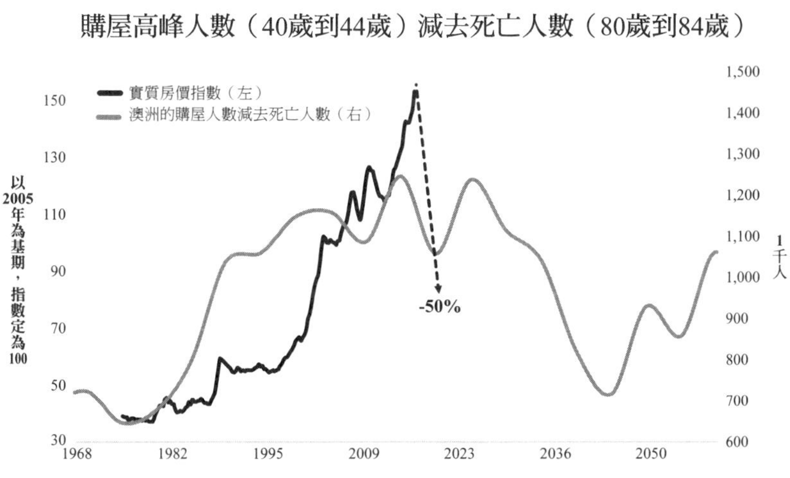

資料來源：聯合國人口司（United Nations Population Division），達拉斯聯邦準備銀行（Dallas Federal Reserve）。

著鐵礦砂及原物料商品泡沫的崩垮，加上澳洲與中國的貿易額下跌導致總出口蕭條不振，伯斯的高價位房市已經出現高達五成的跌幅。

我的模型認為，雪梨的房地產將經歷一段長期跌勢，一路下滑到二〇三二年到二〇三三年間。如果以二〇一七年達到高峰來看，此一下跌走勢將長達十六年。

不過，因為澳洲的人口成長趨勢在已開發國家中是最被看好的，所以我很難相信會有這種下場。

把我的購屋人數減去死亡人數的模型套用在澳洲，可見購屋的淨需求人數約在此時達到高峰後，便一路走下坡到二〇二〇年，然後回升至接近

圖12-6　泡沫之母上海：上漲8.7倍

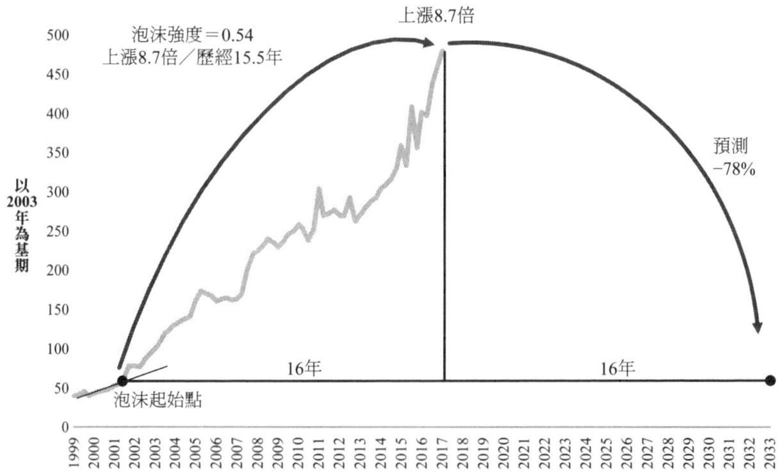

資料來源：中國房地產指數系統（China Real Estate Index System），彭博資訊，鄧特研究中心。

現在的水準到二〇二六年，之後又再次下跌到二〇四三年左右。

請注意，澳洲的淨需求人數從來不曾為負，日本便已經出現這種現象多年了，而且二〇二八年到二〇三九年間也會發生在美國。澳洲則會從一年大約一百二十五萬人掉到七十萬人，下跌四四％。

到二〇二〇年代初期，雪梨的不動產價格將更有可能崩跌五三％（回到二〇〇六年年初的低點），或如果我完全套用八成五的泡沫回溯原則的話，跌幅會到五八％。

然後房市將反彈個幾年，不過再也不可能回到現在的高點。

從二〇二〇年代末期之後，房市可能會再次下跌，而且持續好幾年時間。

澳洲，特別是雪梨還有另外一個特點：這裡是中國買氣高度集中之地。

一旦中國的泡沫破滅，將迎面痛擊澳洲的出口經濟和房地產市場。不過，當那些中國買家自己的泡沫首度破滅時，他們很有可能透過澳洲這樣的地方繼續洗錢，直到中國政府出手嚴禁這種做法為止，而這將是遲早的事。

溫哥華和多倫多是加拿大的房市泡沫都市，這個國家從來不曾像美國那樣出現過重大修正。溫哥華房市的圖表和雪梨非常相像，預期將下挫五五％到六〇％。而且該國也已經課徵很重的國外附加費，開始遏制來自國外與中國的買氣。

接著來看所有的泡沫之母。

從二〇〇一年以來，上海的房地產價格已經飆升八．七倍，現在即將面臨下跌將近八〇%的處境。這對房地產來說是很大的跌幅，不過卻與上海房市泡沫的強度和極端性完全吻合，即便當時各主要城市有高達二七%的公寓是閒置的。

這個泡沫的起始點出現時間和雪梨相當，在二〇〇一年年中。上漲倍數八．七，使其泡沫強度高達〇．五四。

根據這些數字，加上中國的基礎設施和房地產胃納量已經過度建設十到十五年之久，我認為上海的房價觸底需要花十六年以上的時間，然後才會再次開始上揚。

這次下挫跌得又深又久，不只出現在上海，更遍及全中國，又儘管澳洲未來數十年的人口成長走勢強勁，但其房市仍將首當其衝而受到重擊，接著全亞洲也受到波及。

我的泡沫模型暗示，這顆東方之珠可能重跌七八%，如果房價一路回到二〇〇一年的起始點，那麼跌幅說不定會高達八五%。

最好的情況（雖然我不認為可能發生）是跌到二〇一二年年底的低點，降幅為四七%。這對於一個七五%的資產淨值都落在房地產的國家而言，仍然非常嚴重，相較之下，美國的比重只有二七%。

自二〇一二年以來，中國的房價在短短三年半之內便上揚一．八八倍，成長了八〇%吧。真是瘋狂！

不過重點在這裡，當中國的泡沫化情況愈演愈烈，你就知道高峰將近了。當澳洲的經濟學家終於開始承認他們有泡沫的時候，泡沫大概也快破了。

最後是美國，從二〇〇六年年初到二〇一二年年中，其房地產泡沫花了六年時間才消退，跌幅最嚴重的時候出現在二〇〇八年到二〇〇九年之間。

我們眼前即將面臨一個類似的情境：從二〇一七年年底開始的崩盤將一路持續到二〇二三年，最嚴重的打擊會在二〇一八年和二〇一九年到來。

上一次美國房市整個崩跌了三四％，邁阿密的跌幅則高達五二％。

這一次，模型估計美國房市最好的情況是下跌五〇％，最糟的情況則會有六三％的損失。噢！由於有更多房屋的價值低於房屋抵押貸款餘額，這一次將損失慘重。

簡言之，一旦這個現代世界的維蘇威火山爆發，將摧毀所有根基飄搖的城市，而且肆虐期有可能長達六年多，一路持續到大約二〇二三年。

檢視你手上持有的房地產，想想你真的很愛的是哪些房產，或者它對你的人生是否具有戰略意義。趁著房市還沒失控之前，現在就把其他無關緊要的不動產拋售掉。千萬記得，房地產的流動性之差令人苦惱，所以動作要快！

我只會留一棟島上的房屋，不然就是用租的。

以二〇〇〇年一月的水準來估算你的不動產未來最有可能的價值，並且將一九九六年的水準當成最壞情況發生的結果，然後看看自己是不是那麼喜歡這種局面！你會被你的房產價值潛在跌幅嚇一大跳。

談過泡沫破滅之後，讓我們把注意力轉向一個大哉問：什麼樣的事情會觸發這場災難發生？

第十三章

六個泡沫引爆點

中國的經濟衰退將有如一隻大象從飛機上跌落地面。

哈利・鄧特

前面討論過，週期正帶著我們走向革命、混亂與變遷的時代。短期來看，這是一件非常糟糕的事情。可是從長遠著想，它好比進入下一個春天以前的一次大清洗。我們看到股市出現美國史上最高的本益比，股價高估的情況比一九九九年年底的時候更嚴重。即便席勒優異的計入週期因素「週期調整本益比指標」也呈現同樣的現象。

但問題是：「何以至此？」

在沒有任何支撐的情況下，股市行情為什麼衝得這麼高？

在這波二〇一二年以來的復甦裡，經濟和盈餘成長率較之以往來得更低。近幾年，盈餘成長率還會不時掉到零以下，是政府創造出史上最低的長期利率和短期利率，餵養了這股投機風潮。

沒錯，絕大部分因為人為刺激方案和購買政府公債之故，利率來到史上最低點。債務水準也高出許多，尤其是現在的政府債務，而這都要感謝政府無腦的實施了鋌而走險又無止無盡的刺激方案。

截至二〇一七年第一季為止，我們離理想的三％到四％經濟成長率還很遠。事實上，第一季成長率以年度計算僅有微不足道的〇．七％。

川普總統承諾，他會讓美國回到持續維持三％到四％的經濟成長。不過這種事情不會發生，想都別想！在他的任期內或我們這輩子都不會看到。不管實施多少財政刺激措施和減稅方案，人口統計趨勢下降和史無前例的高負債，讓這件事情變得不可能。

我們敵不過人口統計潮走下坡的影響，日本就是個活生生的例子，這個國家已經祭出比世界上任何國家還要多的刺激方案來解決問題，但是二十年後，它的經濟成長率仍然接近於零，生產力掛蛋，通貨膨脹率也很低。

簡言之，勢不可擋。我們需要的是一個引發這股大山崩的引爆點。運氣很好的是，我們有六個！

分述如下。

第一個泡沫引爆點：川普總統！

這個人是一條火線！一顆會走動的定時炸彈。

雖然共和黨擁有在國會參眾兩院贏得大多數席次的總統，但這不是一個團結的政黨，多數共和黨員並不希望川普當選！如今川普入主白宮，共和黨議員卻經常跟著民主黨一起唱反調。

他的親商（pro-business）改革、移民政策、稅改方案和健保改革計畫，全都面臨難以克服的阻力。

他承諾三％到四％的經濟成長率是達不到的，從人口統計趨勢來看也是不可能的。就是這樣。等到看清這一點，他們就會垮台。

事實是川普聰明的贏得一場原本不被看好的選舉，可是他是在最壞的時機入主白宮。而且川普的口無遮攔已經為國家安全帶來威脅，使他面臨遭到彈劾的風險。（事實上潘秋里有一張直方圖顯示川普有可能在二〇一七年年底遭到暗殺或被迫退位。）

問題在於財政刺激方案和諸如減稅之類的親商政策，造成債務與赤字更加龐大，牴觸了原本已經愈來愈高的債務上限。

自從喬治・布希（George W. Bush）在二〇〇一年當選總統以來，聯邦債務每兩個總統任期（每八年）就翻倍一次。

在布希政府時代，從五兆美元增加到十兆美元。

在巴拉克・歐巴馬（Barack Obama）時代，從十兆美元增加到二十兆美元。

隨著最嚴酷的經濟寒冬即將逼近，任何重大的減稅措施都會讓債務從二十兆美元增加到四十兆美元（如果川普撐過兩個總統任期的話，不過我保持高度懷疑！）。

川普只要走錯一步棋，都會是個潛在的引爆點。

然後是這個問題：到二〇一七年年底，我們從二〇一二年以來所享有的「強勁」就業成長，非常有可能會突然搖搖欲墜，灰飛煙滅。

第二個泡沫引爆點：就業成長

我們從二〇一二年以後，便向來能穩定創造出每月大約二十萬個就業機會。

可是，經濟學家不肯承認或不能明白的是，美國的勞動人口從二〇〇七年以來幾乎不曾有所成長。即便經濟並未如我們所預測的崩盤，這件事情仍然非同小可，而且會限制了未來的就業成長。

幾乎所有已開發國家都成為漸漸老化的社會，嬰兒潮世代正在退出勞動市場，最終將使得社會的勞動力萎縮。

而我在第六章就解釋過，這種事情當然是可以預測的，嬰兒潮世代的消費潮在一九八三年到二〇〇七年間，也就是這群人時值四十六歲的時候達到高峰。

假定目前的平均退休趨勢是在六十三歲退休，那麼他們的退休潮會從二〇〇〇年開始持續到二〇二六年，不過時間有可能再拉長一點，因為嬰兒潮世代發現經濟景氣不好，他們還沒有本事退休，日本便已經普遍發生這種現象。

那麼，從二〇一七年到二〇四四年，當這個特大號世代開始死亡離世的時候，會發生什麼事情呢？房地產市場（死亡者就是賣屋者）、人口成長與勞動力成長將會遭到扼殺。不過，這是後話了。

情況很簡單，在這個受到高度刺激、零利率、量化寬鬆政策所驅動的經濟下，我們已經正在把二〇〇八年到二〇〇九年經濟大衰退時流失的勞工聘僱回來，但勞動力成長率僅僅接近二%，回補的速度既艱辛又緩慢。

我們在二〇一七年六月時再度接近充分就業的狀態，失業率低到只有四．五%。未來到了某個時間點，便不會有工作機會需要事求人了，意思是若不是因為處於末期通貨膨脹（這是大多數榮景週期的典型現象）讓已退休的勞動人口回流，不然就是單純因為沒有成長所致。這兩種情境對經濟來說都不是好事。

我的重點是，從人口統計上來看，除非我們把退休年齡提高到七十五歲，否則不可能支撐每個月二十萬個工作機會的成長。看看政治人物敢不敢這麼做吧！雖然這將會成為事實，經濟會崩潰，而大家都會發現自己破產了，再也不可能享有領二十二年退休金的日子（因為很多工會正在做出讓步）。

這是我認為就業成長可能會在二〇一七年下半年突然放慢的原因所在，我認為工作機會將劇降到一個月只有五萬個或者更低，不會有二十萬那麼多。

現實將冷冷的打臉華爾街！

圖13-1顯示到二〇一七年，美國的勞動力已經重回二〇〇八年的水準。我們達到充分就業的狀態，未來的走勢看來會相當平坦！

從圖中也可以看出，從此刻一直到二〇二三年至二〇二四年間，勞動力成長（二十歲進入職場，六十三歲退休）實際上將如何自然萎縮。

過了之後，會有幾十年的時間，勞動力以一年僅僅〇．二%的速度成長，這樣的話，一個月只有兩萬五千個工作而已。

第三個泡沫引爆點：希臘和義大利

當希臘在二〇一〇年首度債務違約，並且威脅要離開歐元區的時候，這個小國本身並沒有引起太大疑慮，問題在於其他南歐國家會不會群起效尤。

希臘對歐洲央行（European Central Bank）及國際貨幣基金（International Monetary Fund）（還有其他債權人）的債務，在二〇一七年七月就到期了。它還不出錢來！

這引發了另外一個更大的問題，來自義大利。

圖13-1 推測充分就業下的勞動力成長

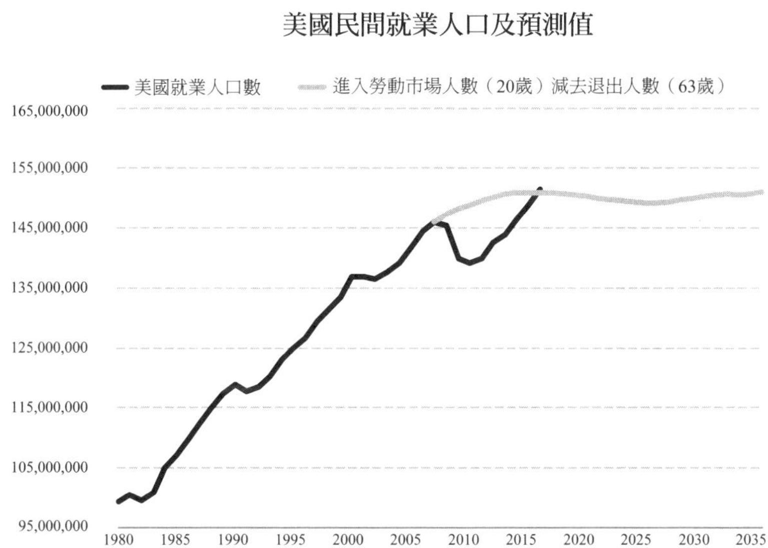

資料來源：聖路易聯邦準備銀行，美國人口普查局，國家衛生統計中心（National Center for Health Statistics），鄧特研究中心。

義大利的不良貸款或銀行壞帳占貸款總額的一八％。一般來說，這個比例達到一〇％，銀行就破產了！

只有希臘和賽普勒斯的不良貸款或銀行壞帳比例高過義大利，只是這些國家並沒有大到對歐元造成震撼性破壞。

圖13-2顯示，在整個歐元區中，義大利的銀行壞帳最高，占了歐元區壞帳總額的三〇％。

對於被稱為歐洲之靴的義大利來說，債務違約遲早會發生，而且這也是脫離歐

圖13-2　義大利的不良貸款主宰了整個歐元區

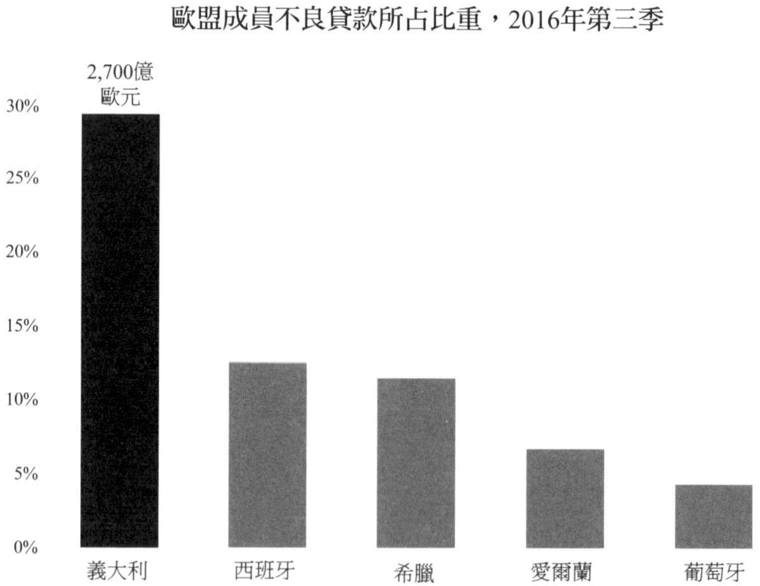

資料來源：歐洲銀行管理局風險儀表板（European Banking Authority Risk Dashboard），2016年第三季。

盟及歐元區的龐大誘因。

義大利可以像冰島那樣離開歐元區（而且結果比較好），使貨幣貶值來刺激出口，然後對所有的外國貸款違約，外國銀行**和**外國政府無一倖免。

而代價就像冰島所了解到的，將是更龐大的進口成本和未來無法取得授信的損失，造成消費物價通貨膨脹高漲。

不過還有一個更大的問題，那就是絕大部分由德國央行提供給義大利的TARGET2貸款。

德國（照理說）是歐洲的經濟火車頭，為了讓南歐的出口夥伴繼續花錢買東西，已經一直在融資給這些國

圖13-3　義大利占了德國TARGET2貸款的一半

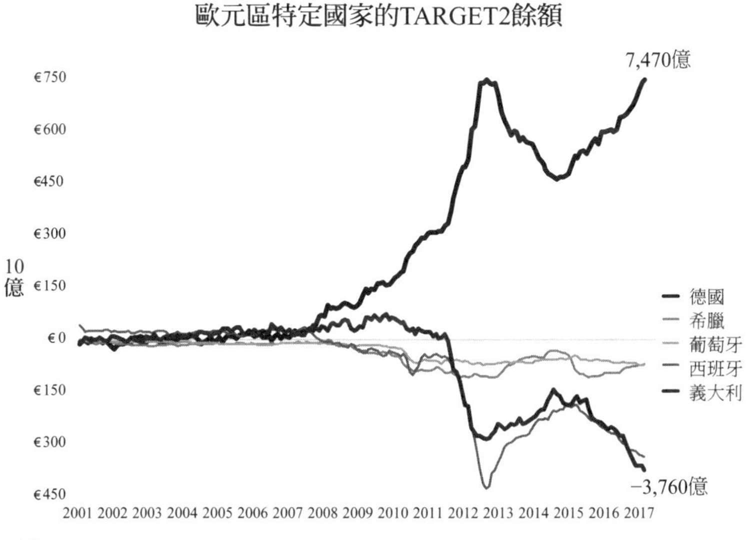

資料來源：歐洲央行，eurocrisismonitor.com。

家的央行。

愚不可及啊！這基本上就是為了保住業績，而幫信用品質不良的顧客展期，沒有把他們將來可能付不出錢放在心上。

德國被欠債了七千四百七十億歐元，主要借給義大利和西班牙！義大利的欠款金額占了將近一半，有三千七百六十億歐元。如果義大利離開歐盟和歐元區，這些債務就可以馬上違約不還。

再來看看外國銀行對義大利的貸款。貸款總額有五千五百億歐元，其中有兩千八百億歐元來自法國，八十億歐元來自德國。總的來算，如果義大利離開歐盟和歐元區的話，就可以對超過九千億歐元的外國貸款欠債不還，這是我所見過最大的誘因！

而在義大利的民調中，有四七％的人說他們不支持歐盟，支持的人則只有四三％。義大利不支持的比例之高僅次於希臘，有五三％的希臘人民不喜歡歐盟，即便獲得種種紓困方案，他們還是有可能會投票支持脫歐。

而義大利很容易步上後塵，總理馬泰奧．倫齊（Matteo Renzi）的改革公投遭到挫敗，是義大利可能脫歐的第一響警鐘。

這可能是所有的泡沫引爆點中最危險的一個。同時，還有另外一個事件尚未得到應有的矚目。

第四個泡沫引爆點：聯邦的瓦解，藍色之州威脅脫離

川普當選總統不久，加州便發起呈請脫離美國聯邦政府的提案。「支持加州獨立活動」（Yes California campaign）只需搜集到五十七萬六千個簽名，就能在二〇一八年十一月舉行公投，投票決定加州是否宣布不適用於美國憲法。通過之後，便能在二〇一九年真的進行脫離聯邦、獨立建國的公投。

有將近四千萬人以加州為家，加上川普火上加油的衝動性格，公投成案並非難事。加州脫離美國的效應，有如法國脫離歐元區！

不過，這項請願活動已經胎死腹中，因為發起人決定到俄羅斯度過餘生。說不定，他是俄羅斯派來密謀分裂美國政治體制的間諜。

然而，如我在第四章解釋過的，這項請願案背後潛藏的威脅及問題仍然存在。主要國家和區域正在土崩瓦解，分裂成宗教上和文化上更為相容的單位，反全球化的後座力正在成形，成為未來幾十年的大趨勢。

川普當選開啟了紅色州／藍色州的內戰，使兩造間的極端對立加速惡化。

未來幾年，美國有可能會分裂成幾個藍色區或紅色區，就好像歐洲可能會分裂成北部區和南部區，而中國可能分裂成富裕的沿海都會區和農業內地區。

這類事件會粉碎投資人信心，使這個成熟的泡沫深陷火海！

在南北戰爭時是紅色州想要脫離美國。可是既然現在是共和黨掌握更多政權，此時藍色州想要離開，而且可能組成自己的政治和貿易區，也是順理成章之事。

矛盾之處就在這裡：川普和共和黨人愈是成功的實現其極端保守倒退的政策主張，藍色州脫離美國的威脅就愈大。而明顯屬於藍色州的區域就落在西岸、東北部和中西部的北邊。

圖13-4　2017年10月是自從2001年以來最大的轉折點

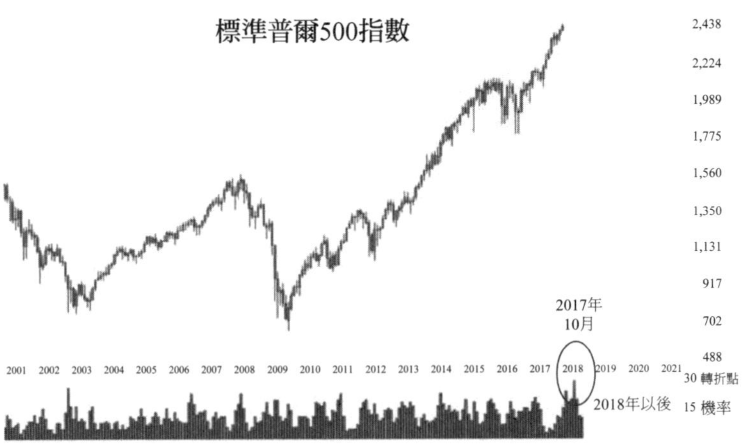

資料來源：cycleanalysis.com.

第五個泡沫引爆點：季節趨勢和潛在轉折點

接下來是潘秋里的預測！

他的模型顯示，在二〇一七年十月中旬到下旬，歐洲和美國股市將出現最大的轉折點。根據我們的計算，八月底以前我們會看到一個中等程度的高點，接著進入九月將有大約一〇％的修正。然後會出現最後一個泡沫，一路激增到十月中旬至下旬。不過，我們會看到轉折點上場。這就是潘秋里的市場報告的價值所在（marketimingreport.com）。

過去的泡沫歷史告訴我們，第一次劇烈的大幅崩盤，非常有可能在幾個月內便狂跌三〇％到五〇％。我們會在二〇一七年七月底到十二月底之間，就在大崩盤開始的前夕，看到一股衝頂的上漲行情。

特別在崩盤的年代，季節性趨勢往往會在七月到十一月之間襲來，尤其是八月到十月間。這正是一旦泡沫終於破滅，我們可以在這個時間範圍內看到一個高峰和至少重挫開始發生的原因所在。雖然一般來說比較有可能出現大崩盤的時間範圍是七月到十一月，但潘秋里的模型顯示，我們更有可能在十月底到一月底間看到崩盤發生。而大型的長期高點，譬如美國在一九二九年和日本在一九八九年的高峰，經常會在九月到十二月間出現。

看看上表，凸顯出重大崩盤的年代，當時市場在非常短的時間內便出現指數型重挫。

請留意，它們往往集中在七月到十一月這個時間範圍內。

泡沫破滅得既突然又猛烈。這一次的泡沫比過往的泡沫持續更久、膨脹更大，後果恐怕會最嚴重。

不只要注意典型的崩盤在兩到三個月內便重挫三〇%到五〇%，更要留意除了包括生物科技產業和網際網路產業在內的科技泡沫之外，大多數泡沫破滅所帶來的劇烈崩盤，都是發生在七月到十一月

表13-1　大泡沫往往會在2.5個月內崩盤40%

恐慌性的短期劇烈崩盤			
股票指數	崩跌幅度	持續時間	月份
1907年道瓊	–36%	4.25個月	7月到11月
1929年道瓊	–49%	2.5個月	9月到11月
1937年道瓊	–41%	3.3個月	8月到11月
1987年道瓊	–41%	1.9個月	8月到10月
1990年日經	–28%	3.1個月	1月到4月
1997年香港	–48%	2.75個月	8月到10月
2000年那斯達克	–41%	2.5個月	3月到5月
2000年那斯達克網際網路	–50%	2.75個月	3月到5月
2000年那斯達克生物科技	–50%	1.5個月	3月到4月
2008年道瓊	–37%	2.75個月	9月到11月
2015年上海綜合	–43%	2.5個月	6月到8月
2015年那斯達克生物科技	–29%	1個月	7月到8月
平均：	–41%	2.57個月	一般是7月到11月

資料來源：鄧特研究中心，彭博資訊。

的時間範圍內。

而且，別忘了中國這個終極泡沫引爆點。

第六個泡沫引爆點：中國

中央集權計畫無法勝過以民主制衡的由下而上自由市場經濟，有了蘇聯的證明還不夠。全世界所有高度腐敗的獨裁政府，尤其是中東、非洲，甚至拉丁美洲也證明了同樣的事情，但還是不夠。

不夠！貫徹這種中央計畫模式的中國，試圖證明只要你偷渡一點資本主義進來，可是仍然保有絕對的政府控制，就能創造出一個共產主義烏托邦。

霧霾籠罩國家，是這套制度行不通的第一個線索！下一個線索則是自二〇〇〇年以來，該國債務增加了十六．四倍。

而處處大興土木：公寓、基礎建設、辦公大樓、商場、鐵路、工業設施，則徹底地暴露了真相。

一個非民選政府要如何讓自己的人民快樂？

藉由快速都市化及處處過度建設，創造出「無止無盡」的就業機會與工資成長。當然是靠這一套了！

自由市場偶爾會失了準頭，不過到了最後，追求效率的紀律總會繼之而來。但是中國並非如此，這裡既沒有自由市場也沒有民主。在中國，想要致富的話，就要跟手握所有建設合約及政府擔保貸款生殺大權的當地共產黨上級好好相處。

它跟俄羅斯一樣屬於寡頭政治國家，只是在融入資本主義方面做得稍微好一點，而且沒有像它的鄰居那樣，浪費那麼多軍事預算在北方及西方國家上。

我曾經一再說過：中國會是最後的證據，證明由上而下的計畫管理及官僚體制，無法打敗由下而上的自由市場資本主義及民主政治，儘管這兩種對立體制各有其明顯的缺陷。它們的相反特徵正是其強項之所在：資本主義獎勵個人貢獻與功勳，民主政治則將人人都納入體制內，使帶兵指揮的將領和衝鋒陷陣的士兵能站在同一陣線。

大家在看今天的中國時，看到的是最優秀聰明的百萬級新創企業，卻沒看到住在內地的普通人民，一年只靠兩千美元過活，蝸居在小小的公寓裡。平民百姓忍耐長距離通勤，而且飽受高汙染、交通壅塞及負擔不起的房價所苦。

這正是何以近年來在更多都會區裡有大批農村移工（並未在當地設籍），數量攀上兩億五千三百萬人高峰的原因所在，也是為什麼他們又終於開始搬回鄉下的緣故。自二〇一四年以來，已經有七百萬名中國人回到家鄉，重拾農務。

看了圖13-5，應該會讓人對中國由上而下的共產主義式計畫感到毛骨悚然！中國的核心成長策略是在沒有特定對象下過度開發基礎建設，因為它假定未來自然有人會用到。如今人在哪裡，**其實**仍杳無蹤跡！

從二〇一一年以來，中國在整個開發中國家裡，是第一個總勞動力達到高峰後下跌的國家（灰色長條）。

那麼，這個國家在勞動力下降的情況下，如何成長八%到一二%？

它一直把人搬進都會區，這個做法一般來說可以使所得增加三倍。

這就是中國向來採取的由上而下

圖13-5 中國的城市移民工人開始返回家鄉

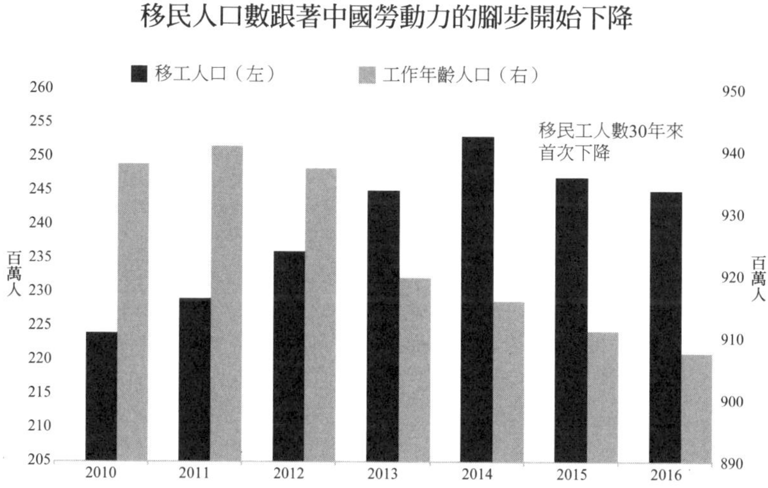

資料來源：中國國家統計局（China National Bureau of Statistics）。

策略。

該國一直在進行過度建設，吸引更多農村移民移居或者到城市工作。它提供的是眼前的工作，而且假定未來進入城市的農村移民，最後會需要用到它漫天建造的東西。可是，這種過度建設的規模已經到了龐大無比的地步，為了百萬人口所建造的城市，大多成為空城。

世界上最大的商場因為沒有零售客戶而淪為觀光景點。它被建造在荒無人煙之處，也沒有特定為了誰而建，所以企業不想花錢承租。

根據一份獨立調查的估計，中國的大城市裡有二七％的公寓是閒置的，衡量方式是去計算已經完工而且接上電力的公寓及住宅，若沒有電力耗用就表示是閒置的空屋。

你永遠不能相信中國提供的官方統計數字，可是我們目前有的也只有這些。這些數字都是經過人為操控，以便在泡沫化的經濟中維持信心，聽起來是不是很像各地央行會採取的策略？

據我的估計，中國目前已經建造足夠十到十二年之用的整體基礎建設、住宅及工業設施。問題是移民趨勢反轉，會有愈來愈少的人去居住及使用這些日益空蕩的設施。

沒錯，很嚇人吧。可是，會有什麼成為「泡沫引爆點」的事件能撼動我們的市場？

城市移民的反撲！經過三十年從鄉下到城市的大規模移民潮之後，沒有戶口的次等公民正在自願回鄉。你可以回頭看看圖13-5。

它對中國由上而下過度建設的策略所刺激出來的泡沫，敲響了一記喪鐘。

如我多年來所說的，當中國的泡沫破滅，其效應就好比一隻大象從天上掉下來。

任何說中國將軟著陸的人，是百分之百脫離現實！若有人認為，比起更能為現實負責的自由市場，一個由上而下的政府才能更好的擘劃經濟成長，那麼此人應該住到俄羅斯去，在那邊和伏特加做好朋友，沉醉在自己的迷思裡。

自二〇一五年年中以來，中國的股市已經預言，一個更大範圍的崩盤和房市泡沫破滅即將到來。圖13-6顯示，該國第一個劇烈膨脹的泡沫如何在二〇〇七

圖13-6　中國下一個令人驚心的壞消息

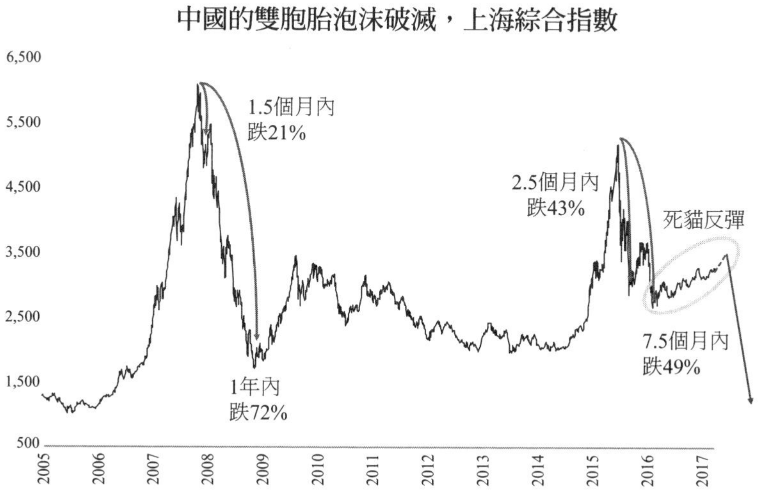

資料來源：雅虎財經。

年年底達到高峰，並且在一年內便崩跌七〇%！

沒錯，在兩年內上漲六・二倍，然後在一年內重挫七〇%。這就是泡沫啊！然後是更多政府的過度建設和二〇〇〇年以來成長十六倍的債務所刺激出來的第二個泡沫。它在二〇一四年年中到二〇一五年年中突變膨脹，然後在短短兩個半月內重跌四三%。為什麼會這樣？這個由上而下的政府想要把投機行為從房市導回股市。聽起來是個好策略嗎？一點都不。

從那時開始便出現了「死貓反彈」（dead cat bounce）的走勢，只是這是政府自己在市場買進所撐起來的行情。情況好比美國砸下四・五兆美元實施量化寬鬆政策，只有創造出微不足道的二%經濟成長率，歐洲和日本的效果更慘。

這種策略不會奏效太久。

記住我的話：中國股市還會有另一波崩盤，相較於二〇〇七年的高點，上海綜合指數將重挫八四%，回到一千點的水準，而且有可能會更低。

這將形成一種骨牌效應，當大多數富裕的投資人終於開始、也應該質疑房地產的價值時，最後將導致這龐大的中國房市泡沫，破滅的比世界上其他國家還來得劇烈。如此一來，財富將猛然灰飛煙滅，而這股房市崩盤的大海嘯，將席捲摧毀有錢中國人向來洗錢之處的每一個英語系城市。

而且回想一下，中國人的財富中有七五％放在房地產，比放在股市的金額高出許多，也遠比其他主要國家還要高，後者一般來說大約是二七％到四〇％之間。

當中國大泡沫崩盤，而且沒有全球性量化寬鬆和買回債券的刺激措施能抵擋這股排山倒海的大趨勢，一切就玩完了！

如何是好

有鑑於此，我給讀者的建議是，如果你沒有投資策略，或者只是照著股票經紀人的說法買進和持有股票，現在就退出市場，股市和房市皆然。

以市場失控的速度來看，你早點退場會比較好，尤其是在二〇一七年的十月中旬到下旬之前，到了那個時候，潘秋里和我觀測到的週期只會更激烈地反轉走下坡。

請記得，當股市泡沫破滅，股價跌幅往往在幾個月內便接近四成。而當房市泡沫破滅，由於你的房產流動性很差，和股票或原物料商品不一樣，它會勒得你喘不過氣，而且經常附帶龐大的債務。

不過，不要整個棄守市場，賺錢的絕佳機會就出現在危機期間與其後。你最保險的做法是找到並堅守一個經得起時間考驗的有效策略。我們便有數個策略，可供不同等級與風險導向的投資人所用，讀者可以在dentresources.com中找到相關細節。

自從二〇〇〇年三月以來，買進持有的策略在反覆多變的市場已經歷經滄桑、痛苦難當，至少到二〇二二年年底以前，這類策略還會繼續遭受更多苦難。

我們將持續看到市場上下波動，不過更為變化萬端，而且下跌會比上升來得更多，你必須選擇安全的資產策略和可靠的交易系統，才能拔得頭籌。

在未來幾年，你會恨透了大多數的股票經紀人和理財顧問。

在第三部分，我將詳述幾個你可以從現在就開始準備的機會。

不過在此之前，讓我們先具體討論幾個主要市場，接著潘秋里會跟讀者諸君分享更多關於進場時機的細節。

第十四章

全球金融市場的關鍵時刻

安德魯·潘秋里

當你看到週期在二〇一七年年底聚合，你就會明白，你正在讀的這本書可能是你的救命恩人！

讀完本章，你不但會知道而且明白，為什麼從二〇一七年年底到二〇二〇年年初這段期間，有可能是全球金融市場最為關鍵的時刻之一；你也會知道，走勢極有可能產生變化的幾個時間區間將落在何時。

首先，來看一個文獻上的有趣陳述。十年週期（Decennial Cycle）第一次有明文記載，是出現在愛德嘉·勞倫斯·史密斯（Edgar Lawrence Smith）寫於一九三九年的書《人類大事潮流》（*Tides in the Affairs of Men*）。

在這本書中，史密斯其實只有研究四十到五十年的股市資料，他發現股市在三、七和〇結尾的年份裡處於走下坡，而在五、八和九結尾的年份裡則通常呈現上漲行情。

他的研究乃基於人類的樂觀和悲觀心態，加上天氣、太陽黑子和輻射效應對人類思考過程的影響。

戴維斯則研究超過一百年的股市資料，得出一個類似十年週期的結論。只不過，現在我們可以藉由太陽黑子，而得到一個比較好、比較多變量的科學性週期去做預測。

那麼，二〇一七年是以七收尾的年份，表示有可能跟一九八七年一樣，屬於十年週期中跌勢最猛的其中一年。這一年，我們非常容易受到變化的影響，等一下會有更多這方面的討論。

不過首先要知道，預測的真正祕訣端看超長週期，而且重點在於知道要看哪裡。

我保存了一系列的危機矩陣，臚列出所有我找得到的重大經濟事件。接著，我分析這些事件，從中發掘關鍵週期。

讓我們先從始於一九二九年華爾街崩盤的七十二年週期看起。

如你所知的，崩盤之後緊接著是二十世紀前半葉最大的經濟榮景。美國不管怎麼做都對，大多數的西方國家也是如此。紐約的摩天大樓如雨後春筍般處處冒出來，汽車在都會區裡大行其道。

在恣意猖狂的繁榮後期，人人下海玩股票，連擦鞋童都能建議客人怎麼選股。（聽起來是不是跟我們今日所見雷同？）老約瑟夫．甘迺迪（Joseph Kennedy）賣股票的祕密情報就是這樣來的。

將一九二九年往回推七十二年，我們來到一八五七年。

其中一個首波當代金融危機襲擊全球，就發生在那一年（我在第二章有談到）。那個時候，世界已經緊密相連，意思是發生骨牌效應式崩盤的條件已經具足，而且也確實發生了。美國的鐵路榮景即將出現首次崩壞。鐵路股票在一八五七年七月攀上高峰，接著到了八月，俄亥俄人壽與信託公司（Ohio Life Insurance and Trust Company）倒閉引發金融恐慌。英國也即將經歷一場貨幣危機。首相巴麥尊（Lord Palmerston）所領導的政府成功地違反了先前已經頒布的銀行法，未能持有足夠的黃金和白銀儲備。

由於運輸技術日新月異，尤其是蒸汽船的問世，使得這個不習慣有太多競爭對手的國家，已經喪失全球統治的優勢地位。

兩大強權把世界其他地方都一起拖進漩渦裡。

其後幾年內，美國股市重跌六二％。七十二年後，我們經歷了大蕭條。而再過七十二年就是二〇〇一年。

絕大多數的股權市場在二〇〇〇年開始達到高峰，然後，當然就是二〇〇一年聲名狼藉的九一一雙子星攻擊事件。

科技泡沫從一九九五年開始。

股市的表現強勁。

行動電話、個人電腦和網際網路，只要你說得出來的科技產品，個個正夯。不到五年光景，原本新奇的玩意兒已經變成必備品！

二十世紀走到尾聲之時，這股勢頭也力氣用盡。

（無獨有偶，前兩個世紀的最後五年，亦即一七九五年到一八〇〇年，和一八九五年到一九〇〇年，主要股市也一片欣欣向榮。）

接連兩個七十二年就是一百四十四年。如你剛剛已經看到的，這段期間是從一八五七年一直延伸到二〇〇一年。

而一百四十四年週期與七十二年週期一樣重要。

令人厭惡的數字：一百四十四？

以一七二〇年的通貨膨脹危機為例，那一年出現了南海泡沫和密西西比泡沫！

經過一百四十四年後，我們來到一八六四年，原物料商品市場的價格大暴漲。大多數美國人都在打南北戰爭，沒有人耕作土地，為了製作軍服，棉花的需求孔急。原物料商品的供給量低，需求量卻衝到恨天高。

棉花的交易價格向來落在每磅〇・〇二美元到〇・〇三美元之間，但由於價格飆升的力道太強，到了一八六四年八月二十三日，已經衝到每磅一・八九美元之高，短短幾個月就上升了六十倍到九十倍。

一八六四年加上一百四十四年就是二〇〇八年。有印象嗎？原物料商品泡沫在三十年週期裡，最近一次達到長期高峰就是在那一年。

然後是鄧特稱之為世紀週期的一百年週期。

一〇〇的威力

一九〇七年發生「富人的恐慌」（Rich Man's Panic）事件。

一九〇六年舊金山大地震之後，經濟情勢變得很不穩定。到了一九〇七年，信用已經枯竭。奧托和奧古斯都・海因斯（Otto and Augustus Heinze）兩兄弟試圖壟斷銅市場，結果以慘敗收場。

十月開始出現恐慌，股市從前一年的高點驟跌五〇%，而且還會跌得更深。銀行擠兌現象再度發生，並有多家銀行破產，金融體系的信心受到嚴重打擊。有趣的是，此時金融家約翰．摩根（J. P. Morgan）挺身而出，拿出自己的龐大財富來協助穩定市場。

往後跳過一百年，就是發生全球金融危機的二〇〇七年。包括擔保債務憑證（Collateralized Debt Obligations, CDOs）和信用違約交換（Credit Default Swaps, CDSs）發生內爆在內，一連串的挑戰導致市場大崩潰。

有趣的是，政府號召一些機構來協助紓困，可是，「大到不能倒」的摩根大通銀行（JPMorgan Chase），在一定程度上被譽為是老華爾街的鐵達尼號，這一次卻站錯邊了。

如你所見，歷史會重演幾乎一模一樣的情節，而且時間點分毫不差。

不過，讓我們把時序稍微後退一點，看看一百年週期的中間點。

危機重重的五十

如果我們從二〇〇七年起算，往回推五十年，就會發現自己來到一九五七年。那一年，部分因為汽車市場飽和導致普遍經濟疲軟之故，股市連續幾個月出現拋售現象。

到了一九五八年，拜德懷特．艾森豪（Dwight D. Eisenhower）總統及其政府推出提高利率在內的政策之賜，世界再度陷入蕭條。

再往回推五十年，我們來到一九〇七年。我們已經討論過又稱為尼克伯克信託危機（Knickerbocker Crisis）的「富人的恐慌」事件。

然後再回推五十年，我們會看到一個很有意思的事情。

時間來到一八五七年！

我們已經在七十二年週期**和**一百年週期都看到這一年，這是它是如此重要的經濟轉折點的原因所在。

有些雷同的現象也發生在二〇一七年（很快就會有更多討論）。

一八五七年的五十年前是一八〇七年，當時的聯邦政府原本為了擺脫歐洲戰事，實施《禁運法》（Embargo Act），制止美國船隻到任何國外港口從事貿易。

這項法案為美國經濟帶來重重的壓力。

你可以再次看到，這又是另外一個像時鐘般準確運轉的週期。

還有一個攸關未來的週期，以為期九十年的週期運轉，中間點是四十五年。這個九十年週期相當於鄧特所記錄的兩次四十五年創新週期。

英國脫歐就是一個絕佳案例。

英國在二〇一六年六月二十三日舉行公投，我們都知道結果如何。

我曾經事先警告大家，英國離開歐元區的可能性非常明確，因為反覆發生的四十五年週期是最明顯可見的循環，這一次**時間到了**。

一九七一年六月二十三日，英國政府的首席談判代表傑佛瑞・李朋（Geoffrey Rippon）對國會報告說：「我們達成一個非常滿意的協議。」

眾所周知，直到那時，法國一直在阻撓英國加入歐洲經濟共同體（European Economic Community）。支持加入者歡欣雀躍，反對者哀嚎不已。剩下的人則感到了無生趣！

不過有趣的是，那一年距離英國再次投票的今天，**剛好**是四十五年。

巧合？並非如此！

你看看，一九七一年的四十五年前，在一九二六年的六月十日，西班牙為了抗議國際聯盟（League of Nations；一種類似歐盟的組織）同意德國加入，因而宣布退出國聯。

反覆出現的主題：歐洲兩極化！

把四十五週年加倍計算，我們回到了一九二九年的大崩盤。

以那個時間點往回推九十年，把我們帶回到一八三九年，又是充滿危機的一年。

而從一九二九年向前推進九十年，我們來到了二〇一九年！

鄧特有大部分的週期指出，從二〇一七年年底到二〇二〇年年初左右會出現第一個戲劇性的危機，我們可以預期那時將有一次重大修正。

一九二九年加上四十五年是一九七四年。西方世界因為阿拉伯石油危機和一九七三年到一九七四年劇烈的股市大崩盤，而被重創到潰不成軍。

這一年是個重大的轉折點。

危機始於一九七三年十月，美國在「贖罪日戰爭」（Yom Kippur War）採取支持以色列的行動，而石油輸出國家組織則回敬以對美國、英國、日本及加拿大的石油禁運。

不過，自此之後的景氣復甦便一直延續到現在。事實上，我們可以說一九七四年是當前這個多頭市場的起源之時。這給二〇一九年帶來了不祥之兆。

不過，在二〇一九年之前，我們還有二〇一七年需要對付。

即將發生的未來

我們已經知道，以七結尾的年份非常容易受到修正的影響，而我的研究顯示，二十世紀和二十一世紀以七結尾的年份，幾乎每一年都有一次重大的股價拉回。

二〇一七年秋天，正好就是從二〇〇七年年底起算十年，而且也是在三十年原物料商品週期中，從一九八七年起算的三十年後。

從二〇〇七年的高峰到二〇〇九年的最終谷底，股市下跌超過五〇%。在一九〇七年富人的恐慌事件中，股市也是跌了五〇%。

時間週期反覆出現！股價跌幅反覆出現！

我們愈是以週期往回推算，而且這些週期的時間愈長，其效應便愈加顯而易見。

所以，讓我們看看這些長期週期如何彼此交織而在二〇一七年來到一個重要關頭。

一切要從一八三七年說起，一百八十年前。

如果你心裡疑惑著我為什麼要選擇一百八十這個數字，這是因為在金融市場裡，十年、二十年、三十年和六十年週期具有至高無上的重要性。一百八十是這些週期，還有我們已經討論過的九十年和四十五年週期的倍數。

一八三七年的一次大崩盤和隨後而來的景氣衰退，導致經濟陷入大蕭條。而這場危機的根源可以一路回溯到不久前的一八一九年。

外號「老胡桃木」（Old Hickory）的安德魯．傑克森（Andrew Jackson）向來激烈反對給予美國第二銀行（Second Bank of the United States）營業特許權。一個自由派的傑克森運動如雨後春筍般興起，倡導自由貿易，而且十分反對銀行一貫的運作方式。

一八三二年，第二銀行的營業特許權到期，時任總統的傑克森窮盡手上的權力，阻止第二銀行獲得許可展延。他這麼做的原因之一，是認為擁有極大權勢的外來者如羅斯柴爾德家族（the Rothschilds），控制了該家銀行。

他的連任競選口號是：「要傑克森，不要銀行」（Jackson and No Bank）。他想要重掌美國貨幣體系的控制權，用以嘉惠這塊土地上的人民。

在他競選連任成功後，便立即將政府資金提領一空，移轉到州銀行，意在讓這些錢回到民主黨的控制之下。這項計畫就是在這裡造成反效果。

這些地方性銀行不能正確的管控信用。事實上，他們濫用自己的放款權力，卻未能維繫足夠的硬幣量（也就是以硬幣形式而非紙鈔形式呈現的金錢），因而創造出另外一個泡沫。

此時貸款成本非常便宜。

芝加哥及其周邊區域是開發重心，鐵路和運河在快速興建中，以便中西部能連接到五大湖區，然後借道聖羅倫斯海道（Saint Lawrence Seaway）一路通往大西洋。

房地產價格呈指數型成長，一場大型的土地投機危機緊接而來。

一八三六年，美國財政部（U.S. Treasury Department）被迫發布一項通告，宣布只有黃金和白銀鑄造的硬幣可以用來支付公有土地買賣。這項命令引發一八三七年五月十日開始的大恐慌。

繼之而來的經濟蕭條持續了六年，有超過六百家銀行關門大吉。

原物料價格驟跌使情勢雪上加霜。

同時，一八三七年的歐洲，大英帝國的借貸也突然放緩。後果十分嚴重，兩邊的貨幣體系和經濟的信心盡失。到一八四〇年代初期，美國股價比起前十年的高點劇降了七四%。一場大蕭條席捲而來，超過八百五十家美國銀行倒閉，芝加哥房地產的一夜榮景不再，房價崩跌超過九〇%。這場長期劇碼，和我們在二〇一七年所見有雷同之處。

二〇一七年

截至目前為止，我們已經討論了與二〇一七年息息相關的十年週期及一百八十年週期，而且也檢視一百四十四年週期在歷史上的重要性。將後面這個週期應用於二〇一七年，會把我們帶回到一八七三年。

在這個決定性的一年，全球各地爆發多項恐慌事件。

在歐洲，維也納爆發金融危機，並且擴散到整個歐洲大陸。美國已經處於重建時代（Reconstruction-era）的泡沫期。白銀停止作為貨幣使用。

傑伊．庫克（Jay Cooke）危機發生，當時由於鐵路擴張已經開始再次衰退，而被公認為美國第一大投資銀行家的此人，無法售出傑伊庫克金融公司（Jay Cooke & Company）在北太平洋鐵路持有的債券，故而被迫在一八七三年九月十八日宣告破產。

兩天後的九月二十日，紐約證券交易所停止交易十天。

這次的恐慌演變成在美國持續六年的經濟蕭條。美國在一八七九年重新採用金本位制，啟動了復甦之路。

歐洲的效應更大。

各個國家的鐵路相互接軌，鐵路擴張的程度龐大無比。這個泡沫破得響亮。

英國惡化的經濟情況持續將近二十年，被稱作「大蕭條」（不要跟波及全球的一九三〇年代同名事件混淆了）。

〔請注意，如果我們把一八七三年的危機再加大約六十年，就會來到一九三〇年代的經濟大蕭條！這是康德拉捷夫（**Kondratieff**）長波理論發揮作用的一個例子。〕

再者，如果把一八七三年往上加個一百年，就來到一九七三年到一九七四年間的阿拉伯石油危機，後者繼之引發了英國及美國的經濟大衰退。

（如果我有點嘮叨的反覆詳述其中某些年份，還請讀者見諒，不過我相信你明白其中的重要性。）

英國實施了我們所知的「一週三天」措施，那段期間，一週內只有三個工作天保證提供電力。

而電視台早早便停止播放節目，因為大多數電力都是來自燃煤電廠，而煤礦的產量稀少。

英國的礦工發起罷工，凸顯出石油危機的議題嚴重性。一九七〇年代中期就是處於這樣的氛圍下。

英國早在一百年前，便已經歷過煤礦工人罷工的困擾。

回到一九三〇年代的大蕭條，然後再加上民粹運動週期的半數時間，也就是四十年到四十二年，也會把我們帶到一九七四年。

經濟事件出現的時機可以如此精確！

回想一百年週期如何幫助我們預測到二〇〇七年至二〇〇八年的全球金融危機，所以，就讓我們來看看它跟二〇一七年的相關性。

回到一九一七年，全球正處於第一次世界大戰的倒數第二年。儘管戰時來自軍隊的高度需求，一般來說有利於經濟生產，但是沒有一方能料到這場戰爭會持續如此之久。股市在一九一七年秋天出現一次重大高峰，接著便進入長達一年的修正期，修正幅度為四五％（見圖14-1）。

下一個發揮作用的週期是九十年週期，把我們帶回到一九二七年（見圖14-2）。

在這段期間，我們看到截至目前為止最大也最有幹勁的多頭市場，出現了稍微有點小幅度的股價拉回。這主要是因為最後一波佛羅里達地產投機熱潮，才剛剛退燒的緣故，而且也已經出現太多詐欺活動了。

二〇一七年往回推六十年是一九五七年（見圖14-3）。

隨著工業生產達到高峰，美國股市不斷地拋售股票。

汽車的大眾市場達到飽和狀態。

發生一連串罷工事件和勞工相關議題。

有些人會聯想到一九八七年的崩盤。當時，那次股災被視為有史以來最急遽的一次金融崩潰，因為絕大部分崩跌發生在兩週內，而且有不少是發生在一天內。

圖14-1 1917年

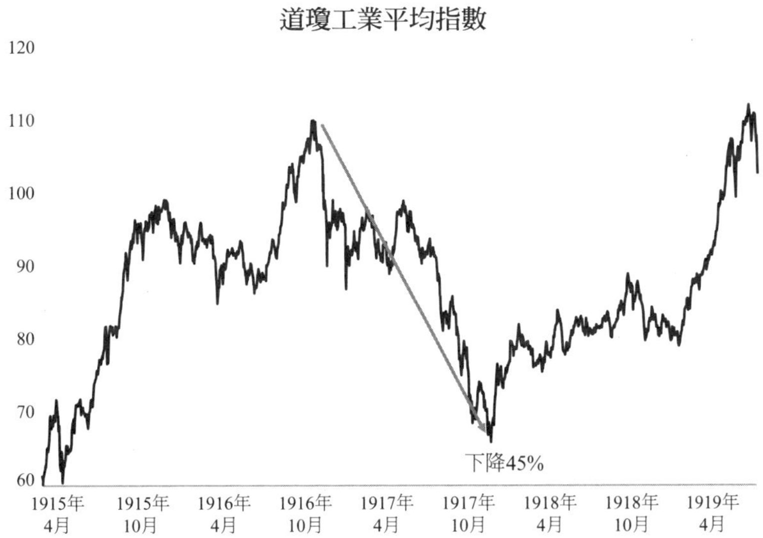

資料來源：markettimingreport.com，彭博資訊。

二〇一七年正好是這個時間的三十年後。

回到當時，股市大跌三七%，光是十月十九日黑色星期一那天，股價便狂瀉了二三%。

有些人認為那是一次技術性修正，有些人則找理由說，衍生性商品交易和電腦系統交易相較於今日仍處於剛萌芽階段，是這次事件發生的主因。

不過有意思的是，遭到那次股市崩盤重擊的英國，當時正遇到惡劣的天候，有個颶風橫掃英格蘭南部。

而英格蘭很少遭到颶風侵襲！

颶風來臨前已經降下大雨，所

圖14-2　1927年

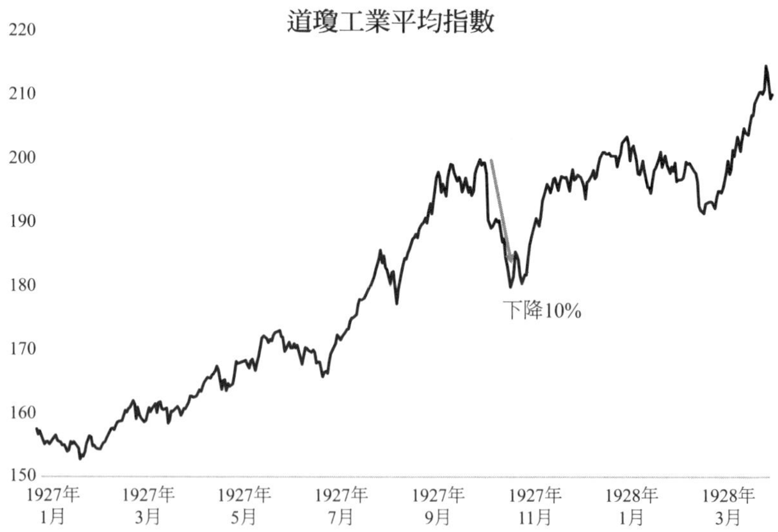

資料來源：markettimingreport.com，彭博資訊。

以土地都濕透了。許多樹木倒塌，連帶拖垮不少電線和電話線。通訊受到極大阻礙，所有的交通都中斷了。

回想那個晚上，我正在前往機場趕搭一班飛機的路上。當時的情況真是超現實。

路上已經沒有人車，只有一個孤獨的警察在一間商店門口避風雨。

我的車被狂風吹得打轉。

當我在行進的路上被一棵倒塌的大樹擋住時，離機場才不到三哩遠。我別無選擇，只能掉頭試試另外一條路。

那時我懷疑我們是否能趕得上飛機。我改走的那條路也不通，於

圖14-3　1957年

資料來源：markettimingreport.com，彭博資訊。

是折返原路，但是走不到半哩，發現幾分鐘前又有一棵樹橫躺路中央。

我被困住了，已經屹立幾百年的老樹在左邊、右邊、中間一一倒下！

我在車裡度過那個夜晚，困在傾倒的森林中間！（那是在行動電話還沒問世前的年代！）

我告訴你這個故事有兩個原因。第一，從務實的層面來看，由於基礎設施受損，很少人能在暴風雨隔天回到辦公室上班，這表示在崩盤前那個星期五的交易量十分清淡，因而可能讓電腦模擬接管了整個交易。

其次，極端的市場行為往往碰巧和極端的天候同時發生。值得深思一番！

圖14-4　1987年

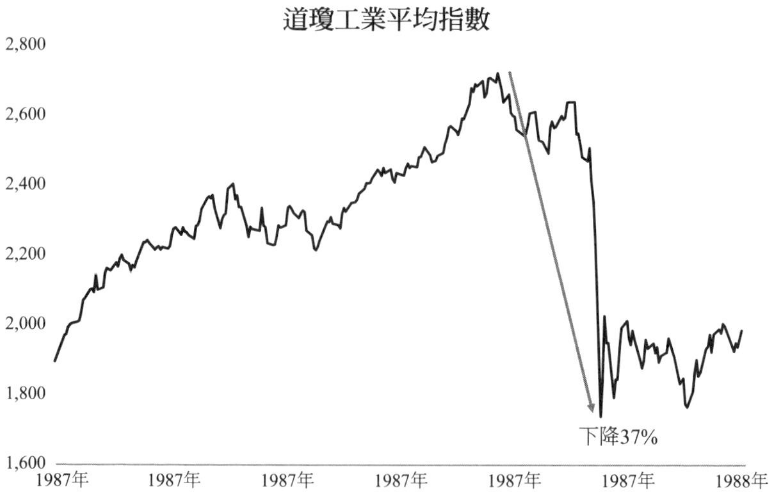

資料來源：markettimingreport.com，彭博資訊。

三十年週期是個強大的週期，我們必須保持密切觀察。

如果我們回頭看二十年前的話，一九九七年發生亞洲金融危機，導致紐約證交所暫停交易。

一九九七年七月間，泰國政府因為外匯儲備不足無法支撐匯率，於是泰銖狂跌。泰國的經濟情況已經瀕臨破產，而且無法履行其財務義務，匯率重貶無異雪上加霜。

印尼和南韓受到嚴重波及，大多數東南亞國家也未能倖免於難。

這個事件嚴重到暫時打斷了一九九〇年代末期由科技股所帶動的強勁漲勢。

圖14-5 1997年

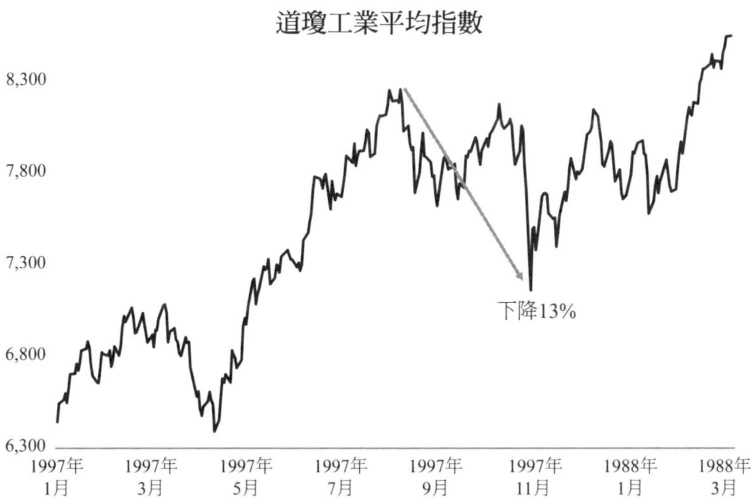

資料來源：markettimingreport.com，彭博資訊。

既然二十年週期如此重要，如果我們認為二〇一七年年底會有一場源自遠東地區的危機，也不必覺得太驚訝。

綜觀全局

有好多資訊需要消化，且讓我彙總如下：

- 二〇一七年是以七結尾的年份。
- 它的一百八十年前有一八三七年的大恐慌，源頭發生在芝加哥。這是一件大事，造成一八三五年到一八四三年的大蕭條，然後到一八五七年又再次陷入衰退。
- 它的一百四十四年前是一八七三年的傑伊庫克投資銀行倒閉、鐵路大恐慌與景氣蕭條。
- 一百年的超級週期是從一九一七年到二〇一七年。在一九一七年年底，這個週期帶來了股市的沉重賣壓。
- 九十年週期把我們帶回到咆哮的二〇年代，恣意繁榮的多頭市場中出現一次短暫的停歇。

- 六十年週期從一九五七年起算，那年隨著汽車製造達到高峰，股市出現明顯拋售現象，而二〇一七年看來會發生同樣的事，鄧特的人口統計趨勢也如此預測。
- 三十年週期帶著我們一路回到一九八七年的股市崩盤。
- 二十年週期帶著我們回到一九九七年到二〇〇二年的亞洲金融危機。
- 而十年週期把我們帶回到二〇〇七年以後的全球金融危機。

每當我看到這個彙總，都會感到不寒而慄。你呢？

如你所見，比較長的週期會產生龐大的經濟效應。金融市場顯然會歷史重演。

可是，這張清單還沒有道盡一切！

還有一個比較小的十八．六年週期，是會影響美國的商業週期，大約在二〇一七年五月達到高峰，而且跟房地產的關係較大。

如你所知，二〇一七年是關鍵的一年，大量的週期高潮在此時齊聚，特別是八月以後！

這使得你手中正在展讀的這本書，對於你的生存及興旺來說至為關鍵重要，不僅僅是為了度過二〇一七年及其後的餘波，更可以用來面對未來數年的挑戰。

二〇一九年

二〇一九年可看到長期下最大的週期再現：從一九二九年大崩盤以來的九十年週期和一九七四年股市低點以來的四十五年週期。因此，這一年可能是繼二〇一七年年底以來最糟糕的一年。

它也是一九一九年發生石油恐慌的一百年後。

以下是重要大事紀。

- 一九二九年九月三日，持續超過八年之久的多頭市場出現最後一次高點。
- 一九二〇年代呈現一片戰後榮景。擁有汽車的人數不斷增加，科技發展欣欣向榮，尤其是無線電，美國無線電公司（RCA）正是那十年間的其中一支熱門股。
- 航空業正要起飛，挑戰鐵路的地位。
- 而如我已經說過的，紐約和芝加哥的摩天大樓如雨後春筍般冒出來。
- 隨著第一部有聲電影《爵士歌手》（*The Jazz Singer*）在一九二七年十月上映，默片很快變成了昨日黃花。
- 到了一九二九年年初，幾乎人人都在玩股票，大家都是選股專家。大量空殼證券商應運而生，使融資炒股變得更加便利。

可是大家忽略了過去。

他們不清楚即將襲擊而來的七十二年週期。（我們已經談過一八五七年。）他們沒有留意到從一九一九年以來的十年週期，或是從一九〇九年以來的二十年週期，更別提回溯至一八三九年經濟蕭條的九十年週期。

有這麼多週期匯聚一堂，令人不敢置信。

猜猜看怎樣？

二〇一九年連結到觸發一九二九年大崩盤的絕大部分週期！因此，請對二〇一九年的重大股市事件保持警覺，特別是那一年的後期。

重要的是也要留意，二〇一九年是發生阿拉伯石油危機和通膨性經濟大衰退的四十五年後。

以一九八九年起算的三十年週期，是日本金融史上的關鍵時刻。日經225指數在那年的十二月達到空前高點，至今仍未突破，而自此之後，日本的經濟衰退更是有目共睹。

我預期黃金在二〇一九年間會成為焦點，而進入二〇二〇年後，有可能處於長期谷底並帶來龐大的投資機會。不過，同樣地，我們得等到這些週期展開，變得更有預測性，才能真的知道。鄧特正在尋找新興國家和原物料價格在二〇一九年年底或二〇二〇年年初的一個可能的重大谷底。

回到一百五十年前的一八六九年，尤利西斯・格蘭特總統（Ulysses S. Grant）決定售出黃金儲備，以便償付南北戰爭所產生的債務。傑・古德（Jay Gould）和詹姆士・費斯克（James Fisk）密謀操縱黃金市場，導致金價大幅上漲。不過，他們的操縱失敗，在一八六九年九月二十四日那個黑色星期五，金價狂跌崩盤。

在一八八四年的經濟蕭條期間，大量的黃金離開美國流向歐洲。這是從二〇一九年往回推算三個四十五年週期前的事。

四十五年以前，一九七四年，黃金價格因為全球地緣政治不穩定而攀上高峰。

回到兩個二十年週期，或四個十年週期前的一九七九年，我們看到杭特兄弟企圖壟斷白銀市場，後者在一九八〇年三月達到頂點，黃金也一前一後跟著衝高價格。他們在最後關頭因為融資保證金規定突然改變，而以慘敗收場，金屬的價格再次應聲崩跌。

凡此種種，都在告訴你二〇一九年的條件具足，使得貴金屬市場可能會跟重大股市危機在同一時間出現大動作。

二〇二〇年

來到二〇二〇年，最重要的週期是三百年週期。你可能不認為回溯這麼遠的週期會有什麼相關性，但它恐怕是史上曾經發生過最為重要的景氣循環。我們可以從中借鏡，保障我們的財務未來。

我在談的當然就是一七二〇年法國的密西西比地產泡沫和英國的南海泡沫！

法國第一任央行總裁約翰·勞爾（John Law）為了幫這個國家與英國交戰後日益高漲的債務籌資，以政府擔保的低利率，出售大批路易斯安那的沼澤地給金字塔頂端的投資人，創造出一個全然人為的泡沫。幾乎不用成本的金錢，容易取得的信用，加上沼澤地的無窮潛能，真是完美的泡沫。它是股票史上第一個也是最極端的泡沫。聽起來是否跟今日的景況雷同？央行以無止盡地印鈔票、幾近於零的利率，還有對從銀行存款到房屋貸款的種種擔保，來粉飾太平。

英國採取相同的策略，低價拋售其在南海公司（South Sea Company）的股份以償付債務，而從一七二〇年到一七二二年，史上最大的股票拋售便隨著這兩個股市泡沫而來。這是繼一六〇〇年代早期同樣戲劇化的鬱金香期貨泡沫以來，第一個最大的股市泡沫。

它顯示人類的行為從來不曾改變。

不過，還有其他週期。

從二〇二〇年回推十年，帶我們回到二〇一〇年。許多原物料商品市場在那一年攀上第二次高峰，這表示黃金和白銀市場可能會出現大動作。

以七十二年週期回推，可以看到原物料商品價格在第二次世界大戰的尾聲達到頂點。

而從二〇二〇年回推二十年，會帶著我們回到那斯達克科技股榮景的末期。

我研究危機矩陣發現一個特別引人入勝之處，那就是我們為了想要確定二〇二〇年會發生什麼狀況，而去檢視所有其他的週期時，發現結果不是蕭條，就是衰退。這是之前幾年種種事件所直接帶來的後果。

一八四〇年和一八七〇年都有經濟衰退，一九二〇年和一九三〇年也是。而一九六〇年和一九七〇年同樣如此。

這是非常明顯有力的現象。

如果我們真的認為二〇二〇年會出現經濟大衰退的話，那麼二〇一七年到二〇一九年間即將浮現某些嚴峻的金融挑戰此一看法，便可藉此得到確認。

第三部分

從二百年來最大金融危機中獲利

第十五章

經濟寒冬的兩大避風港

本章探討如何留在賺錢遊戲中、夜裡卻還能睡好覺。

整個金錢世界裡，最重要的規則很可能是不要跟聯準會對抗。

不管你是比爾．蓋茲（Bill Gates）還是荷馬．辛普森（Homer Simpson），都不要緊，重點是對抗沒有用。

——哈利．鄧特

聯準會總是比你有錢，因為它們正是負責**印鈔票**的機構，因此跟聯準會對作是差之又差的想法。很多交易員這樣試過，因此到了某個時候，他們很可能會財力不足，不能再試下去。我自己也被它們羞辱過，我預測這個泡沫可能已經膨脹到最高點，卻看著各國央行把泡沫愈吹愈大，它們正種下自尋死路的種子，而我還在忍受他們的沉重打擊！

最近「別和聯準會對作」聽起來有點狹隘，世界很大，聯準會不是唯一的中央銀行，歐洲央行、日本銀行和中國人民銀行在本國都掌握類似的財力，跟他們作對是自尋死路，你一定不希望購買他們賣出來的東西。

聯準會近來和其他央行不同，沒有那麼積極的推動刺激政策，美國因此變成眾多惡鄰中最好的一家，而美元一直是安全的避風港，這點是原因之一，後文會深入探討這一點。

可是很多投資人很愚蠢，正在買進各國央行賣出來的東西，為十年來最好的固定收益證券交易機會鋪路。

我在上一本拙作《二〇一七—二〇一九投資大進擊》中，談過這個大好良機，這種機會仍然很可能出現，而且仍然似乎是將來爆發金融危機和革命時，你可以找到的唯二安全避風港中的一個。

我在第十三章說過，下一個全球崩盤和金融危機有很多引爆點，我沒有提到的是，就在大家不知不覺中，有一個隱形起爆點正在蓄積實力，這個起爆點就是深具毀滅性的新興市場。

我們已經知道，新興市場國家會變成下一批富起來的社會（第十六章會解釋這件事），但是，領導新興市場的國家已經先碰到了問題。

幾十年來，中國一直像工業級真空吸塵器一樣，吸光世界上的所有商品，並過度生產一切產品，這樣做的目的是要維持永無止境的成長，同時保住世界出口機器的地位，這種錯覺只要出現任何減緩跡象，都會對新興市場國家造成傷害。

它們的商品出口和一切的一切都會遭殃，企業的獲利能力會遭到傷害，股市和經濟會遭到沉重打擊，出口減少表示資本流入減少，（來自貿易順差的）外匯準備成長放慢。

毫無疑問的是，中國的運轉速度已經沒有過去那麼快，顯示只要中國腳步放慢的報告一出爐，新興市場就都會遭到重擊，商品也一樣。

中國的人民幣匯率也有問題，出口和經濟走軟造成匯率不穩定，人民幣匯率暴跌時，他們會拋售外匯準備，捍衛匯率。

因為外國央行持有的外匯準備中，有六二%是美元證券，美元因此變成世界上最強勁的主要貨幣，儘量出脫美元的確有理。

這點表示，美國國庫（和機構）證券永遠都是砍殺的標的。

十年來最好的固定收益證券交易機會可能就潛藏在裡面。

十年來最好的固定收益證券交易機會

賣壓會為美國國庫公債價格帶來下跌壓力，為公債殖利率帶來上升壓力。美國國庫公債殖利率雖然已經跌到低點（二〇一四年一月十年期公債殖利率跌到一・三六％），卻可能跌到更低，原因有好幾個，主因是這次經濟寒冬來臨，推動量化寬鬆和財政刺激計畫終於無濟於事時，會出現更進一步的通貨緊縮趨勢。

二〇一六年裡，外國央行從一年購買二千三百一十億美元的美債，變成賣出三千九百七十億美元，一來一往，就是六千二百八十億美元的變化！

此外，聯準會每年還停止買進一兆美元的美國國庫公債，以至於過去兩年內，美國的公債市場萎縮了一・六兆美元。

在這種情況下，國庫公債利率最初可能上升，而背離了經濟減緩和目前全

圖15-1　美國公債出現賣壓

資料來源：美國財政部。

球出現的通貨緊縮趨勢。

只要發生暫時性的流動性危機，就會造成債券價格崩盤、債券殖利率劇升。雖然（寫作本書的此刻）聯準會代理外國央行持有的債券再度升到很高的水準，但是未來如果出現任何波折，這種情勢都可能再度扭轉。

發生這種事情時，你就可以利用十年來最好的固定收益證券交易機會。在債券價格跌到最低點時進場，你就會賺到最高又最安全的殖利率。

這樣就像購買你總是想買、卻因價格根本太高，而買不起的車子。事實上，沒有什麼機會比即將可能出現的機會更完美了。

不過，我必須警告你：我不是說你現在要買國庫公債，現在還太早。我說的是你應該做好巨量買進的準備，因為時機來臨時，你會希望大量買進，然後還回頭加碼。

時機適當時，AAA級公司債也會被人視為安全的避風港，價值會上升，而垃圾債券則會爆發重大違約潮。

美國公債和頂級公司債即將慘跌

新興市場國家迫切渴望維持本國貨幣匯率穩定，因為匯率比較疲弱時，它們的出口競爭力會提高。

問題在於匯率不是在與世隔絕的情況下評價，它必須跟另一種貨幣比較，從而得出評價。因此人民幣、披索或南非幣疲弱，一定表示美元強勁。

這樣對這些國家其實不好，商品畢竟是用美元訂價，因此強勁美元表示商品價格疲軟，出口值會遭到侵蝕。

此外，匯率下跌後，進口成本會上漲，造成通貨膨脹急劇上升，為（包括中國、巴西、印度等老大哥在內的）新興市場國家帶來問題。

通膨也會拉抬債券殖利率，抬高新興市場國家的國內與政府借貸成本。因為他們從二〇〇八年起，一直拚命借貸，因此他們必須保護自己，免得像甲蟲一樣，被巨幅增加的債務壓垮！

因此，新興市場國家的央行發現，自己會被迫賣出美國國庫公債，而在未來若干個月裡，這種行動可能加速進行。

但是你必須了解下面這件事：可能帶來十年來最好固定收益證券交易機會的升息，是為時相當短暫的現象，我預期的延續期間不會超過幾個月，比較長期的通縮仍然是趨勢所在，通縮表示美元會走強、債券價格會走高，以及殖利率曲線上極低的利率。

因此你要把債券市場的這種潰敗，當成近期內可以利用的反常現象，而不是很多人預期的利率趨勢反轉。雖然大部分分析師和經濟學家都認為，債券殖利率已經在二〇一五年觸底，國庫公債（和AAA級公司債）殖利率還會下跌很多年，因為他們不像我們，沒有看出通縮趨勢出現。

但是請記住我的話：債券市場在利用經濟寒冬的去槓桿化過程前，可能暫時會先遭到打擊。我會相信這一點，是基於下面幾個重要趨勢正在發揮作用：

一、新興市場債務泡沫破滅。
二、新興市場外匯泡沫破滅。
三、目前誰持有美國國庫公債。
四、商品價格繼續下跌。
五、國庫公債通路發出警告。

我們要更深入的探討上述每一個因素。

新興市場債務泡沫的衝擊

從二〇〇八年起，全球債務泡沫一直集中在新興市場債務上，尤其是集中在中國的債務上。

根據麥肯錫公司（McKinsey & Company）的資料，二〇〇八年到二〇一四年間，全球債務從五十七兆美元，增加到一百九十九兆美元，現在一定已經遠超過二百一十五兆美元以上。這些債務大都在新興市場國家中出現，因為已開發國家最大的舉債能力已經動用殆盡。

二〇〇三年到二〇一六年間，光是新興市場國家的公司債總額，就從三・二兆美元，增加到二十六兆美元，其中大部分債務都是美元貸款與美元債券。

這種美元外債已經從一九九五年的二兆美元，增加到二〇一六年的十・五兆美元，增加達五・三倍。

其中大約一半是新興市場企業借貸的

圖15-2　海外美元借貸增加

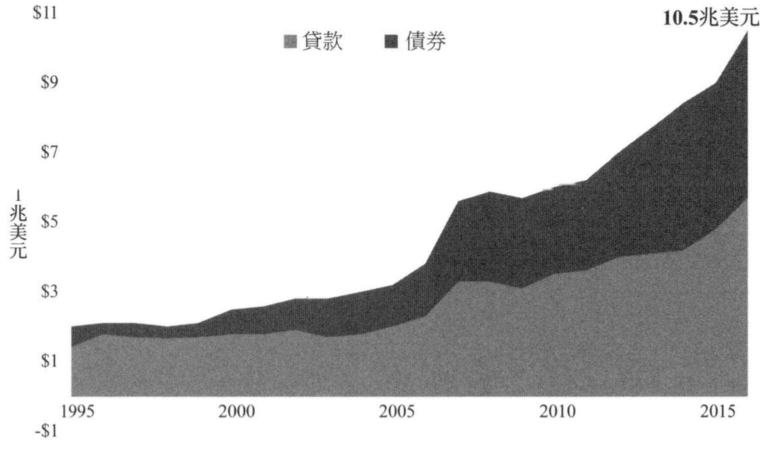

資料來源："Feeling Green," *The Economist*, March 21, 2015.

總額，換句話說，這種金額大約等於美國銀行體系規模的一半，也大約等於美國企業舉債總額的一半。

我們不妨從下面這種角度來思考一下：我們現在擁有的美元債務總額對美國經濟毫無好處。

二〇〇八年年底，雷曼兄弟公司（Lehman Brothers）崩潰時，聯準會不但必須用大規模的量化寬鬆和其他措施，拯救美國經濟，還必須提供一兆美元的資金交換，提供流動性給外國銀行，處理美元債務，阻擋海外流動性危機。

現在美元外債遠比過去高多了，下次危機爆發時，是否需要二兆美元的這種流動性？聯準會是否能夠同時拯救美國經濟和外國市場？

答案是不太可能。

國會不喜歡上次提供流動性給外國的做法，因此任何新措施都可能遭到阻擋或拖延，在共和黨掌控國會的現在，尤其如此。

這樣會影響未來比較廣泛的全球金融危機，但是，我現在討論的這個問題有一個明確而直接的威脅，就是如果沒有這種流動性，外國人（尤其是外國央行）會被迫以愈來愈低的價格，出售美國國庫公債。

為什麼只有五九・八%的美國公債市場有危險？

此外，從二〇〇〇年起，新興市場還出現了外匯準備的泡沫。

二〇〇一年時，外匯準備為八千零二十億美元，到二〇一四年年中，成長為將近八・〇六兆美元，到二〇一六年年底，再增加為十・七九兆美元，十三年內成長十三倍以上。

只要看看圖15-3，就會知道外國人持有的美國國庫公債比率。

新興市場國家占了外匯準備中的最大部分，從〇・三兆美元，成長到三兆美元，成長幅度高達十倍。

根據估計，新興市場國家持有的外匯

圖15-3　新興市場央行在美國公債市場中的地位日趨重要

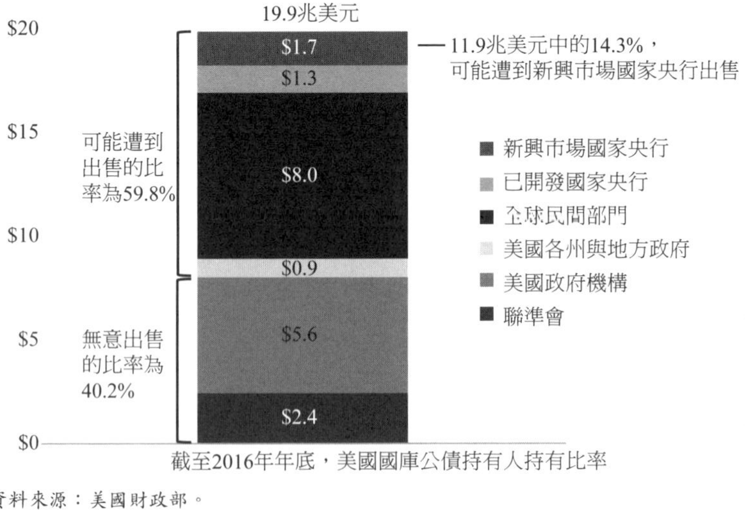

資料來源：美國財政部。

準備中，超過八〇%掌控在中央銀行手中，而不是掌控在民間投資人手中。

這點很重要，因為將來中國和其他新興市場國家央行，會成為美國國庫公債的大賣家。

如果我們進一步細分，你會在圖15-3中，看出十九．九兆美元的美國國庫公債中，有五．六兆美元（二八．一%），由美國的社會安全體系和老人健保持有，二．四兆美元（一二．一%）由聯邦準備體系持有。

美國政府自行控制了四〇．二%的美國國庫公債，不過美國政府只是持有而已，並不交易或出售，這樣表示，只有五九．八%的美國國庫公債可以交易。

其中，新興市場國家央行的市場占有率為一四．三%。

這種比率相當可觀，如果你想到他們在本國貨幣升值時，會蜂擁而來購買美國國庫公債，匯率下跌和出口減少時，會聯合拋售美國公債，就會覺得這種變動比率看起來更是可觀。

真正投資人持有的美國公債有八兆美元，占美國二十兆美元公債總額的四〇%。可見正常自由市場的投資人不是推動這個市場的主力。

下次的金融危機初期，民間投資人和新興市場央行的拋售，就會造成殖利率激升。

賣壓增強時，誰會買進？

還有一個趨勢，促使我預測二〇一七年年底或二〇一八年年初，十年來最好的固定收益證券交易機會會出現，這個因素就是經紀商和自營商持有的美國國庫公債庫存量。

聯準會和美國政府機構吸納這麼多的美國國庫公債時，經紀商和自營商持有的比率卻不高，畢竟，在聯準會主宰市場時，他們的需要會減少。

圖15-4顯示，他們持有的有價證券中，債券的庫存比率劇降，從〇・一九，降為〇・〇四，減幅高達七八％！

這點引發了一個問題，就是投資人和新興市場央行群起拋售時，誰會

圖15-4　自營商持有的美國國庫公債減少

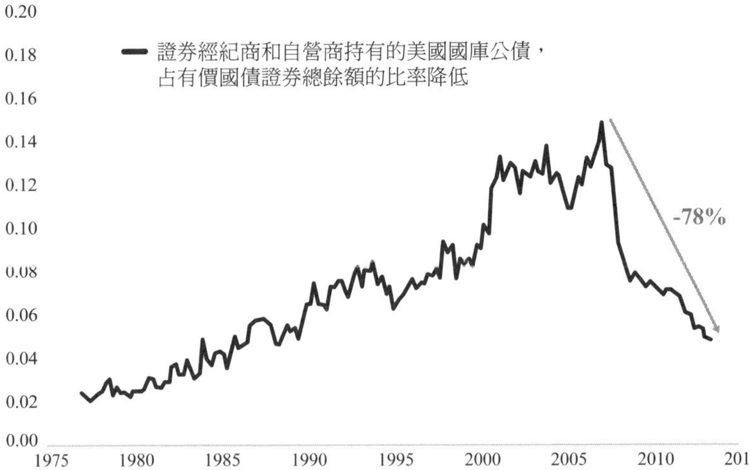

資料來源：德意志銀行（Deutsche Bank）；“About Liquidity,” *Business Insider*, October 10, 2015.

出來當買方？

到目前為止，全球民間投資人填補了這個缺口，他們在新興市場央行賣出時，大致上站在買方。

這種情形可能無限期持續下去嗎？

什麼事情都可能發生，但是我不會賭這一點。

新興市場的賣壓正在強化，在這種流動性低落的市場上，供應方不需要花多少力氣，就可以徹底壓倒由民間部門構成的需求面，如果世界上出了什麼差錯時，更是如此。

流動性比較低落的市場出現強大賣壓時，債券價格會跌得很嚴重，債券殖利率上升的速度應該會比應有的速度快，漲幅應該也會比較高。

但是我要強調的是：這種情形應該是短期危機，不是長期危機，利用十年來最好的固定收益證券交易機會進場的時間可能很短暫，因此你必須做好準備，在時機來臨時快速出擊。

新興市場國家應該無法無限期出售自己的外匯準備，它們應該只會在政府先試過快速的補救方法後，才會出手。但是，這次危機太大，無法補救，它們很快就會被迫停止拋售，否則會先耗盡外匯準備。

商品價格從二〇〇八年年中開始持續崩跌，是另一件必須要注意的事情。

而在二〇一一年年初，因為中國經濟加速減緩，使得商品跌勢惡化。歸根究柢，這件事對外匯和新興市場債務泡沫傷害最大。

為什麼商品價格會造成情勢惡化

商品週期的運行期間非常接近三十年，作頭的時間非常精確、非常有規律，一九二〇年的頭部、一九四九年和一九五一年的M頭是完美的例子，一九八〇年的頭部、二〇〇八年和二〇一一年的M頭也是這樣。

但是底部形式的變化多多了。

上次週期在一九八〇年作頭，在一九九八年到二〇〇一年間觸底。這次週期在二〇〇八年六月作頭，隨後出現的主要是石油和能源的嚴重崩

圖15-5　30年商品週期：最驚人的漲勢即將出現

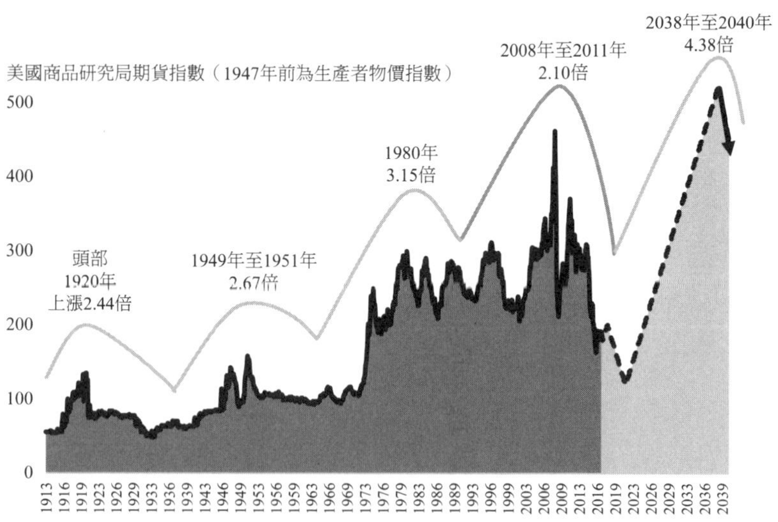

資料來源：鄧特研究中心，彭博資訊。

盤。接著工業用商品和貴金屬在二〇一一年四月作頭，從此開始走下坡路。

二〇〇八年年底，石油價格跌到最低點，跌幅高達八〇%；鐵礦砂和煤炭最近則慘跌超過七九%，白銀下跌了七〇%。連最重要的危機金屬（真的嗎！）黃金，都跌掉了四五%。

照這種速度跌下去，商品週期可能就在下次危機剛剛開始時，就輕易的觸底，時間大概在二〇一八年，最晚會在二〇二〇年年初觸底。但是，即使商品週期沒有觸底，到時候，九〇%以上的傷害可能已經造成。

這種持續跌勢對新興市場的出口、股票、經濟和貨幣，會產生下行壓力，表示出售外匯準備，支持匯率、刺激經濟的惡性循環會一再重複發生，到根本無以為繼的時候為止。

在這種情況下，如果商品週期**真的**在二〇一八年觸底，就會在商品和新興市場國家股票上，創造出絕佳的長期買進機會（後面會回頭重新探討這一點）。在已開發國家股票上，我們要到二〇二〇年年初至二〇二二年年底，才會看到這種機會。

我的最後一項關鍵說法跟國庫公債通路有關。

注意短期利率可能飆升

我利用這種工具已經超過十年了。

從一九八九年起，十年期公債殖利率一直都在一個下降通道中交易，前一個週期在二〇〇八年十二月觸底時，殖利率降到二．〇三%，然後在二〇〇九年年中作頭，升到大約四%上下的高點，卻沒有測試這個通道的頂端。

這種工具特別有用的地方是：如果你在接近殖利率通道頂端時購買債券，在殖利率接近底部時賣出，你很可能每次都會獲利。

二〇一二年七月，殖利率降到一．三九%時，是這條殖利率通道底部趨勢線上次遭到測試的時間，然後在二〇一三年十二月，初步反彈到三．〇四%，大部分反彈其實只是在幾個月內就完成。到了二〇一五年一月，殖利率回跌到一．三六%，似乎即將再度展開反彈，然後在二〇一六年年底，反彈觸及二．六二%後，回降到二〇一七年的二．一二%。如果殖利率再度飆升，就會升到接近這個通道三%到三．一%的頂端。

如果出現這種情形，我會告訴我的訂戶，要大買三十年期公債和AAA級公司債，以便利用將來若干年內消除債務和泡沫的通縮期間。在新興市場烏雲密布的情況下，這種時候會變成這個十年裡，買進優質固定收益證券的大好良機，暗示三十年期公債殖利率會升到三．六%以上。

為了利用這種最好時機，我希望你照著下面的說法去做。

必須採取的行動：時機適當時（我會在我的投資通訊雜誌中，對你發出綠燈通行的信

號），你要儘量多買三十年期國庫公債，或是儘量多買二十年期最優質的ＡＡＡ級公司債。

我再度建議購買長期債券，因為十年期公債在通縮下滑期間，殖利率會降到一％以下，三十年期公債殖利率會降到一．六％以下，在這種情況下，比較長期的債券會從中獲得比較多的好處。

如果十年期債券殖利率升到接近三．一％，你在三十年期債券中，也會得到最高三．六％的殖利率，而且很可能在二〇一八年年底、到二〇二〇年以後利率開始下跌期間，三十年期債券的增值幅度會更大。

極多投資人向我哭訴，他們怎麼依賴高股息的績優股退休、過活。

我的回答總是相同，說這樣做不對。

圖15-6　10年期美國公債殖利率，這樣是先蹲後跳嗎？

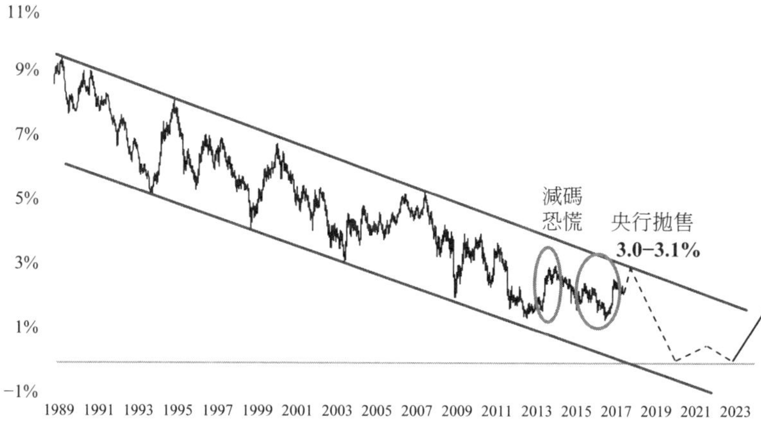

資料來源：雅虎財經。

這次危機結束前，股票慘跌高達八〇％時，你一定會付出沉重的代價。

這樣值得你在未來幾年裡，為了領取二％、三％的股息，投入股市嗎？我認為不值得。

和三十年期國庫公債相比，有多少股票可以發給你三％到三．六％的股息？

在一九三〇年代的大蕭條中，股票是表現最差勁的資產類別，在最悽慘的一九三二年年底，連道瓊指數成分股之類的績優股，都慘跌達八九％之多，而且後來要花二十三年時間，才回升到一九二九年年底時的價格。商品也經歷了長期的下跌，回升又很慢，房地產也一樣，在那場危機中下跌二六％，而這次的跌幅還會嚴重多了。

但是在一切都崩塌，資產配置和分散投資

圖15-7　大蕭條期間，優質債券表現最好

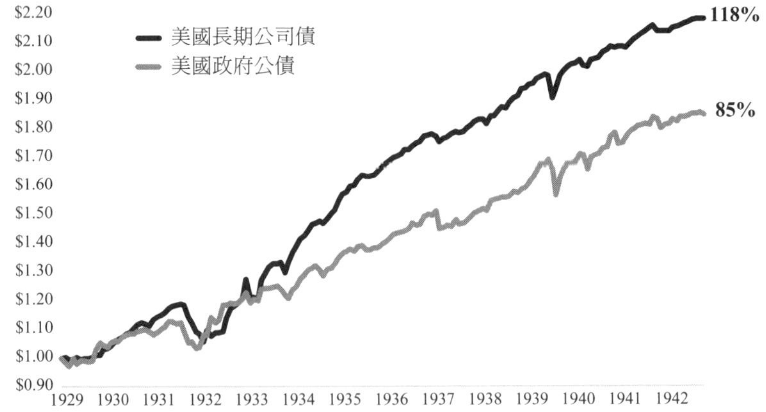

資料來源：全球金融資料（Global Financial Data）。

幾乎毫無用武之地時，把利息加上去的話，長期國庫公債和最優級公司債的價值卻在一九三〇年代裡，大約增加了一倍。

如果你把利息加進去，長期國庫公債在令人痛苦難當的一九三〇年代內，價值幾乎倍增，最優質的AAA級公司債價值增加一倍多一點。

如果你要當消極型投資人，要注意這次十年來最好的固定收益證券交易機會。利用這次可能從二〇一七年年底或二〇一八年年初開始的飆升，購買三十年期公債和AAA級長期公司債，你會得到比大部分公司股息還高的利息，晚上會再度睡得比較安穩，同時得到若干健全的資本增值。

我當然可能看錯，不過，會在什麼地方看錯呢？

如果某種奇蹟出現，民間部門的需求大增，到了足以吸納央行拋售的所有超額供應時，會有什麼結果？

這是這種情境中美好的地方。

因為今天的殖利率很低，現在我們守著三十年期國庫公債，其實沒有干冒什麼風險，以目前的價格計算，三十年期國庫公債殖利率只有低到二·二%。

如果我們沒有回到這種國庫公債通道接近頂端的地方，我仍然會建議大家買三十年期國庫公債和AAA級公司債，作為你在這次經濟寒冬中資產配置比較保守的一部分。

大部分分析師認為，債券泡沫和反彈已經結束，我卻認為債券是最後反彈的資產，因為除了人人喜歡的美元之外，債券是通縮唯一最喜愛的主要部門。

談到這些東西，我必須指出，美元是第二安全的避風港，而黃金不是。

上次危機爆發初期，投資人預期政府隨之而來的行動是印鈔票，因此當時金價曾經上漲，但結果卻是我們的金融機構垮台。

這種通縮趨勢開始時，情形很像一九三〇年代初期一樣，黃金崩盤，金價下跌了三三%，銀價則下跌了五成。

但是，你猜猜看，在那次危機中，什麼東西的價格飆漲？

你猜對了，美元飆漲。

圖15-8　美元在經濟景氣期間貶值58%後，已經呈現低估

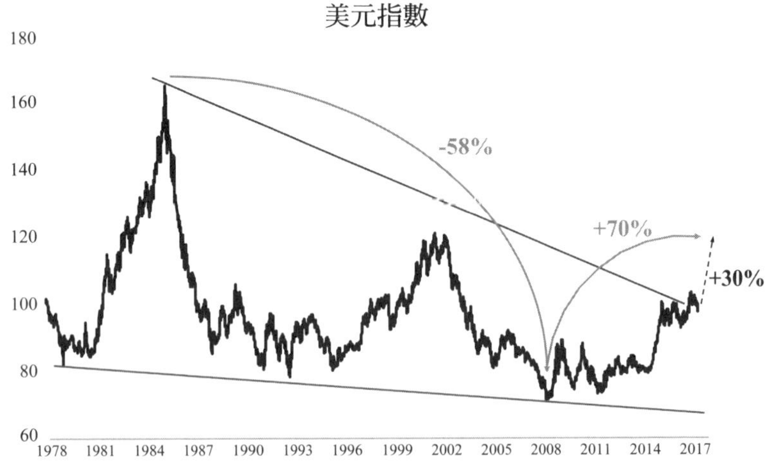

資料來源：彭博資訊，鄧特研究中心。

美元上漲了二七%。

美元是另一個安全避風港，跟最優質債券和現金一樣。

從一九八五年以來，美元對美國主要貿易夥伴的貨幣曾經大幅下跌。

美元會貶值，是因為我們發行太多內債和外債，但是這些債務會在未來的危機中，面對規模龐大的重整。美元減少表示美元的價值會提高！

從比較長期的觀點來看，美元其實已經在二〇〇八年一月觸底，也就是在上次經濟大衰退開始，美元指數跌到七十一點時觸底，後來在二〇一七年最高曾經漲到一百零四點，這樣是不是安全避風港呢？

我認為，美元指數會回升到一百二十點以上的高峰。

美元會再度恢復公平價值。

以最近低到九十七點的美元指數，甚至以二〇一七年一度跌到九十二點的價位來說，美元是便宜貨，是應該投資的另一個安全避風港。

要賭美元上漲，德銀美元指數基金（PowerShares DB US Dollar Index Bullish Fund, UUP）是最輕鬆的方法，不過，你也可以自己尋找很好的作多美元基金。

要在空頭市場中大肆操作

在空頭市場中操作時，適用相同的規則，你希望分散風險，尤其是在知道崩盤速度比反彈還快時，更是希望如此。

你必須決定自己需要持有多少現金和近似現金，晚上才能安心睡著，才足夠應付失業或失去房子之類的緊急金融事故。

然後你要決定，要把多少錢投入比較長期的優質債券上，例如投資在三十年期國庫公債和AAA級公司債中。但是我認為，在我撰寫本書的二〇一七年八月時，採取這種行動仍然言之過早。

接下來你要決定，要把多少錢投入追蹤美元對六大貿易夥伴貨幣匯率的基金，如作多美元基金，或德銀美元指數基金。

如果你樂於把財富的一部分拿來冒險，你也可以賭從股票到黃金之類的金融資產會下跌。

不論是一九三〇年代的通縮危機，還是一九七〇年代的通膨危機，股票是在兩種危機中都會下跌的金融資產，因此在兩種情勢低迷的狀況中，放空股票都是最好的致富方法。

但是操作股票時，請不要利用融資，因為股市的波動實在太厲害了。

有一個簡單的方法，可以讓你不利用槓桿、放空股市，就是買進一倍放空標準普爾五百指數的指數股票型基金（ETF），如ProShares Short S&P 500（NYSEArca證券交易所代號為SH）。

這種指數股票型基金是追蹤標準普爾五百指數的反向基金，因此如果這個指數下跌五〇%，你就會賺到五成利潤。

ProShares Ultrashort（NYSEArca交易所代號為QID）是兩倍放空那斯達克一百指數的指數股票型基金，在空頭市場中，那斯達克一百指數可能跌得最沉重，如果你操作這種指數股票型基金，只要操作一半的股票，避免兩倍的槓桿（用現金或短期債券的方式持有另一半股票）。

Direxion Daily Small Cap Bear 3X ETF（NYSEArca交易所代號為TZA）是三倍放空羅素二千指數的指數股票型基金，羅素二千指數也可能是會帶頭領跌的指數，因此你只買這種指數股票型基金中三分之一的股票，保持不利用槓桿的狀態。（這點表示，你配置在這裡的資金應該有三分之一放在TZA中，三分之二是現金，以便抵銷槓桿融資。）

我跟黃金迷不同，我認為黃金會崩盤。黃金是對抗通膨的避險工具，不是對抗通縮的避險工具。

如果金價在我預測的空頭市場反彈中，反彈到每英兩一千四百二十五美元，那麼金價可能在一年內，輕易的跌到七百美元上下。

你最後要決定的是，是否要投入一部分資金去冒險，賭金價下跌，追求可能最大的報酬率。

你可以買DB Gold Double Short ETN（NYSEArca交易所代號為DZZ），這種商品是兩倍放空黃金的指數股票型無擔保債券，可以藉著持有一半股票的方式，抵銷其中的槓桿融資；你也可以乾脆放空追蹤黃金的指數股票型基金GLD。

就是這樣，你已經知道怎麼應付即將來臨的崩盤。

接著，我們要讓你為未來的機會做好準備，在新興市場和商品帶頭發動攻擊時，可以跟著我們從另一邊出擊。

第十六章

下一波值得投資的新興市場

哈利・鄧特

> 這種做法不像買新興市場基金或買指數股票型基金摩根士丹利新興市場指數基金（iShares MSCI Emerging Markets, EEM）那麼簡單，這樣做應該是很好的策略，卻不是最好的策略。

我的人口研究清楚顯示，除了泰國和少數幾個國家外，新興市場國家會在人口方面，主宰下一回合的全球繁榮。但是，都市化過程是其中更有力的因素，因為新興市場國家的都市化比率大約只有五〇%，遠低於一般已開發國家的八五%。

在新興市場國家裡，都市化最多會把家戶所得，提升到農村地區的三倍，隨著人民移居都市，他們在社經階梯上，也爬升到中產階級的地位。

未來幾年，各種週期會在我們身邊激盪，革命的力量會改造全世界，新興市場國家會處在有利的地位上，會最便於從另一邊出頭天。

二〇二〇年年初的這次崩盤到達最悽慘階段時，投資人和企業應該加強投資新興市場國家，道理就在這裡。

我的研究會獨一無二、與眾不同，原因在於我會預測都市化、都市化促成的人均GDP成長、新興市場的勞動力人口成長趨勢，以及這種趨勢到達高峰的時機。

我最出名的地方不是在這上面，但新興市場會主導未來的全球繁榮，成為未來全球繁榮最關鍵的因素。

我們應該注意的重點是：從菲律賓到印度和巴基斯坦的東南亞和南亞地區，都有人口大增、都市化趨勢明顯和生產力強勁升高的現象。

不過，中國不列在這些國家裡。

拉丁美洲國家的人口大致都強勁成長，但是繼續都市化趨勢和生產力成長比較有限。

中東和非洲大多數國家，都沒有加入這場人口和資本主義化的盛宴，卻擁有最極端的都市化與人口成長潛力，總有一天，會變成最好的投資地點，只是現在時機未到。

因此，我們現在要看看有哪些國家即將大發特發。

印尼是大發特發最明顯的國家

印尼是我最鍾愛的健全、良好新興市場國家典範，印尼高速都市化的速度可以預測到，人均GDP在長期持續成長。

包括印尼在內，新興市場國家的都市化比率每提高一%，人均GDP都會跟著直線進步，這點是大約十年前，我在研究中發現的一項重大突破。

最後，這些國家的都市化比率會上升到八〇%至九〇%。

目前，全世界則繼續都市化，都市化比率已經上升到五二%。

這是推動經濟成長的因素中，力量最強大的一個因素，因為都市勞工可以選擇的就業範圍大多了，可以追求的專業化程度也高多了。

這一點是推動生產力提高的最重要因素，重要性甚至超過進入消費和所得高峰年齡的因素，尤其是因為新興市場國家的人民，所得和消費支出隨著年齡激增的現象，遠遠不如已開發國家人民那麼明顯。

他們沒有很高比率能夠加速所得成長的專業、管理和技術職位，營建和農業勞工年齡增加時，賺不到那麼多錢。

圖16-1說明印尼的人均GDP資料。

圖16-1的說明再清楚不過了！

印尼的都市化比率為五四%，比全球平均值高出二%。印尼從一九八五年開始，就以每年提高〇·九二%的速度，持續都市化，除了中國外，印尼都市化的速度超過亞洲所有新興市場國家。

這點表示，每過十年，居住在都市的印尼人口會增加九·二%，到都市化過程到達高峰為止。

以這種速度計算，印尼大約要花三十八年時間，到二〇五五年前後，都市化比率才會升到九〇%的高峰。

這樣等於未來將近四十年裡，印尼都可以享受生產力提高的好處。

但是圖16-1裡最重要的指標，是根據

圖16-1　印尼人均GDP（根據購買力平價計算）與都市化程度比較

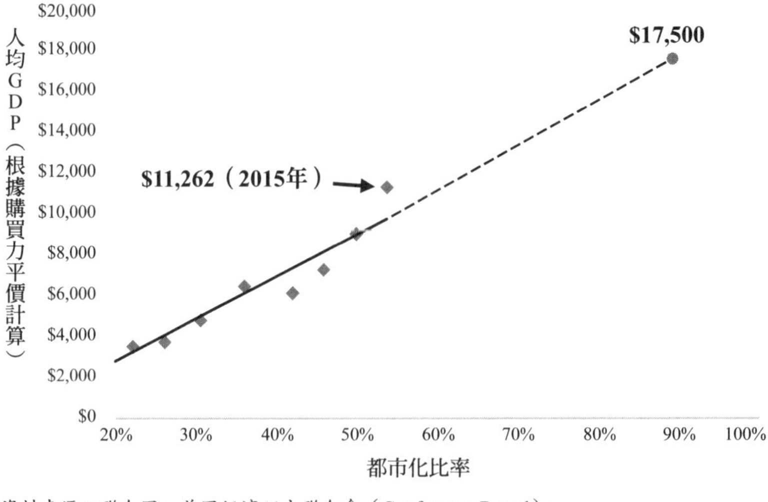

資料來源：聯合國，美國經濟研究聯合會（Conference Board）。

購買力平價計算的印尼人均ＧＤＰ，會隨著都市化成長多少。

這張圖裡有一些很大的差異！

印尼的生活費用遠低於美國和大多數已開發國家，二〇一五年內，印尼的實質人均ＧＤＰ為三千三百四十六美元，但是經過生活費用較低的因素調整後，印尼的人均ＧＤＰ會增為一萬一千二百六十二美元。

差異真大。

這樣會使印尼的人均ＧＤＰ，只略低於一萬四千七百一十七美元的全球平均值。

這點很重要，因為人均ＧＤＰ如果沒有經過購買力平價因素調整，都市化和人均ＧＤＰ的直線關係不會這麼完美，而且這樣也比較貼近現實狀況。

在這種情況下，圖16-1所示，到二〇五三年前後，印尼都市化比率升到九〇％時，依據購買力平價計算的印尼人均ＧＤＰ，應該是一萬七千五百美元，比今天高出五五％！

此外，印尼的人口和勞動力也會強勁成長。

這樣會讓印尼在新興市場國家排行榜，升到最高排名國家中，遠高於位在下限七千美元的肯亞，但是低於同樣達到九〇％都市化程度時，人均國民所得升到二萬二千美元的墨西哥。

接下來談談墨西哥。

墨西哥大致已經發展完成，但仍然繼續力爭上游

墨西哥是另一個持續都市化和提高人均GDP的例子，但是墨西哥跟印尼不同，是接近成熟的國家。

墨西哥的都市化比率為八一％，人均GDP經過購買力平價調整後，為一萬八千二百三十二美元，高於巴西，在拉丁美洲國家中排名很高，但低於智利的二萬二千一百九十七美元，也低於烏拉圭的一萬九千九百五十二美元，以及阿根廷的一萬九千一百九十六美元。

墨西哥的名目人均GDP只有八千九百八十一美元。

墨西哥預測都市化比率升到九〇％時，根據購買力平價調整的人均GDP會達到二萬二千美元，比印尼高出二六％。墨西哥在踏入比較高階的製造業方面比印尼成功，這種產業現在占GDP的比率已經達到一八％。

但是，從過去到現在，墨西哥的都市化速度一直都比印尼慢很多。

墨西哥像一般的拉丁美洲國家一樣，開始都市化的時間早很多。從一九八五年起，墨西哥都市化的比率每年提高〇·三七％，提高到八〇％後，墨西哥也像拉丁美洲地區一樣，都市化的速度開始放慢下來。在某些拉美國家裡，都市化比率從來沒有超越七五％到八〇％。

以這種速度計算，墨西哥應該在二〇三九年前，達到九〇％的完全都市化程度，時間正

好趕上下次商品週期高峰。

墨西哥應該在二〇三六年到二〇三八年至二〇四〇年間，出現最好的光景，二〇三六年是預期下次全球繁榮升到暫時性高峰的時候，二〇三八年至二〇四〇年間則是下次商品週期升到最高峰的時候。

巴西像八十七歲的老人，卻仍然可能讓你吃驚

巴西是南美最大國家，但是在二〇一五年，根據購買力平價計算的人均GDP，只有一萬四千五百三十五美元。然而，巴西的都市化比率已經達到八七%，進一步上升的潛力很小。

圖16-2 墨西哥人均GDP（根據購買力平價計算）與都市化程度比較

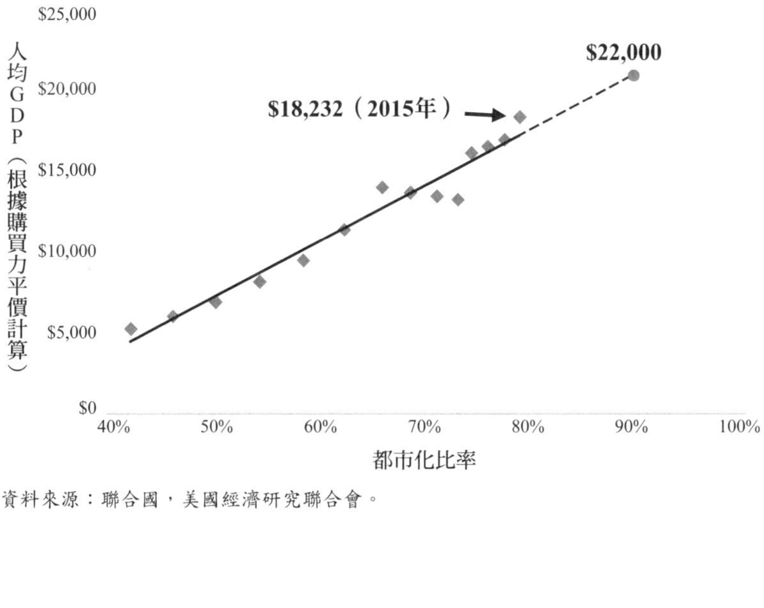

資料來源：聯合國，美國經濟研究聯合會。

一九八五年到二〇一五年間，巴西的都市化比率從七一%升高到八七%，每年成長率為〇．五三%，巴西應該可能在二〇二〇年前，升到大約九〇%的都市化高峰。

我為什麼會從最有力的生命週期和成長趨勢的角度，建議你投資一個等於八十七歲老人的國家？

因為從二〇二〇年代初期起，巴西和大部分新興市場國家，會再度碰到正面的商品週期，以及比較強勁的都市化和人口成長趨勢。

當你注意都市化和人均GDP時，偶爾會看到一些奇蹟。

日本、南韓、台灣、新加坡和馬來西亞這類國家，在經濟成長方面，會出現S曲線或幾何級數般的成長型態，而不是直線式的成長路線。

日本從一九六〇年代到一九八〇年代的三十年間，從新興市場國家，蛻變為已開發國家。

南韓的嬰兒潮世代落後日本二十二年，南韓的S曲線都市化週期同樣落後日本這麼久，南韓在一九八〇年代到二〇〇〇年代期間，才進行都市化。難怪南韓的嬰兒潮會在一九七一年升到最高峰，跟一九四九年升到高峰的日本，正好相差二十二年。

所有東亞小龍的生活都已經升到已開發國家的水準，人均GDP介於馬來西亞的二萬五千三百一十二美元，和新加坡超高的八萬零一百九十二美元之間，其中南韓為三萬四千三百八十七美元，日本為三萬七千八百七十二美元。

拉丁美洲國家中，只有波多黎各能夠達到這種水準。

波多黎各是在已經八〇％都市化後的一九八五年，人均ＧＤＰ才從七千美元開始成長，到二〇一五年，成長為二萬九千美元，這是我從來沒有看過的事情！

所有這些國家共同的地方是：它們都轉型到比較高級、也擁有比較高階工作的製造業和金融部門。

製造業占波多黎各經濟的比率高達四六％，其中大部分是製藥、生技和工廠設備業，另外二〇％則是金融業！

只有極少數國家能夠創造這種奇蹟，連中國大致上都還沒有打進比較高階的製造業和金融業！

波多黎各是靠著美國屬地的封閉地位，才能完成這種成就。因為波多黎各的主要出口市場是美國，而且在製藥和相關產業上，享受有利的美國租稅政策優惠。

人口趨勢大不相同

只有在新興市場國家裡，人口趨勢的發展不如都市化的發展，在墨西哥、印尼、中國和印度這些生產力曲線比較陡峭的國家，尤其如此。

其中的原因是已開發國家已經都市化，只有最高階的產業和服務業，才能夠靠著生產力的提升，繼續繁榮發展、欣欣向榮。

我分析新興市場國家的消費高峰時，採用的指標是勞動力成長率，而不是四十六到四十七年的出生落差，因為在新興市場國家裡，老一輩和年輕一代的所得差距沒有已開發國家那麼大。但是坦白說，同時利用四十六年的落差和勞動力成長率時，得到的預測結果差距並沒有那麼大。

從未來人口成長的角度來看，印尼現在排在東南亞國家的中段，看來不錯，卻沒有印度那麼強而有力，而且離肯亞、中東和非洲國家很遠。

現在我們要看看印尼的消費熱潮圖表（請參閱圖16-3）。

圖16-3　印尼的勞動力成長率

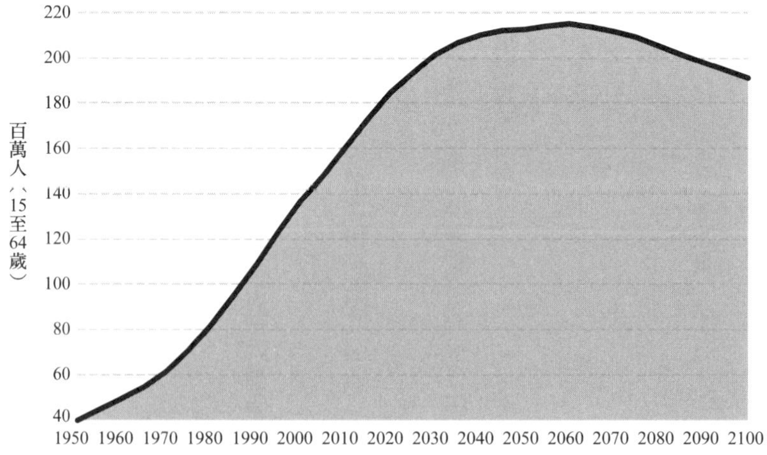

資料來源：聯合國人口司。

在東南亞國家中，印尼是人口成長趨勢為時最久的國家，要到二〇六〇年，人口成長才會升到最高峰，但是會在二〇四五年以後穩定下來。

這種情形在二〇二三年到二〇三六年間的下一波全球繁榮中，對印尼是另一種好事。柬埔寨要到很久以後的二〇七〇年前後，人口成長趨勢才會升到最高峰，但是會在二〇五五年到二〇七五年間穩定下來。

菲律賓會最後到達高峰，時間在二〇八〇年前後，而且在未來數十年內，菲律賓會擁有最強勁的人口成長趨勢。

但是二〇二〇年到二〇三五年間，我要賭柬埔寨還是要賭菲律賓呢？

我會賭柬埔寨！你也應該這樣。

菲律賓的貪腐仍然很嚴重，都市化成長率又停滯不前，這是你到各國都看得到菲律賓勞工的原因，因為他們在自己的國家裡沒有機會。

接下來是緬甸，緬甸應該會在二〇五〇年前後升到最高峰，越南應該在二〇三五年到二〇四〇年間升到最高峰。

東南亞國家中，生活水準最高的國家是泰國，這點要感謝曼谷和泰國蓬勃的觀光業。預測泰國都市化比率達到九〇%時，人均GDP會高達三萬五千美元，但是泰國的人口成長率已經在二〇一五年升到最高峰，將來會因為都市化比率較高和出生率較低，變成急劇下降。

墨西哥的人口趨勢屬於拉丁美洲國家的典型趨勢，從圖16-4中可以看出來。

和印尼相比，墨西哥不但幾乎沒有什麼都市化的機會，人口成長率也比較早到達最高峰，然後會在二〇四〇年到二〇五〇年間穩定下來，接著開始下降。因此二〇四〇年以後，墨西哥不會再這麼有吸引力，而且美國消費熱潮在二〇三六年前後升到最高峰的現象，應該會對墨西哥產生嚴重不利影響。

哥倫比亞是人口成長率最先升到最高峰的國家，時間大約是在二〇三〇年，但二〇二五年到二〇四五年間，哥國的人口成長率會穩定下來。雖然哥倫比亞消滅販毒黑幫後，觀光業蓬勃發展，但是對哥倫比亞來說，人口成長率停滯並不是好消息。

圖16-4　墨西哥的勞動力成長率

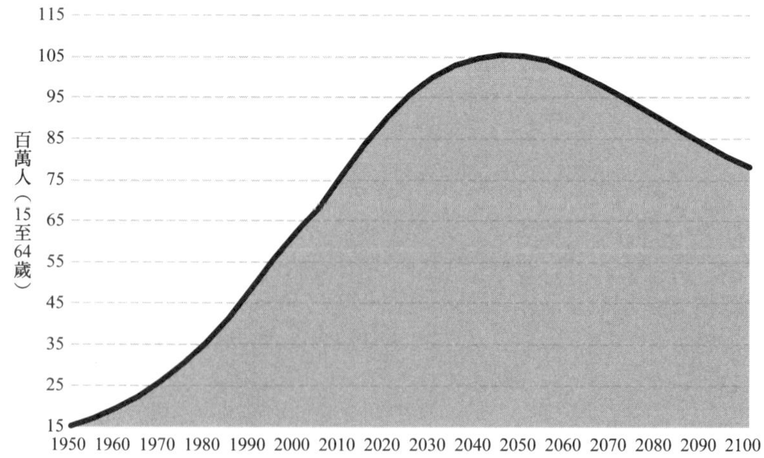

資料來源：聯合國人口司。

巴西會跟著升到最高峰，時間大約是二〇三五年前後。

阿根廷是人口趨勢最後升到高峰的國家，時間大約在二〇六五年前後，但在二〇五五年到二〇七五年間會穩定下來。

整體說來，拉丁美洲和加勒比海國家的人口趨勢會追隨墨西哥，大約在二〇四五年前後升到最高峰，同時在二〇三五年到二〇五五年間穩定下來。

二〇二〇年到二〇四〇年間，拉丁美洲會得到人口趨勢和三十年商品週期的加持，卻得不到都市化和生產力提高的支持。但拉丁美洲還是個非常適於投資的地方。

然而，所有新興區域和國家中，東南亞和印度會得到所有三種關鍵週期的加持，尤其是得到都市化潛力和高生產力成長率的聯合支持，這樣會使這些地區變成值得投資的地方。

表16-1列出東南亞和南亞主要國家，你可以看看我所衡量和預測的關鍵因素。

不足為奇的是，我把第一的評等頒給印度。印度的基礎建設規模和投資不足，加上印度的都市化趨勢，都是印度具有驚人潛力的原因。再加上印度在總理納倫德拉·莫迪（Narendra Modi）的領導下，出現有史以來第一個明顯奉行進步主義、又親企業的政府，難怪投資潛力因此爆表。

因此，在二〇〇七年升到巔峰的所有新興大國中，印度是唯一一再攀登新高峰的國家。

事實上，印度是下一個中國（除非他們真的在政治上搞砸這種局面）。

印度強勁的人口成長大約會在二〇五〇年升到最高峰，然後持穩到大約二〇六五年前後，屆時印度也可能接近都市化比率的高峰。

鑑於印度的人口成長率和規模預測值比較高，印度應該是未來全球成長背後最大的推手，就像從一九八〇年代初期到現在的中國一樣。

印度的都市化進展比較慢，但是將來會加快。從一九八五年起，由都市化帶動的印度生產力成長率已經高居世界第二，僅次於中國。

緬甸的軍事獨裁者想通要賺更多錢，就要靠吸引觀光客（而且不在觀光客面前凌虐本國人民）後，緬甸變成東南亞國家中的新興明

表16-1　新興亞洲國家的成長潛力

國別	1985-2015年間勞動力成長率	1985-2015年間都市化成長率	1985-2015年間以購買力平價計算的人均GDP成長率	2020-2035年間勞動力成長率預測	2020-2035年間成長潛力（前兩欄相加之和）
平均年率					
印度	2.18%	0.28%	4.74%（2005-2015年間和未來為6.11%）	1.01%	7.12%
緬甸	1.73%	0.33%	5.71%	0.62%	6.33%
柬埔寨	2.91%	0.23%	4.06%	1.42%	5.48%
菲律賓	2.57%	0.04%	3.20%	1.38%	4.58%
印尼	2.03%	0.92%	3.74%	0.76%	4.50%
越南	2.23%	0.47%	4.06%	0.41%	4.47%
巴基斯坦	2.84%	0.32%	2.05%	1.99%	4.04%
中國	1.35%	1.09%	8.94%（預期未來為4.47%）	–0.54%	3.93%
泰國	1.43%	0.74%	4.29%	–0.79%	3.51%

資料來源：鄧特研究中心，聯合國人口司，總體經濟資料庫（Total Economy Database）。

星，成長潛力提高到六．三三%。

排在緬甸之後的國家是柬埔寨，柬埔寨的成長潛力為五．四八%，人均GDP和都市化成長率都很高，在二〇三五年以前，會出現東南亞國家中最高的人口成長率。

接下來，菲律賓的成長潛力也是五．四八%，但是這種成長潛力有一個前提，就是菲律賓要再度推動都市化，同時啟動減少貪腐的革命性行動。

印尼則排在中間，成長潛力為四．五〇%。印尼和印度一樣，都擁有規模經濟的優勢。二〇二〇年到二〇三六年間，地緣政治週期恢復正向時，巴基斯坦如果能夠改變反西方、培養恐怖分子的立場，就可能成為令人耳目一新的明星，甚至可能跟印度一較高下。不過，目前巴基斯坦的經濟成長潛力大約只有四．〇%。

中國的排名接近底部，卻仍然擁有三．九三%的健全成長潛力，但是我認為，中國必須花十年以上的時間，消除過多的產能和債務。

最後，我們要拿拉丁美洲國家來比較一下。

南美的成長潛力

前面說過，所有這些國家幾乎都沒有都市化和生產力成長潛力，這是我在表16-2第五欄中，把他們過去的生產力成長率減半作為未來成長率的原因。我在第五欄和第六欄中，摘要說明生產力和人口成長趨勢，然後在最後一欄中加在一起，成為整體評估數字。

波多黎各因為生產力很高，又集中發展為美國老化人口服務的製造業，因此在這個排行榜中名列前茅。

但是，波多黎各首先要處理債務危機，也需要阻止人口外流到美國追尋更好工作的潮流，這種趨勢只有在二〇一七年年底到二〇二二年年底之間，美國出現比較大規模的蕭條時，才可能平緩下來或逆轉。

波多黎各經歷了十年之久的經濟衰退，失業率略高於一〇%，但是因為對

表16-2　拉丁美洲與加勒比海國家的成長潛力

國別	1985-2015年間勞動力成長率	1985-2015年間都市化成長率	1985-2015年間以購買力平價計算的人均GDP成長率	2020-2035年間減半計算的人均GDP成長率預測	2020-2035年間勞動力成長率預測	2020-2035年間成長潛力（前兩欄相加之和）
平均年率						
波多黎各	0.55%	0.31%	5.39%	2.69%	−0.45%	2.24%
智利	1.61%	0.23%	4.01%	2.01%	0.18%	2.19%
祕魯	2.43%	0.39%	2.10%	1.05%	1.00%	2.05%
厄瓜多	2.12%	0.42%	1.18%	0.59%	1.20%	1.79%
烏拉圭	0.54%	0.27%	3.00%	1.50%	0.17%	1.67%
阿根廷	1.38%	0.23%	1.44%	0.72%	0.85%	1.57%
哥倫比亞	2.05%	0.36%	2.27%	1.13%	0.29%	1.42%
墨西哥	2.39%	0.34%	0.97%	0.48%	0.90%	1.38%
巴西	1.93%	0.53%	1.12%	0.56%	0.25%	0.81%

資料來源：鄧特研究公司，聯合國人口司，總體經濟資料庫。

美國的高階產品輸出強勁，仍然擁有所有拉丁美洲中最高的生活水準。

智利排名第二，是波多黎各之外，生產力成長率最高，但二〇三五年前人口成長率最低的拉丁美洲國家。

生產力和人口成長率都不高的祕魯排名第三。

接下來的厄瓜多是未來人口成長率最高，但生產力成長率比較低的國家。

烏拉圭的人口成長率最低，但是生產力成長率非常高，烏拉圭擁有原始的海濱和未受汙染的農地，似乎具有吸引外國移民的優勢。

我朋友道格．貝爾（Doug Bell）就曾經在烏拉圭，為農業投資和出口募資成功。

阿根廷擁有最好的都市布宜諾斯艾利斯（Buenos Aires），還有比較高、又要花最多時間，到二〇六五年才會升到最高峰的人口成長率。但是阿根廷的生產力成長率比較低。

哥倫比亞的人口趨勢最差，未來的成長率低到只有〇．二九％，但是觀光業蓬勃發展，為哥倫比亞帶來高於平均水準的生產力成長率。

令人驚異的是，墨西哥排名倒數第二。墨西哥的都市化成長率很低，只有〇．四八％，導致墨西哥的生產力成長率放慢下來，同時就拉丁美洲國家而言，墨西哥的人口成長率只能算是普普通通，對我來說，這一點是最大的驚奇，因為最近幾十年來，墨西哥已經升級，變成重要的出口國。

我最後才會投資的國家是巴西。巴西的都市化成長率相當高，生產力成長率卻非常低，同時，人口成長潛力相當低落。

摘要說明

將來金融和經濟秩序重整後，最好的新興市場是印度和東南亞，而不是中國。印度和東南亞的成長率似乎會遠高於拉丁美洲，因此，為什麼不把重點放在最好的新興市場區域亞洲呢？

除了都市化和人口因素外，下一波商品熱潮也會支持大多數新興市場國家，因此，我們要在下一章探討商品問題。

下一波熱潮中，新興市場國家互相輸出商品的重要性會愈來愈高。

這種趨勢值得投資！

下一波熱潮中，比較富有的已開發國家也會加強投資新興市場國家，因為已開發國家自己的基礎建設幾乎再也不會擴張了。

第十七章

下一波值得投資的原物料商品

下一波重大熱潮中，你必須把跟商品有關的兩個部門，納入投資組合中。

哈利・鄧特

前面我說過，為期大約三十年的商品週期處在上升趨勢時，運作非常精確，但是處在下降趨勢時，精確度會稍微低一點。

一九二〇年、一九四五年到一九五一年、一九八〇年，以及二〇〇八年到二〇一一年的幾次頭部，相隔時間都是三十年，相差最多一年而已。

但是觸底的時間就沒有這麼一貫了，一九二〇年的頭部花了十三年時間，到一九三三年才觸底，一九五一年的頭部花了十七年時間才觸底，一九八〇年的頭部花了二十一年的時間才觸底，不過大部分的跌勢都在作頭後的六年內出現。

現在看來，二〇〇八年到二〇一一年的頭部似乎在未來幾年裡會觸底。

第一個頭部在二〇〇八年年中出現，背後的動力似乎是能源、工業金屬和農產品；第二個頭部則在二〇一一年年初出現，背後的動力是貴金屬，以及鐵礦砂和銅之類的若干工業卑金屬。

石油和鐵礦砂分別暴跌八〇%，是我認為這次週期可能在二〇二〇年年初、最晚可能在二〇二三年年初觸底的原因。

這點表示，重大的商品熱潮

圖17-1　30年商品週期：最大漲幅即將出現

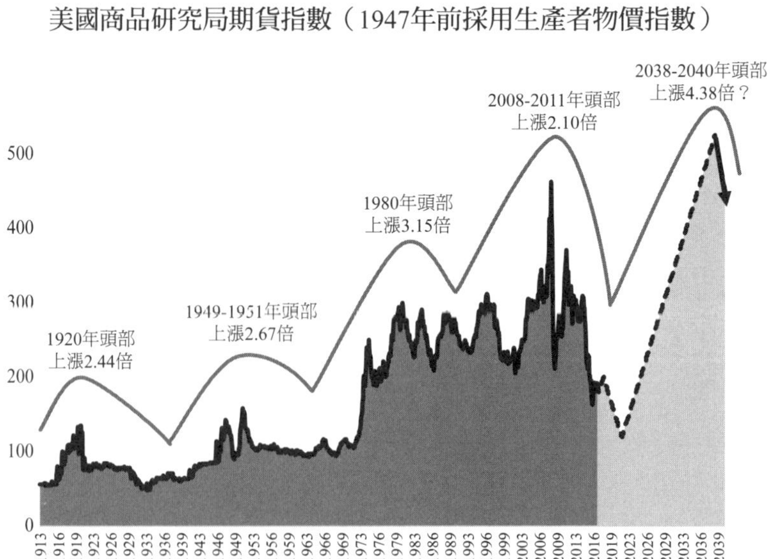

資料來源：鄧特研究公司，彭博資訊。

即將出現，開始出現的時間介於二〇二〇年和二〇二三年間，最高峰可能在二〇三八年到二〇四〇年間出現，而且這波熱潮規模之大，可能是我們生平所僅見，漲幅可能高達四．八倍；上一個大泡沫在一九六〇年代末期到一九八〇年間，只膨脹三．一五倍而已。

黃金迷主張每盎司金價會漲到五千美元，我總是告訴他們，說他們的看法正確無誤，但是要等到他們死後才會這樣！

要了解商品，必須要知道的重點是商品的週期很極端，這是最高明的交易者才能在其中賺錢的原因。

突然的天氣型態或礦工罷工，經常可能像炸彈爆炸一樣，造成驚人的短期波動！除非你和擁有歷經考驗交易系統的人合作，否則不要交易商品，你可以投資商品，但是務必要小心從事。

請記住，商品面對需求加速增加時，提高供給（彈性）的能力完全大不相同。在都市化的時代裡，要開墾更多土地種植作物或養牛比較容易，要鑽探更深，開採更多石油或更多鐵礦砂之類的工業金屬、煤炭、鉛、鎳和銅，卻沒有這麼容易，開採鈾礦和稀有金屬更是難多了。

而商品和新興世界的關係確實密切之至，彼此緊緊相隨。

新興世界會主導下次全球繁榮熱潮中的成長，因此會需要更多的基本商品，包括稻米、玉米、橡膠、貴金屬、工業金屬和能源。

要預測未來的這種需要和增值潛力，最好的方法是了解二〇〇一年到二〇〇八至二〇一一年間，上次商品週期熱潮期間，不同商品的表現如何。

上次週期也會讓我們看出其他真知灼見，因為上次週期是大型新興市場國家，如中、印兩國第一次大力崛起的時候。這些國家在下一個週期中繼續都市化，創造中產階級生活水準時，會透露很多事實真相。

想一想：世界上有多少黃金、銅或鐵礦砂？有多少什麼樣的資源可以擷取？

我們總是會想出創新的方法，找到更多的資源，但是新方法成本通常都比較高，以下就以能源部門為例來看看。

石油與天然氣

水力壓裂法革命找到水平鑽探的方法，使更多的石油與天然氣得以釋出，但是連這種新方法成本都不怎麼低，不能跟沙烏地阿拉伯和伊拉克成本最低的大型垂直油井競爭，卻可以跟成本在三十到五十美元以上的油井競爭。

不過這種創新不可能在基本工業金屬和貴金屬中出現，至少短期內不會出現。

雖然水力壓裂法是個創新而可能改變一種產業的範例，這種創新把石油、天然氣和能源，變成最近這次三十年週期中最有力的泡沫趨勢，但是我認為，未來不會再發生這種事情。

水力壓裂法限制了石油與天然氣價格的漲幅，因為價格漲到夠高時，這種油井很容易恢復開採。

我們應該不會再看到油價維持在一百美元的景象，即使這種狀況出現，也只是在三十四年地緣政治週期中，在即將來臨的最糟糕兩年裡，可能出現的短期危機（爆發比較大型的中東戰爭）。潘秋里也在他根據這種時間架構繪製的統計圖表中，看出可能的石油危機。我認為，石油會長期在

圖17-2　水力壓裂法徹底改變了石油與天然氣天地

彭博資訊商品分類指數（以1999年為基期，指數定為100）

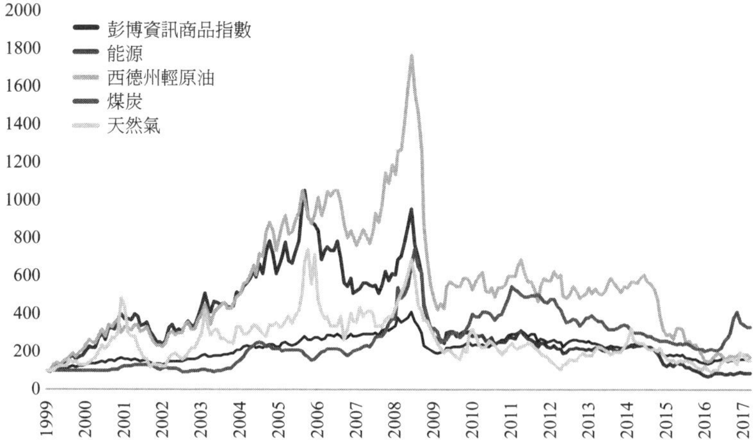

資料來源：鄧特研究中心，彭博資訊。

二十美元到六十美元之間起伏，因此，要追求投資報酬率的話，不應該注意石油。石油也必須跟電動車這種有力的長期趨勢對抗。

我們也不會再看到十四美元的天然氣價格。

加強利用「乾淨煤炭」的趨勢很有意思，我們可以在下一回合的全球繁榮中，看到比較高的煤價漲幅，但是，每一種能源都必須跟北美水力壓裂石油業的機動生產商競爭，當油價高於五十美元時，這種生產方式就會逐漸恢復。

能源與金屬

這裡可以看出，有三大類商品表現勝過美國商品研究局指數，其中金屬的漲幅顯然最大。

二〇〇八年年中以前，能源顯然是領導群倫的商品，然後原油在四個半月裡，崩跌七八％。這是我在現代泡沫破滅史上看過的最快速崩盤！此後石油與天然氣因為受到北美水力壓裂法機動石油產能的壓制，一直是表現差勁的商品。

未來幾十年內，能源可能都是表現差勁的商品。

貴金屬的績效很好，卻不如鉛、鎳之流最好的工業金屬。

最大的祕密是鈾、銠之類的稀有金屬因為稀有的關係，表現出最好的投資績效！但是，稀有金屬也是很難投資、波動性又極大的商品。

在下次全球商品熱潮中，經過風險和波動性調整的貴金屬和工業金屬，似乎像是最值得注意的部門。

水泥與農產品

對新興市場國家不斷成長的基礎建設來說，水泥之類的部門顯然非常重要，但是，水泥的經濟特性使水泥變成地方產業，而不是國際產業。

對世界各國出口水泥沒有什麼道理，因為水泥重量或材積跟價值的比率

圖17-3　貴金屬和工業金屬表現最強勁

彭博資訊商品分類指數（以1999年為基期，指數定為100）

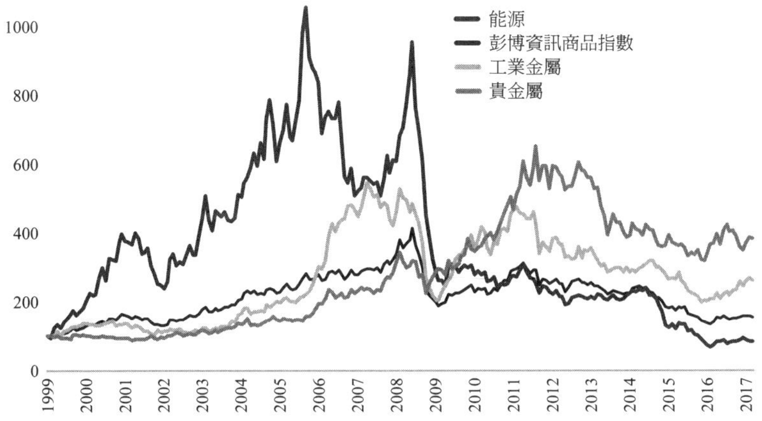

資料來源：鄧特研究中心，彭博資訊。

太高！

如果你擁有水泥工廠，你可以在成長最快速的國家投資，沒有問題，但是其中還是有相同的供給彈性因素，大部分地方的砂子和水總是比較多。

農產品（糧食）、牛和紡織品的表現不好，漲幅也最低，但是在上次商品週期中，這三種東西的表現仍然很好。

工業金屬

在一九九九年年初到二〇一一年年底間，有一些工業金屬的表現非常好。

鐵礦砂大約從二〇一〇年開始，表現就很突出，但是現在看來似乎沒有這麼好，因為鐵礦砂的開採涉及比較長的

圖17-4　鎳、鉛、鐵礦砂和錫是表現最強勁的金屬

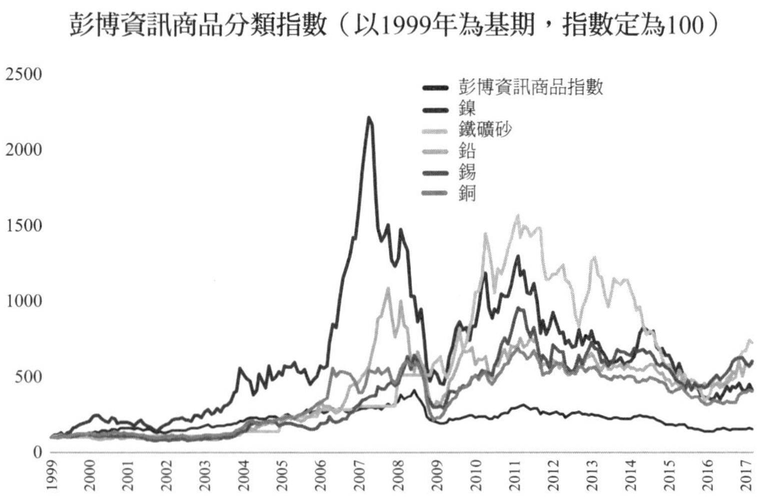

資料來源：鄧特研究中心，彭博資訊。

時間架構和比較高的風險。

從二〇〇一年到二〇一一年間，鐵礦砂上漲十一倍，勝過白金、白銀、黃金和大多數商品類別，但是不如鈾和銠之類的稀有礦產（未來會有更多稀有礦產）。

從二〇〇一年十一月到二〇〇七年六月，鈾價上漲十九倍，但是，經過時間架構和風險因素調整後，鈾在這次週期中的表現似乎沒有這麼好，這是我們在後面要更深入探討的原因。

總之，經過風險調整後，表現最優異的是貴金屬。

請注意，在所有貴金屬中，黃金在珠寶、貨幣準備和投資中的應用性最高，白銀次之，然後是白金。

圖17-5　白金和白銀領導貴金屬上漲到2011年

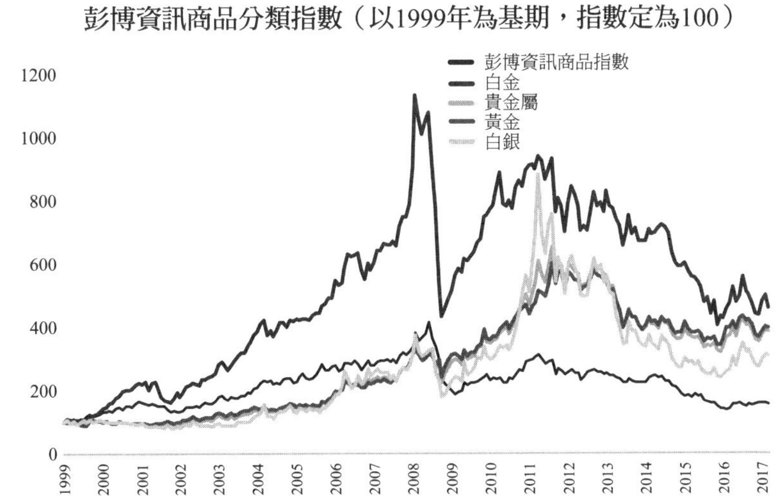

資料來源：鄧特研究中心，彭博資訊。

你可以在圖17-5中，看出白金最偏向工業用途，因此在二〇〇八年年初就漲到最高峰。你購買白金時，其實是曝險在工業金屬上的成分居多，曝險在貴金屬上的成分較少。

黃金和白銀未來展望強勁，尤其是亞洲人為了炫富，喜歡穿金戴銀。在買黃金這種事情上，中國和印度可以一較長短，但是從所得的角度來看，印度人花在黃金上的錢比中國人多。預期未來數十年內，印度人花錢買黃金的支出成長速度，會比中國人快多了。

貴金屬當中，白金的報酬率略高於白銀，但是白銀的漲勢比黃金快多了。不過白銀的風險和波動性最高，黃金最低，實際上，黃金經過風險調整後的表現最好。

從前面三張圖中可以看出，績效突出的商品包括鎳、鉛、鐵礦砂、白金、白銀、黃金和煤炭。

但是我們必須進行風險和時間架構因素的調整，我完成下面的調整後，會改變大局。

商品中的風險因素總是很高，連繁榮期間也不例外

商品的問題是：商品屬於波動性最高的部門，因此，在投資組合中，為風險進行調整，會變得比較重要，而且你需要結合多種商品，以便互相沖銷風險。

我們可以從前面的圖中看出來，在二〇〇八年年中至二〇一一年年初漲到最高峰的這次

商品週期中，早在二〇〇五年，就可以看到天然氣的一系列主要高峰，而且晚到二〇一一年，還可以看到黃金的一系列主要高峰。

黃豆粉的表現非常好，還繼續漲到二〇一六年六月。

我要簡單的解釋一下表17-1。

我會注意每一種商品開始大幅上漲的時間，並且測量商品漲到最高價所花的時間。而這張表中突出的地方包括：

- 鎳上漲二二・一倍。
- 鈾上漲十九・二倍。
- 原油上漲十七・七倍。
- 黃豆粉上漲十四・一倍。

你可以看出來，時間架構可能長達六到十年，差距真的很大。

黃豆粉是特例，花了十六・二五年，才漲到最高峰。

和需要五到七年漲到最高峰的泡沫商品相比，泡沫延續時間比較久，需要八到十年才漲到最高峰的商品，不會有一樣高的複合年度平均報酬率。

表17-1　2008年至2011年間上次泡沫中表現最好的商品

商品	泡沫期間上漲倍數	由底部至頭部年度平均報酬率	風險因素，由底部至頭部相對標準差	經過風險調整的報酬率指數，由底部至頭部報酬率／相對標準差
鉛	13.6（2002年9月至2007年10月）	54.2%	0.94	57.9%
西德州輕原油	17.7（1999年1月至2008年6月）	35.9%	0.65	55.4%
煤炭	7.7（2002年8月至2008年7月）	43.2%	0.92	46.9%
白金	10.8（2001年1月至2008年2月）	28.8%	0.62	46.7%
鎳	22.1（2001年10月至2007年4月）	56.0%	1.24	45.2%
黃金	6.6（2001年3月至2011年8月）	19.3%	0.56	34.5%
錫	12.1（2001年9月至2011年2月）	29.5%	0.86	34.3%
橡膠	12.7（2001年12月至2011年2月）	31.7%	0.95	33.5%
鐵礦砂	11.4（2004年12月至2011年2月）	47.4%	1.43	33.1%
鈾	19.2（2001年11月至2007年6月）	49.4%	1.65	30.0%
白銀	10.8（2001年11月至2011年4月）	30.2%	1.03	29.4%
銅	7.2（2001年10月至2011年2月）	24.6%	0.88	28.0%
黃豆粉	14.1（2001年3月至2016年6月）	21.3%	0.95	22.5%
河谷公司（Vale）	21.0（2002年3月至2008年5月）	56.9%	1.20	47.6%
必和必拓公司（BHP Billiton）	9.7（2002年3月至2008年6月）	41.0%	0.93	44.2%

資料來源：鄧特研究中心、彭博資訊。

為了替第二欄中的時間架構進行調整，我計算每一個泡沫每一年的複合年度平均報酬率，下面是我找到其中突出的地方：

- 鎳為五六・〇%。
- 鉛為五四・二%。
- 鈾為四九・四%。
- 鐵礦砂為四七・四%。
- 煤炭為四三・二%。

這種情形告訴我，工業金屬在泡沫中，可以輕鬆的賺到報酬率！在我們要擴大進入下次商品泡沫時，要注意這些金屬。

我在第四欄中考慮的是風險。

我首先計算泡沫繁榮期間的標準差，然後把標準差加在指數上，指數一是所有這些商品的平均標準差，這點表示，大於一代表風險較高，小於一代表風險較低，數字愈低愈好。

這裡就是貴金屬光輝燦爛的地方。

黃金的風險因素為〇・五六，是波動性最低的商品，熱潮的時間架構為二〇〇一年三月到二〇一一年九月。黃金也是從二〇〇八年和二〇一一年崩盤後風險最低的商品。

原油的風險第二低，風險因素為〇．六五。

白金因為報酬率較高，又比較偏向工業金屬，風險因此低得出奇，風險指數為〇．六二。

白銀因為波動性高了一點，風險因素為一．〇三，相當接近平均值。

波動性最高的商品包括：

- 風險因素高達一．六五的鈾。
- 風險因素為一．四三的鐵礦砂（二〇一一年後，也下跌將近八〇%）。
- 風險因素一．二四的鎳。

最後，我把第三欄中的年度平均報酬率，除以第四欄中的指數，再根據得到的數值，從最高到最低，為所有商品排序。這樣表示比較高的風險指數會使第五欄中經過風險調整的報酬率下降，比較低的風險指數會使第五欄中經過風險調整的報酬率提高。結果如何？

報酬率最高的五大商品包括：

- 經過風險調整年度報酬率為五七．九%的鉛。

- 年度報酬率為五五．四％的原油。
- 年度報酬率為四六．九％的煤炭。
- 年度報酬率為四六．七％的白金。
- 年度報酬率為四五．二％的鎳。

黃金的表現勝過白銀，報酬率為三四．五％；錫的表現也很好，報酬率為三四．三％；接下來，按照排序的是績效三三．五％的橡膠、績效二九．四％的白銀、績效二八％的銅。黃豆粉、銅、白銀和鈾的績效經過風險調整後，排名都敬陪末座。

請注意，從玉米到牛的很多主要商品，投資績效甚至沒有達到可以進行績效分析的門檻。

在表現特別優異的商品中，你只可以輕鬆的投資已經成立的指數股票型基金或有著期貨合約的商品。

只有黃金、白銀和原油成立了成交量大到方便操作的指數股票型基金。我比較喜愛金屬，比較不喜歡石油和大部分的能源部門，白金、銅、煤炭和黃豆粉的指數股票型基金規模都太小。

因為很多金屬都不容易入手，有些最好的金屬，如鎳、鉛和鐵礦砂甚至不在期貨市場中交易，但是你可以用另一種方式，操作這種排名高高在上的部門，就是把交易重點放在工業金屬、貴金屬和煤炭的多國礦業公司，如必和必拓公司和河谷公司。

下次商品熱潮中，你的投資組合應該納入什麼商品

簡單的說，下次商品大熱潮時，優質、簡單的金屬商品投資組合中，應該包括下列三種可以用股票或指數股票型基金輕鬆投資的標的：

- 黃金（GLD）。
- 河谷公司（Vale）。
- 必和必拓公司（BHP）。

我們正在考慮創造若干其他選項，以便涉足鉛、鎳、錫之類比較優異的金屬市場。

最後，我們要看看正在老化的已開發世界，尋找能夠替你賺錢的贏家和維持現狀國家。

第十八章

下一波值得投資的已開發國家

只有六個已開發國家擁有數量比較大的千禧世代，而且這些人都還小。

哈利．鄧特

我環顧世界時，看到的是，未來十年裡，幾乎所有已開發國家的人口都會減少，不過像德國之類的若干國家，人口減少的情況會比其他國家嚴重。

這點表示，雖然各國央行持續努力，用無休無止的刺激措施，維持這個泡沫於不破，結果卻還是在劫難逃。

所有的泡沫都會破滅，破滅的規模一次比一次大。

在債務膨脹、革命性週期全面衝擊我們、人口趨勢日漸惡化的情況下，金融危機會變成我們的噩夢。

然而，看看大勢，可以看出並非所有消息都是壞消息。

贏家國度

有六個已開發國家的「回聲潮」世代人口，比屬於嬰兒潮世代的他們父母那一代還多。大致根據人口力量來排序的這些國家，分別是以色列、澳洲、瑞士、挪威、瑞典和紐西蘭。二〇二〇年到二〇三七年的下一波全球繁榮中，主導大局的是新興市場國家比較強勁的人口和都市化趨勢，已開發世界中這幾個少數的「贏家國度」，也會成為最適於投資的地方。

以色列：長期而言，以色列的人口趨勢最有利，事實上，未來數十年內，以色列的人口趨勢指向成長，因為財富和都市化程度升高，通常會造成出生率急速卜降，以色列卻避過了這種惡運；以色列也是科技創新上的領導國家。

我強烈主張，大家在二〇二〇年年初前後，也就是本次不利的地緣政治週期結束後，應該在以色列投資。

未來十年內，另外五國的人口趨勢的確會下彎，但是，接著回聲潮世代會扭轉大局，把人口趨勢推升到新高峰。

澳洲與紐西蘭：澳、紐兩國排在以色列之後，在未來十年經濟低迷期間，擁有次佳的人口趨勢。兩國的趨勢在二〇一八年時，會略微指向上方，接著會小幅下降到二〇二五年前後，然後會出現最強勁的人口激增現象。

近期內，澳洲和紐西蘭所遭到的打擊，會比其人口趨勢所顯示的還嚴重，起因在於一定會破滅的中國泡沫，以及兩國極端的不動產泡沫。

然而，下一波大繁榮可能由新興市場國家主導，新興市場國家的消費比較傾向商品密集導向，這樣可能引爆有史以來最大規模的商品泡沫，澳、紐兩國顯然會從中受惠。

瑞士：瑞士打敗了我們過去的消費熱潮預測，是歐洲國家中令人驚喜的國家。這波成長靠的完全是過去十年的強

圖18-1　澳洲的消費潮

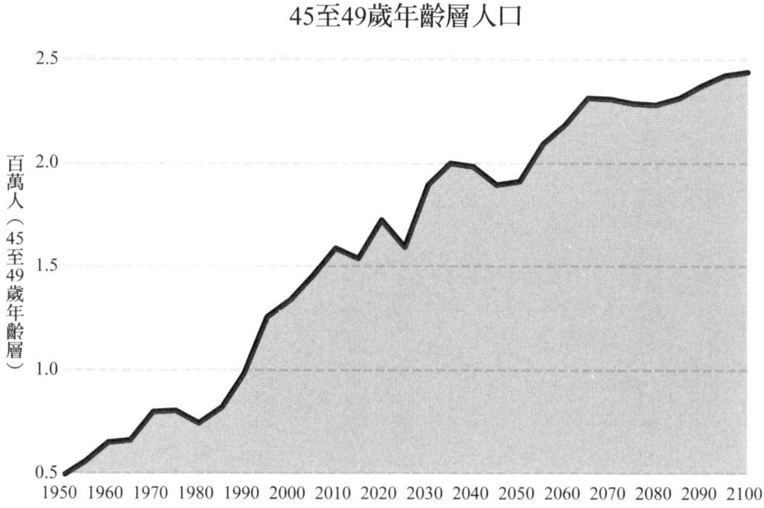

資料來源：聯合國人口司。

大移民潮，這種情形很有道理，因為瑞士在傳統中，一直都是整個歐洲和中東動盪不安時的安全避風港。

挪威：挪威經濟有點不同，因為石油所扮演的角色太大，因此，挪威的人均GDP遠高於美國，甚至超過完全都市化、提供高度專業服務的新加坡。

挪威的大問題是將來石油要扮演什麼角色。如果替代能源方面出現重大創新，石油的地位可能變得更有問題。如果未來幾年內，每桶原油的價格低於三十美元，挪威遭到的打擊，確實會比其他贏家國度嚴重。

瑞典：瑞典是斯堪的那維亞半島上另一個經濟強勁的國家，將來人口趨勢會略微下彎，然後會迎接人數比較多的回聲潮世代。然而，瑞典跟油價和石油出口的關係，沒有挪威這麼密切，因此比較具有投資吸引力。

維持現狀國家

此處我稱呼的「維持現狀國家」主要是由比較大的國家組成，包括美國、加拿大、法國、英國和丹麥，這些國家的回聲潮世代人口幾乎都跟嬰兒潮世代一樣多。因此他們的人口消費趨勢會在未來十年左右下彎，然後在未來的幾十年內橫盤。

美國：美國享有科技創新領導國家的明顯優勢，保有這種頭銜對美國的未來很重要，保有繼續吸引移民的能力也很重要。

不幸的是，從人口趨勢來看，美國的移民已經快速減少，現任政府也無助於解決這個問題。

我二十年前就預測到這件事，當時我認為移民像全球貿易一樣，在景氣低迷時會急劇減少，而且經常要花幾十年的時間，才能反彈回升。

如果美國像其他維持現狀國家一樣，在下一波繁榮期間，拒絕接受移民，就會拿磚頭砸自己的腳，尤其是因為美國的出生率在景氣下行期間也已經下降。

美國的出生率從二〇〇七年起，一直都在下降，就像我過去預測的一樣。

圖18-2　加拿大的消費潮

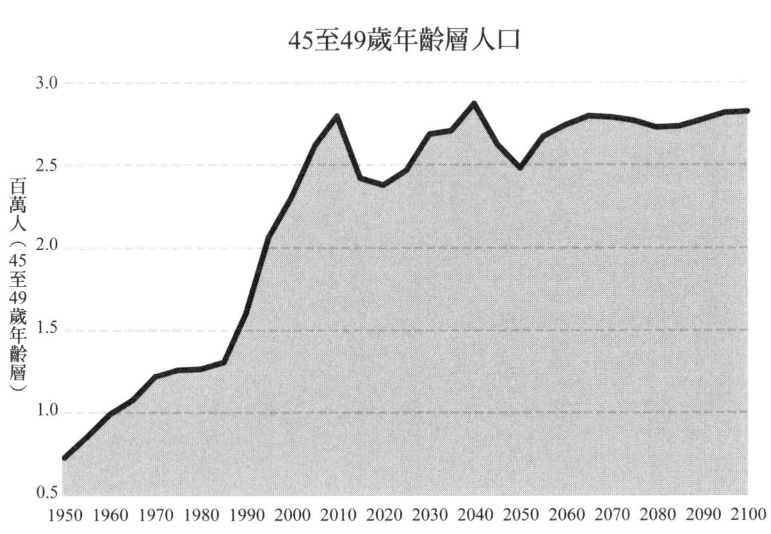

資料來源：聯合國人口司。

加拿大：加拿大是很有趣的國家，因為加拿大像澳、紐兩國一樣，應該會從強勁的資源出口中受惠。根據我所說商品價格具有巨幅上漲潛力的話，加拿大在二〇二〇年代初期到二〇三〇年代結束期間，應該可以看到其中一些最強勁的趨勢。然而，未來幾年內，商品持續低迷對加拿大的打擊會超過美國。

英國、法國與丹麥：這些國家雖然擁有強大的經濟力量，經濟成長卻會受到比較疲弱的歐洲整體趨勢拖累，我認為這些國家是維持現狀的國家，原因是未來幾十年內，這些國家的人口趨勢都只會横盤而已。

這些富國的關鍵問題是如何吸引最好的移民和科技，否則的話，其經濟和市場在未來幾十年內，可能都不會看到新高峰。美國、英國、加拿大都是英語系國家，因此和另兩個維持現狀的國家相比，在吸引移民上享有明顯的優勢，但是澳洲和紐西蘭在這種類別中，還是表現最好。

這裡的關鍵重點是，即使在這些經濟微幅或小幅成長的已開發國家中，嬰兒潮世代或正在老化的世代，通常還是表現最好的族群，因為他們擁有最強大的人口激增力量，即使在擁有比較多千禧世代人口的國家裡，情形也是一樣。

健康照護和保健、製藥和維他命、生物科技和醫療設備、郵輪，以及最有利可圖的殯儀館和療養院、養老院等，在所有人口老化的已開發國家裡，都是會有最好表現的部門，在少數老化速度沒有這麼快的國家裡，表現甚至會更好。

結語

利用週期做出更好的財務與人生決策

安德魯．潘秋里、哈利．鄧特

我們都坐在旋轉木馬上。

本書裡一直說，事件會重複發生，就像歷史會自行重複一樣。

這種情形是大眾心理學的函數，是群眾行為。但是我們也有自己特有的週期。

你無疑聽過「七歲看老」的格言。

有人認為，這句話是亞里斯多德（Aristotle）說的，也有人認為是聖方濟．沙勿略（Saint Francis Xavier）說的。

這句話非常有道理，事實上，我們利用的一組週期就是以此命名，你馬上就會知道。

這就是七年之癢。

實際上，這樣是把我們探討的二十八年或三十年週期分成四部分，每一部分為時七年或七年半。

頭一個七年裡，小孩完全依賴父母，尤其依賴媽媽。

第二個七年裡，爸爸扮演比較重要的角色，孩子經歷青春期，開始成熟。

第三期裡，孩子脫離父母，個性確定，經歷其中的實驗和挑戰，十五歲到十八歲時更是如此，這段期間是第三個七年裡的前半部。

大家學習開車、旅行，試著喝酒、做其他事情，發現跟別人建立關係時，會獲得某種程度的自由，這種轉變通常在二十一或二十二歲時完成。

想想這一點。

很多人在這個時候唸完大學、踏入社會，開始進入第四個七年，變成真正獨立自主的成人。

二十八到三十歲之間，人生會出現很多重大變化。

如果你跟別人的交往進展不順利，你會發現自己會繼續前進。

同樣地，這時你可能決定把關係加深，可能結婚。

如果你已婚，這時你可能要迎接小孩、新家或新城市。

基本上，你的生活環境這時會出現重大轉變。然後，整個週期會重新開始，持續到五十好幾或六十歲。

同樣地，每一個階段每七年會帶來轉捩點，一直這樣繼續下去。沒有人可以完成人生的第四個三十年週期。

但是這種七年週期不只適用你人生的每一個階段而已，也適用其他一切事情。從什麼事情的開始算起，到第七年時，都會出現某種程度的不安或變化。你可能決定改換人生跑道，或是在工作七年後，獲得擢升。

在你的個人關係上，你可能在關係開始後七年，碰到挑戰，然後在十四、十五年後，再度碰到挑戰，二十一到二十二年後，會再度碰到一次。

經過四次這種週期後，我們的展望和生活可能出現比較大的變化。

我們把這種觀念用在專業上時，就可以把這種七年期間分成各種發展階段。以專科醫生為例。

在醫生的專業之旅中，頭七年非常可能耗在醫學院裡，學習這一行的所有基本技能。醫學院畢業後，醫師要到醫院或醫學中心服務，接受資深醫師的指導，運用所學到的一切，這是第二個七年。

七年後，他們進入職業生涯中的第三期，進入精通階段，踏入次專科領域發揮所長。他們已經完成一萬小時的服務。

進入第四個七年週期後，他們現在是無可爭辯的專家，可以藉著指導後起之秀，發揮推己及人的精神。

接下來還有一個週期會影響我們的一生。

成長與更新

十二年週期是七十二年和一四四年週期的基礎。

我們一生中，十二年代表成長期間，我們每隔十二年，更新或重新開始一段很長的期間，十二年後，你可能已經創造出相當高的成就。

長達八十四年的民粹運動週期很有趣。

八十四年其實是由十二個七年週期，或是由七個十二年週期組成。

你看得出這一切是怎麼來的嗎？

人生最重要的時刻是走到半路、大約四十到四十二歲時，這種歲數經常叫做中年危機。

很多人已經到達人生如戲的頂峰，覺得自己正好走到最高點！子女已經離巢！他們覺得不安、覺得失落，現在是他們走出去，買下那輛紅色跑車或哈雷機車的時候！

他們有著重點或方向確實改變了的感覺。

對某些人來說，這種時候可能代表人生完全改變，很多事情要取決於你的信念系統，最後，你會掌握自己人生和命運！

這樣只是簡短說明週期可能會如何影響你個人，其中有很多東西值得探討，大部分要取決於挑選正確的起點，據以展開多樣化的時間之舞。

但總是要記得一件事情，就是經濟的生命週期比你的生命週期還大，你不但必須在教育、事業生涯、退休、業務或投資上，考慮什麼時候要做出重大轉折或轉型，也必須考慮我們在本書中所討論的經濟循環，對你的這些決定會有什麼影響。

例如，如果你考慮五年後賣掉你的事業，然後退休，請你重新考慮一下，經濟的生命週期會建議你，現在就該把事業賣掉，因為你的事業現在的價值可能遠比五年後、經歷有史以來最嚴重崩盤和金融危機時的價值高多了。

如果你的小孩想上研究所，那麼未來幾年就業展望低落時，可能是唸研究所的好時機。

在這次經濟寒冬崩盤中，即使是年紀輕輕、抱著長期投資時間架構的人，在資產配置方面，都應該保守一點。

把你的自然生命週期和經濟循環結合起來，可以讓你在人生、家庭、投資和事業上，做出最好的抉擇。這就是我們鄧特研究中心渴望為你完成的託付，你只要上dentresources.

com，就可以收到免費的新聞通訊，進一步認識我們。你也可以上marketimingreport.com，追蹤潘秋里的研究。

這一門科學很迷人，不論我們是否知道，我們總是會參與其事。

「已有的事、後必再有，已行的事、後必再行，日光之下並無新事。」

——聖經傳道書第一章第九節

致謝

我要感謝泰瑞莎・范登・巴瑟勒（Teresa van den Barselaar）在編完《二〇一七—二〇一九投資大進擊》後，再度完成主導編輯本書的驚人傑作。

謝謝大衛・歐肯奎斯努力從事優質的研究，提供本書中令人大開眼界的圖表。

感謝耐心支持我的經紀人作家屋公司（Writers House）的蘇珊・高倫碧（Susan Golomb）。

我也要感謝鄧特研究中心發行人雪儂・珊茲（Shannon Sands）；感謝潘秋里的真知灼見和共同寫作；謝謝負責校對和查證事實的大衛・狄曼（David Dittman）；負責行銷的梅根・強森（Megan Johnson）；負責公關的史黛芬尼・傑拉達特（Stephanie Gerardot）；以及鄧特研究中心的事業夥伴洛尼・強森（Rodney Johnson）和哈利・柯尼流斯（Harry Cornelius）。

國家圖書館出版品預行編目（CIP）資料

全球經濟的關鍵動向／哈利．鄧特二世（Harry S. Dent, Jr.）、安德魯．潘秋里（Andrew Pancholi）著；陳鴻旻、曹嬿恆、劉道捷譯. -- 初版. -- 臺北市：商周出版：家庭傳媒城邦分公司發行, 2018.02
面； 公分
譯自：Zero hour : turn the greatest political and financial upheaval in modern history to your advantage
ISBN 978-986-477-397-8（精裝）
1. 經濟預測 2. 金融危機
551.98 107000340

BW0659

全球經濟的關鍵動向

原書名／Zero Hour: Turn the Greatest Political and Financial Upheaval in Modern History to Your Advantage
作者／哈利．鄧特二世（Harry S. Dent, Jr.）、安德魯．潘秋里（Andrew Pancholi）
譯者／陳鴻旻、曹嬿恆、劉道捷
編輯協力／林嘉瑛
責任編輯／鄭凱達
企劃選書／陳美靜
版權／黃淑敏
行銷業務／周佑潔、石一志

總編輯／陳美靜
總經理／彭之琬
發行人／何飛鵬
法律顧問／台英國際商務法律事務所 羅明通律師
出版／商周出版
臺北市104民生東路二段141號9樓
電話：(02) 2500-7008 傳真：(02) 2500-7759
E-mail: bwp.service @ cite.com.tw
發行／英屬蓋曼群島商家庭傳媒股份有限公司 城邦分公司
臺北市104民生東路二段141號2樓
讀者服務專線：0800-020-299 24小時傳真服務：(02) 2517-0999
讀者服務信箱E-mail: cs@cite.com.tw
劃撥帳號：19833503 戶名：英屬蓋曼群島商家庭傳媒股份有限公司城邦分公司
訂購服務／書虫股份有限公司客服專線：(02) 2500-7718；2500-7719
服務時間：週一至週五上午09:30-12:00；下午13:30-17:00
24小時傳真專線：(02) 2500-1990；2500-1991
劃撥帳號：19863813 戶名：書虫股份有限公司
E-mail: service@readingclub.com.tw
香港發行所／城邦（香港）出版集團有限公司
香港灣仔駱克道193號東超商業中心1樓
E-mail: hkcite@biznetvigator.com
電話：(852) 25086231 傳真：(852) 25789337
馬新發行所／城邦（馬新）出版集團
Cite (M) Sdn. Bhd.
41, Jalan Radin Anum, Bandar Baru Sri Petaling, 57000 Kuala Lumpur, Malaysia.
電話：(603) 9057-8822 傳真：(603) 9057-6622 E-mail: cite@cite.com.my

封面設計／萬勝安
印刷／鴻霖印刷傳媒股份有限公司
經銷商／聯合發行股份有限公司 電話：(02) 2917-8022 傳真：(02) 2911-0053
地址：新北市新店區寶橋路235巷6弄6號2樓

■2018年2月5日初版1刷 Printed in Taiwan

定價460元
ISBN 978-986-477-397-8